GW00832980

Ramón J. Sender:
Mr. Witt en el Cantón

El Libro de Bolsillo
Alianza Editorial
Madrid

Primera edición en "El Libro de Bolsillo": 1968
Décima reimpresión en "El Libro de Bolsillo": 1991

© Herederos de Ramón J. Sender
© Alianza Editorial, S. A., Madrid, 1968, 1969, 1972, 1976,
  1979, 1980, 1982, 1984, 1986, 1991
  Calle Milán, 38, 28043 Madrid; teléf. 200 00 45
  ISBN: 84-206-1135-2
  Depósito legal: M. 27.174-1991
  Papel fabricado por Sniace, S. A.
  Impreso en lavel. Los Llanos, nave 6. Humanes (Madrid)
  Printed in Spain

Al publicarse esta segunda edición, treinta y dos años
después de la primera, que salió en 1936, se me ocurren
unas palabras preliminares. Las condiciones sociales
eran muy diferentes entonces, y algunos críticos han
dicho que la novela resultó en cierto modo profética,
porque muchos de los sucesos de 1873 se repitieron
poco después de su publicación. En todo caso, profeti-
zar mirando hacia atrás y sobre coordenadas tan claras
no era difícil (la novela trata del final de la primera república española).

Las condiciones básicas eran las mismas, es verdad.
El rumbo de la historia fue diferente; y aunque todos
nos hemos dolido de la violencia (vencidos y vencedo-
res), nadie ha podido extrañarse demasiado porque lo
que sucedió era inevitable y estaba incubándose desde
hacía más de un siglo: desde la muerte de Fernando VII.
Dejemos, sin embargo, estos recuerdos y hablemos de
cosas más ligeras.

El libro se publica exactamente igual que salió en la
edición primera. Es decir, sólo hay una diferencia: una

letra menos. Esa diferencia es, sin embargo, muy conspicua. La letra suprimida es una hache. La cosa requiere explicación. Cuando escribí la novela yo no sabía una palabra de inglés, y al referirme al himno nacional británico—que tocaba a bordo de un barco la banda de Infantería de Marina—dije que el himno era *God save the king* (Dios salve al rey). Pero lo escribí mal. Puse una hache entre la *s* y la *a*, y así el fonema resultaba *shave*. En su conjunto la frase decía algo muy diferente y sin duda gracioso: *Dios afeite al rey*. La cosa parecía humorística. Cuando hacía la traducción inglesa el distinguido humanista sir Peter Chalmers Mitchell, profesor de Oxford, que había sido preceptor del rey en su infancia, me escribió diciendo que le había mostrado la página española al rey, quien parece que encontró el error muy divertido. No pocos bienes de la providencia les han sido deseados a los reyes y a los emperadores, pero nunca que Dios los afeite, lo que es una impertinencia inocente, infantil y metafísicamente absurda. *Dios afeite al rey* sería un título bizarrísimo para el himno nacional de una monarquía. Así y todo, o quizá por eso mismo, Eduardo VIII dejó más tarde el trono para casarse con una bella dama americana. En el error mío podía haber un lapsus freudiano de veras trascendente. Porque a quienes afeitó en seco el hado fue a nosotros, pobres republicanos, poco después. Pero a mí me creció la barba otra vez.

Esto es todo, y no es mucho. Una letra menos. El libro se ha publicado fuera de España y ha merecido alguna atención de críticos generosos. En la misma Inglaterra, y a pesar de lo mal que trato a Mr. Witt, los críticos de las revistas más conservadoras hablaron bien de la novela. Sólo los países de madurez cultural y estabilidad política pueden tolerar la sátira, y la mía, a pesar de su dureza, fue asimilada sin chistar. Cierto que los ingleses saben burlarse de sí mismos antes y mejor que los forasteros. También entendemos algo de eso nosotros los españoles. Nadie ha sabido burlarse de sí mismo tan cabal ni tan profundamente como España con nuestro Don

Quijote. Habría de llover mucho hasta que apareciera en Francia el *Burgués gentilhombre;* en Rusia, Gogol, con sus *Almas muertas,* y en Inglaterra, Dickens, con su *Club Pickwick.* En fin, mi modesta novela pasó la prueba de las ediciones multitudinarias sin fatiga ni dolo. Si la escribiera hoy no cambiaría la estructura ni el *mensaje,* pero cuidaría más el estilo. La escribí (recuerdo bien) en veintitrés días, espoleado por esos apremios que han conocido y sufrido todos los escritores, especialmente en sus comienzos.

Me halaga la idea de que estas páginas—testimonio de una juventud de la que no tengo por qué arrepentirme— vuelvan a circular en el ámbito de mi noble, querida y cada día menos lejana patria.

R. S.

Los Angeles, Calif., 1968

## Libro primero

## Marzo

### 1

La habitación comenzaba a ensombrecerse en los rincones. No se veía el canapé con sus tres cuadritos encima. Uno representaba la coronación de la reina Victoria; otro, a Cromwell; el tercero, a Carlyle. La reina estaba en el centro. Sobre estos tres cuadritos dominaba un dibujo, hecho por el mismo Mr. Witt, de su abuelo Aldous Witt, marino holandés, en el que veía con cierto orgullo los rasgos esforzados del aventurero holandés. Del aventurero. No se atrevía a decir del «pirata», aunque esto era lo que había determinado que el dibujo tuviera aquel preeminente lugar en su cuarto de trabajo. Mr. Witt, cuya única aventura a lo largo de cincuenta y tres años consistió en dejar su puesto en la Marina inglesa para ir a ocupar el de ingeniero asesor en la Maestranza de Cartagena—cambiar su confortable casa de Adelphi por otra no menos confortable del paseo de la Muralla—, ordenar sus cuadritos con un poco más de desembarazo que lo hubiera hecho en Londres y comprarse dos pares de castañuelas que colgó sobre una manta de monte puesta en la pared; Mr. Witt, que no conoció otra aventura que la de su entusiasmo súbito por Milagritos al verla un día en la Puerta de Murcia y desposarla algunos meses más tarde, amaba las aventuras. Le gustaba explicarse sus movimientos de ánimo. Este amor por las aventuras—se decía— no proviene de un espíritu desordenado, sino del «gusto por lo espontáneo». A Mr. Witt le cansaba un poco la civilización, como a todo inglés culto. Por eso miraba con melancolía a su abuelo Aldous, y por eso también se encontraba muy a gusto en España, en Cartagena, en su casa del paseo de la Muralla, cerca de doña Milagros, mujer bonita y atropellada, cuya educación y cultura no habían pasado de cierto mimetismo instintivo. Quince años llevaban juntos y todavía doña Milagros no había dejado de asombrarle con sus salidas violentas o dulces, de una violencia o una dulzura siempre inesperadas. Mr. Witt era un hombre ultracivilizado, pero como se sentía esclavo y preso de la civilización, a veces la odiaba. «No es un sentimiento anárquico—se explicaba a sí mismo—, sino la sensación de la esterilidad de muchas de las formas morales y sociales que nos dominan.» Sin embargo, Mr. Witt, en su conducta, se creía un puritano. En su facha exterior había rigidez, sobriedad, una seriedad infinita que a los cartageneros les parecía a veces tristeza.

—¡Qué tío *senizo!*—solían decir tiempos atrás.

Mr. Witt volvió a tomar en sus manos *La sociedad francesa y la sociedad inglesa en el siglo XVIII*, de C. E. Witt, quizá antepasado suyo también—aunque no era cierto, le gustaba creerlo—. La había mandado encuadernar, encargando mucho que no pusieran ningún adorno en las cubiertas ni en el lomo. Y he aquí de pronto, entre dos nudos de la mediacaña, un pajarito de purpurina. Tampoco se habían atenido a sus indicaciones en las titulares. Había una pleca con dos arabescos en cada remate. Le disgustó, y al recordar que el encargado de la encuadernación estaba en el vestíbulo, le hizo

pasar. Protestó con el aire seco que tenía cuando algo
le contrariaba. En aquellos momentos se parecía mucho
al dibujo del abuelo Aldous. El encargado de la encuadernación—a Mr. Witt, que era un gran cliente, no le
llevaba los recados el chico—pasó. Una vez más la seriedad del inglés quebró contra las risueñas palabras del
obrero:

—Buenas, Mr. Güí.

Todo el mundo le llamaba «Mr. Güí». A veces había
recibido cartas con su nombre escrito así. A Mr. Witt
no le hacía mucha gracia ver su apellido con esa orto-
grafía, que en inglés sonaba de modo intolerable; pero
Mr. Witt ignoraba que sólo cuando la gente se enteró
de que se llamaba de una manera tan graciosa le toleró
aquella rígida sequedad con que iba a su oficina por las
mañanas. En cuanto pudieron llamarle «Mr. Güí» se
olvidaron del *senizo*. El obrero, tomando el libro, miró,
complacido, el pajarito de purpurina y la pleca:

—¡No le han hecho a usted en su vida unas pastas
mejores!

Y añadió, alzando los hombros, contemplando el libro
a distancia y ladeando la cabeza:

—*Hase* muy curro, el pajarito.

Por fin, Mr. Witt se quedó con el libro, medio risueño, medio grave:

—¡Muy *curo*, muy *curo*!

Mr. Witt solía trabucar las erres. Cuando era doble
la pronunciaba sencilla. Y a la inversa. Así, llamaba al
jefe del Gobierno republicano Salmerrón, poniendo una
gran fe en la última sílaba. El nombre del jefe republicano parecía en sus labios el de un terrible pirata. Doña
Milagritos Rueda, su mujer, no le corregía ya nunca la
pronunciación, aburrida después de tantos años. El inglés discutió con el encuadernador. A veces levantaba el
gallo, pero no tenía más remedio que bajarlo porque el
obrero no tomaba en serio la cuestión.

—Vamos, Mr. Güí. No sea *usté* infinitivo.

¿Qué quería decir aquello? ¿Que no fuera melindroso?
¡Y con qué aire lo decía! Con una condescendencia pa-

ternal. Siempre le ocurría eso con la gente del pueblo.
Lo achacaba a su pronunciación, que le daba quizá cierto aire infantil. A veces le irritaba, pero de pronto advertía que ese sentimiento popular resultaba socialmente cómodo.

Cuando abrió la puerta doña Milagritos, el inglés acababa de decir, encogiéndose de hombros:

—Ha de ser siempre lo que vosotros queráis. ¡Viva la República!

—Sí, *señó*. Pero la federal. La mía.

Doña Milagritos tenía un aire ligero y juvenil, a pesar de sus treinta y cinco años. Su marido le llevaba diecinueve. Dejó una bandeja con naranjas en la mesa y preguntó:

—¿Qué te parece, Mr.? Son del huerto de Migalota.

Mr. Witt tomó una en las manos, la lanzó al aire y la volvió a coger. La dejó en la bandeja y exclamó:

—¡Oh!

Pero seguía pensando en el libro. Por aquel incidente, Mr. Witt hubiera suscitado la guerra de Troya. Si lo rechazaba, volverían a hacer lo mismo. Pondrían quizá otras letras, otros nudos, otras plecas. Sería a gusto de otro operario. «Antes que hacerlo como yo quiero—se dijo— preferirían no hacerlo.» Y eso que en algunos años había dado a ganar al taller más de tres mil pesetas. «Estos españoles tienen que poner en todo lo que hacen cierta invención. Algo propio, bueno o malo.» Doña Milagritos insistía con las naranjas:

—Míralas, qué lustrosas y *ensendías*. Son un obsequio del encuadernador.

El obrero protestaba de que quisieran agradecerle aquello. El inglés le dio las gracias después de partir una y olerla. «Pero lo que a mí me interesaba era el libro», se decía. Menos naranjas y más atención en el trabajo. Aquellas naranjas seguramente las habían hurtado para regalárselas. Pero podían haber quedado bien con él, sin correr riesgos, con sólo cuidar mejor su encargo.

El encuadernador prometió, al salir, que no volvería

a suceder. No es que tuviera nada de que disculparse
—advertía—; pero el que paga, manda. Se quedó Mr. Witt
moviendo la cabeza de arriba abajo y asegurando sus
gafas de oro, que armonizaban muy bien con la piel
sonrosada y el pelo blanco. Doña Milagritos saboreaba
junto al balcón un gajo de la naranja abierta por su marido y contemplaba el puerto.

—Mira, Jorge—dijo, sin volver el rostro—. Ha entrado
la fragata *Almansa*.

Mr. Witt tampoco miró. La palabra «fragata» le dio
una imagen de jarcias negras y velas tendidas al «levante» con temeridad. No había visto barcos tan disparata-
damente valientes como los españoles. Esos otros barcos
ingleses—el navío que tenía en maqueta rodeado de lacas
y mármoles en el centro de una consola—eran más pru-
dentes. En Inglaterra cada marino sentía, al arriar una
vela, toda la responsabilidad política y social del hecho.
Al izarla, mucho más. Doña Milagritos preguntaba:

—¿Tú has visto *llegá* estos días al *Darro*? Yo creo que
he *sentío* la sirena, pero no lo veo.

La oía hablar saboreando con deleite algunas palabras.
Dos le habían dado, sobre todo, una sensación visual
y de sonido. Fragata y sirena. «Fragata»—insistía—le
daba la impresión de lienzos blancos desanudados y ten-
sados por el viento. Fonéticamente la palabra correspondía al fragor de los lienzos agitados. También Milagritos le daba impresiones fuertemente sensuales. Toda ella
era jarcia, algas y sal. Cabello de estopa clara, sedoso
y abundante. Ojos verdes. Y besos salados, lágrimas sa-
ladas—había tenido ella sus tragedias como cada cual—
y la piel húmeda de sal no se sabe si por la brisa marina o por el sudor evaporado entre holandas y batistas
en aquellas sombras de estío que poblaban la casa todo
el año.

Milagritos había desconcertado a Mr. Witt cuando
se conocieron. En Inglaterra era imposible encontrar
aquella apariencia tan desenfadada junto a una honestidad tan rigurosa. Mr. Witt no pensó al principio en
casarse, sino en una «aventura colonial». Era Milagros

una muchacha sin otros parientes que una tía llena de
achaques y manías y un primo que conspiraba en Madrid y hacía versos. Tenía algunos bienes en Lorca, y a
la muerte de la tía heredó unos quince mil duros. Se la
consideraba como un buen partido, sobre todo por lo
que le suponían a la tía. Milagritos era muy guapa, aunque su belleza no residía en ningún detalle aislado, sino
en una fragancia silenciosa y penetrante que se exhala-
ba de toda ella.

Mr. Witt sacó de otro estante un tomo, encuadernado también. La edición inglesa de *Don Quijote*, ilustrada
por Hogarth. Amaba mucho a ese dibujante, que cayen-
do en la caricatura, como todos los que habían ilustrado
el libro de Cervantes, ponía en lo grotesco, sin embargo,
cierta ternura. Volvió a dejarlo en su sitio. En la larga
hilera de libros encuadernados a la valenciana no había
dos con el mismo lomo. Esto le irritaba a veces, pero
otras le divertía, porque lo que perdía la librería en aus-
teridad lo ganaba en filigrana y gracia. Doña Milagritos,
sin volverse a mirar a su marido, le hablaba de vez en
cuando, quizá por el gusto de distraerle, de no dejarle
en paz con sus recuerdos ni con sus amados cachivaches.

—Hoy no viene Antonete. ¿Crees tú que vendrá? Pues
no viene.

Antonio Gálvez, Antonete Gálvez. Mr. Witt gustaba
de llamarle «el señor Gálvez», porque aquello de Antonete le sonaba a nombre de *clown*, y no conciliaba
bien las pasiones cívicas que suscitaba el caudillo federal—diputado, además, de la nación—con esas irreveren-
cias. Ya está dicho que Mr. Witt tomaba muy en serio la vida. Amaba la firmeza de las categorías de Aris-
tóteles, la seguridad fatalista de Carlyle, el boato de la
corte inglesa, la geografía, la arquitectura e incluso la
idea de Dios. Lo que admitía con recelo era el mito del
Espíritu Santo. Una fuente inmaterial origen de los movimientos de la materia, de la vida, del pensamiento.
Eso lo rechazaba. Sin embargo, la idea de Dios le parecía agradable y poética. Aunque lo firme, lo seguro, lo
que le apasionaba era la ciencia, dominando a la mate-

ria a través no de inspiraciones divinas, sino de experiencias y de cálculos hechos sobre la realidad. Si algún filósofo del día le interesaba era Emerson, aunque el victoriano que había en el fondo de Mr. Witt le reprochara un poco su admiración por un norteamericano.

Estas reflexiones se las hacía al lado de Milagritos en el balcón, cara a un mar encajonado en colinas obscuras. Mr. Witt, siempre que se asomaba a su balcón marino, se abstraía un poco. Tres cosas le permitían abstraerse de lo local, del ambiente familiar, de la ciudad levantina: su cuarto de trabajo en casa, su laboratorio en el arsenal y el balcón sobre el puerto, balcón volado que asomaba sobre la comba de piedra oscura de un edificio con los cimientos mucho más altos que el paseo de la Muralla. Diez metros delante de su puerta se alzaba el muro con las almenas y las troneras rotas. Apenas levantaba un metro. Al otro lado chapoteaba el menudo oleaje.

Doña Milagritos lanzaba lejos su mirada, hacia Escombreras. Contaba los barcos e iba diciendo sus nombres con un acento de indolencia infantil.

—El *Vigilante*, la fragata *Vitoria*.

Al decir este segundo nombre se acordó del Club, que lo llevaba también:

—¿Sabes, Mr., que no está bien que vayas allí?—Y luego dijo con un mohín de asco—: ¡Los tolerantes!

Mr. Witt fue a preguntar, pero ella lo atropelló:

—Un día le van a *prendé* fuego a esa casa. Y harán bien.

El inglés recordó otra vez el desconcierto que le produjo durante el noviazgo el contraste de la figura de Milagritos, que en reposo alcanzaba los hitos últimos de la dulzura y la serenidad, con su aire bravío, con su hablar desgarrado y callejero. Ya hemos dicho que Mr. Witt buscó en Milagros la aventura. Ella se dio cuenta y un día le dijo, entornando los ojos con retintín, el final de una copla:

> que eres mu poquita cosa
> pa haser de mí tu quería.

Fue una salida absolutamente inesperada, que dejó
preocupado al Mr. durante algunas semanas. Ella se
reía viéndolo cada vez más confuso, con aquel rostro
sonrosado de niño y su alto esqueleto enlevitado de gris.
De un gris que si en Londres hubiera sido obscuro, en
Cartagena, con nubes de laca y luz cruda, resultaba demasiado claro. Pero lo que más le sorprendió y lo puso
a punto de retroceder fue la proposición que Milagritos
le hizo cuando estaba todo dispuesto para la boda. Le
propuso que la raptara. El inglés no comprendía. Estando todo el mundo de acuerdo con la boda, no se explicaba la necesidad del rapto. Ella se obstinó tanto, que
sólo a duras penas pudo el novio hacerle comprender
que aquello sería muy mal visto por sus compañeros y le
mermaría la consideración de toda la colonia inglesa,
sobre todo del cónsul y del pastor. Accedió, por fin; pero
como no concedía importancia a esas consideraciones,
Mr. Witt pensó que se casaba con una salvaje. Y, sin
embargo, muy en lo hondo, esa idea le gustaba. Ahí estaba su secreto erótico, si tenía alguno.

Entraron los dos en la habitación. Un magnífico barómetro detrás del sillón del Mr. daba al hogar una
solidez social formidable. En un ángulo de la mesa había un libro encuadernado en cartapacio de seda obscura.
Doña Milagritos había bordado las letras: «Froilán Carvajal. *Orientales.*» Poesías que no sabía si le gustaban
o no a Mr. Witt, porque nunca había hablado de ellas
en serio. Esto ofendía a su mujer, que estaba muy orgu-
llosa del poeta, su primo. Pero hacía cinco años que
Mr. Witt no se permitía bromas sobre Froilán Carvajal. Doña Milagritos se lo agradecía y le imponía de
vez en cuando nuevos recuerdos del primo poeta. No
eran pensamientos ni ramitas de jazmín aplastados entre las hojas de ningún libro.

—¿Sabes tú que tenía razón?—le dijo de pronto contemplando el bergantín en miniatura, con el bauprés de
proa afilado, el juego de jarcias completo—. Estos barcos son como los fetos de los niños que no pudieron
crecer.

Mr. Witt afirmó con la cabeza y puso los ojos en otro objeto que, con el retrato a lápiz del tío Aldous, compartía la preeminencia en el decorado de la habitación: una urna de cristal conteniendo un pañuelo blanco doblado hasta tomar la forma de una venda. Tenía dos manchas obscuras, de sangre. Doña Milagritos se fue, llevándose las naranjas. Desde la puerta le preguntó si al día siguiente tomaría baños de sol, como todos los domingos. Mr. Witt dijo que sí.

Pero después llegaron, casi al mismo tiempo, el cónsul inglés y el ayudante mayor de la Comandancia de Marina. Pasaron al despacho de Mr. Witt, hablaron precipitadamente uno tras otro y le pidieron luego consejo. Mr. Witt les hizo sentarse, sacó unos cigarrillos, miró a los ojos al cónsul y después al ayudante y les rogó que repitieran sus palabras.

Las había oído muy bien, pero quería ganar tiempo para reflexionar. La opinión de Mr. Witt era muy estimada entre el elemento técnico y oficial. El ingeniero inglés gozaba ante todos ellos la fama de sabio y además de hombre íntegro, prudente y sagaz. Era quizá la figura más importante en la zona de población comprendida entre el fuerte de la Concepción, que se alzaba detrás de su casa, y los arsenales, donde, por otra parte, se encontraba la fuente de toda la actividad de Cartagena.

Ante esos visitantes no era ya Mr. Güí sino Mr. Jorge Witt, correspondiente de la Royal Society of Science, que esperaba poder justificar a los ojos del cónsul y de las autoridades de Marina su propia gravedad e importancia alcanzando un día el collar de miembro de número de dicha Royal Society of Science.

2

En la falda del Molinete había muchas tabernas, entre ellas «La Turquesa», regentada por una viuda valiente, de abundantes senos y ruedo de sayas acogedor. Iban algunos contramaestres, sargentos de Infantería, cabos de Marina y hasta un maquinista segundo. Por eso la marinería, los soldados rasos y los obreros del arsenal apenas asomaban por allí antes de la República. Después, sobre todo en los primeros meses, entraban juntos, en grupos que se formaban en la calle bajo el entusiasmo político. Aquella noche no se prestaba a callejear y los grupos anclaban en sus lugares acostumbrados, que habían entornado las puertas. *La Turquesa*—cuyo nombre no se sabía si había nacido antes o después que el letrero de la puerta—fregaba platos detrás del mostrador y vigilaba las mesas. Desde que entraban allí los soldados rasos algunos de sus clientes mejores se retraían. *La Turquesa* recibía de mal talante a la pareja de vigilancia, que no había entrado nunca por respeto a los contramaestres, maquinistas y sargentos. Si alguna vez entraban dos marinos con machete al cinto y barboquejo echado eran, de seguro, extranjeros. *La Turquesa* los miraba con rencor, y ellos se limitaban a saludar y se iban. Antes de llegar a la puerta, el maquinista segundo Vila, gallego rumboso que había navegado todos los mares y sentía la necesidad de demostrar su afecto a las Armadas de todos los países europeos—con los americanos no quería nada—, daba una voz:

—¡Eh, *Turquesa!* Lo que quieran.

Los convidaba. Cuando los marineros habían bebido y le daban las gracias, el maquinista sonreía, dejando ver los dientes que oprimían como grapas la caña de la pipa.

—Para la Armada francesa—decía—yo tengo siempre un peso en el bolsillo.

Al hablar, su pipa despedía nubecitas de humo más o menos fuertes, según las letras. Con la p salían lindas sortijas azules. Vila no decía nunca «un duro», sino un peso, costumbre que le había quedado de sus largas ancladas en Cuba y Puerto Rico. Era ingenuo y solemne. «Para la Armada italiana, dos vasos de ginebra.» Pero no les convidaba hasta que los veía poner un pie en el umbral para marcharse. Le gustaba darle solemnidad a todo lo que hacía. Sin embargo, *la Turquesa* lo trataba como

a un niño, aunque, además de las condiciones anterio-
res, Vila tenía la de sus cincuenta años corridos. *La Turquesa* lo conocía hacía muchos, y lo protegía a su manera. Le guardaba cartas, le repasaba la ropa interior
y se podía marchar Vila a las Américas dejándola a deber lo que quisiera. Malas lenguas decían que Vila había
tenido que ver con *la Turquesa*, pero nadie lo creía. Vila
no hablaba nunca de mujeres, y si hablaban los demás,
se limitaba a reír cuando los demás reían. Los que le
atribuían relaciones íntimas con *la Turquesa* eran compañeros resentidos a quienes *la Turquesa* trataba mal por
tramposos y parlanchines. Esto de la locuacidad tenía
mucha importancia para *la Turquesa*. Vila era de los que
menos hablaban. Callaba mientras jugaba, mientras bebía, mientras cargaba la pipa. Pero su ancho rostro, de
pequeños ojos grises, reía siempre. El resentimiento de
los que difamaban a *la Turquesa* no era nunca de carácter erótico. A *la Turquesa* hacía tiempo que no la busca-
ban los clientes porque ella tenía «su amor de tierra»,
no de mar, y creía haber demostrado ser indiferente
a todas las sugestiones. Sin decírselo, Vila le daba a entender que era la primera tabernera del mundo en cuanto a honestidad. El resentimiento de algunos procedía
de pequeños detalles. Por ejemplo, *la Turquesa* recibía
de vez en cuando la confidencia de un cliente que se le
acercaba a la hora de pagar y la cuchicheaba. *La Turquesa* entonces, sin darle importancia, al parecer, cantu-
rreaba por toda respuesta el estribillo de una canción:

En Cartagena *se suena*
que no tengo un triste ochavo...

Eso nunca se lo había cantado a Vila. Más aún: Vila
nunca tuvo que advertirle nada. Pagaba o no. Entraba
o salía. Sólo cuando su barco, *la Numancia*, iba a salir
para mucho tiempo, Vila le decía:

—¿Quieres algo para el Japón? Hasta febrero del que
viene.

Y se iba. Ya hemos dicho que Vila daba a entender
a *la Turquesa* que era la tabernera más honesta del

mundo. Y lo daba a entender delante de la gente, con un
gran disimulo que subrayaba la trascendencia de la insinuación. Aunque nadie lo sabía, podemos asegurar que
esta opinión de Vila era autorizadísima. La abonaban
experiencias íntimas de tiempos atrás en los que Vila
iba a la taberna después de marcharse todos, cuando ya
habían cerrado. Pero esto—conviene repetirlo—nadie lo
sabía.

El maquinista tenía una pasión: su *Numancia*. Al volver de sus largos cruceros contaba casi siempre algún
mal paso, del que habían salido sólo por las virtudes
marineras del barco. El último fué entre Filipinas y Java.
Un barco holandés se había ido a pique el mismo día.
Cuando relataba la aventura se excitaba, se le ponían al
rojo las mejillas. Se levantaba, a. llegar el momento en
que creyeron haber perdido el timón. Las olas barrían
la cubierta. Crujía la obra muerta a cada embate. Y cuando todos consideraban el barco perdido, el maquinista
Vila gritaba: «¡Arriba, *Numancia!*» Y la *Numancia* salía
flotando, en un lento salto de carnero.

Cuando Vila, de pie, gritaba: «¡Arriba, *Numancia!*», *la
Turquesa* lo contemplaba desde el mostrador con un
aire de entusiasmo casi maternal. Luego, Vila convidaba
a sus oyentes, y bebían todos a la salud de *la Numancia*,
como si fuera suyo el barco.

Aquella noche el maquinista Vila recibió un recado en
«La Turquesa». Al día siguiente había que encender las
calderas. El maquinista Vila nunca preguntaba por qué.
Las órdenes eran siempre justas, y cuando mandaban
una cosa era porque no debían mandar otra. Siguió jugando con otros tres: un. armador de pesca argelino,
que andaba en negocios de contrabando; un delineante
de la Maestranza, que cada vez que bebía se lamentaba
de que «perdía el pulso» para dibujar, y un condestable,
no de Castilla, sino de las despensas de a bordo de *La
Ferrolana*. Los tres eran republicanos entusiastas y la-
mentaban entre sí que después de instaurada la República mandaran en los astilleros, en los barcos y en las
aduanas los mismos carlistas o alfonsinos que manda-

ban antes. El maquinista Vila no sabía nada de política ni parecía dispuesto a salir de su ignorancia. Lo único que hacía era preguntar a veces si la República destruiría los fueros. Nadie sabía a qué fueros se refería, pero le contestaban que sí.

En la taberna no había más que otras dos mesas. Una de sargentos del Ejército y cabos de Marina, con un teniente de Artillería de los «disueltos» por Amadeo. En ese grupo a veces se hablaba en voz baja. El teniente, que era un tipo enjuto, de mirada vivaracha y a veces torva, parecía llevar la voz cantante. Al lado, en otra mesa, bebían, y a veces cantaban a compás, unos vidrieros de Santa Lucía, que tenían fresco el jornal. A *la Turquesa* no le gustaban las largas sesiones de cante en las que se obstinaban algunos clientes, a pesar de que a veces las coplas eran muy de su gusto. En aquellos días se cantaba a menudo esta cartagenera:

> Quieres, Marín, que yo cante
> al clero y la monarquía;
> no comprendes, ignorante,
> que esa opinión no es la mía.
> ¡Que vaya el nuncio y les cante!

Al terminar, comenzaban todos a batir palmas con el ritmo del tango, a contrapunto, y eso era lo que molestaba a *la Turquesa*. El vino les aguzaba la sensibilidad, y repetían, uno detrás de otro, cartageneras, carceleras, hasta sacarles todos los matices. A veces se discutía el «deje» de uno y la «caída» del otro. Eso no le gustaba a *la Turquesa*. Le parecía poco serio en una casa donde no «entraba nunca la vigilancia». Pero esta noche no cantaban cartageneras, sino un romancillo que se oía en la calle, en los patios interiores de las casas, en todas partes:

> Antonete está en la Sierra
> y no se quiere entregar.
> ................................................
> No me entrego, no me entrego,
> no me tengo de entregar
> mientras España no tenga
> República federal.

Uno de los obreros se dirigió a *la Turquesa:*

—¿Sabes algo, *Turquesa?*

Del grupo de al lado surgió la voz de un sargento, interponiéndose:

—Viene mañana.

El condestable se dirigió a Vila:

—Ahí está la razón—le dijo.

Se refería a la orden de encender las calderas. Vila parecía no tener interés en entrar en averiguaciones. Las calderas se encenderían, y en paz.

En el barrio del Molinete había alguna agitación. Se veían grupos de comentaristas en las esquinas, que no eran ni borrachos ni habituales de la Pepita.

> Se corre en el Molinete
> que me han de matar de un tiro...

Bajo el levante fresco temblaba alguna luz azulenca defendiéndose en una esquina. A la taberna llegaron voces airadas. Una, con toda claridad:

—¡Los intransigentes no mandan en mí!

—No hay más ley que ésa—repetía otro.

Sobre el barrio del Molinete—miseria, prostitución y navaja—dominaban los montes circundantes. El Molinete era el intento desesperado de la pequeña ciudad por erguirse entre las moles de roca que encajonaban el puerto y la flanqueaban. Sombras bajaban por las laderas en silencio y se ahogaban en el rumor de las aguas, que besuqueaban toda la noche los muelles, al pie de las rompientes. Las luces de los dos faros, a cada lado de los diques, señalaban la boca del puerto. En El Molinete había calles en descenso que quedaban abiertas en el horizonte, colgadas sobre la noche marina. En ellas la prostitución se hacía romance marinero y el vino tenía un poso de alga y marisco.

La puerta de la taberna se abrió y entró, friolento y encogido de hombros, don Eladio Binefar. Hizo una mueca de desdén contra las voces que llegaban de la calle, y aclaró:

—He entrado aquí por no topármelos. Me ponen mal cuerpo.

Aquel hombre de aire burgués a pesar de su traje rozado, sus solapas grasientas, su camisa demasiado sucia, distrajo un instante la atención de todos. *La Turquesa* le preguntó qué quería.

—¡Veneno!—gritó don Eladio.

*La Turquesa* sonrió sobre su papada lechosa:

—Tendrá que buscarlo en otra parte, don Eladio.

Don Eladio era médico. Hacía la visita sanitaria a las seis casas de prostitución de El Molinete y a las dos del barrio del Náutico. No faltaba quien negaba a don Eladio competencia profesional. Y una alcahueta se obstinaba en que la había arruinado echándole al hospital a sus mujeres. «Todo—añadía—por no haberle untado a tiempo.» *La Turquesa* lo contemplaba. Tenía el rostro de un color verde pálido, con manchas grises. Como estaba muy flaco y los relieves del cráneo—maxilares, pómulos, frontales—le brillaban bajo la fuerte luz del gas, don Eladio tenía algo de monda calavera. Su cara grande y apergaminada parecía más viva, menos cadavérica, cuando llevaba ocho días sin afeitarse. Tenía cerca de cincuenta años. *La Turquesa* le preguntaba, mientras le hacía una mezcla de ron, café y una yema batida:

—¿Por qué no se deja usted la barba, don Eladio?

Ya le había dicho otras veces que no le daba el sueldo para llevar una barba cuidada y decente, y que prefería afeitarse cada semana. *La Turquesa* le aconsejó:

—Usted, lo que tiene que hacer es casarse, con barba o sin ella. ¿A qué aguarda usted, hombre de Dios? Usted necesita una mujer.

Don Eladio miró al techo, encajó las mandíbulas y blasfemó en voz baja. Luego dijo indignado:

—Lo que yo necesito son los doscientos mil duros de mi padre.

Su padre era un terrateniente de ochenta años, muy católico, muy monárquico, muy tacaño. Tenía ciertas ideas morales. Por ejemplo, era enemigo de la usura, y en esa enemistad se refugió siempre que alguien le pi-

dió dinero. Solía decir: «Yo no he pedido nunca a nadie
un céntimo.» A su hijo único, Eladio, le costeó la carrera
de médico, y no quiso volver a saber nada de él. Pasaba
privaciones y angustias desde hacía veinticinco años,
pero con su padre no podía contar nunca. Ultimamente
le había obligado a desocupar un sótano de una casa
suya, donde el pobre médico guardaba el trigo y las legumbres de los campesinos que le pagaban «la iguala»
en especie. El padre, que no solía nunca darle explicaciones, lo hizo entonces. Se lo alquilaba a un comerciante
en siete pesetas mensuales. No era cosa de desperdiciar-
las. Don Eladio, después de contarle ese último «rasgo»
de su padre a *la Turquesa*, guardó un silencio lleno de
desesperación. Fuera seguían oyéndose voces y había rumores extraños. Alguien pasaba de vez en cuando presu-
roso, casi corriendo. Don Eladio volvió a blasfemar, y *la
Turquesa* le dijo, con cierta energía amistosa:

—Tranquilícese usted, hombre. Todavía, si blasfema-
ran ésos, nadie podría espantarse. ¿Pero usted?

Tenía ganas de oírle hablar.

—Yo voy a misa—dijo precipitadamente el médico—,
porque a mi padre lo tienen secuestrado las sotanas, y
si no me vieran en misa, le irían con el cuento, y sería
capaz de desheredarme.

Sacó un puñado de calderilla mezclada con cigarrillos
deshechos y un trozo de chocolate. Mientras dejaba una
por una las monedas, refunfuñaba:

—Toda una vida de miseria, ¿eh? Tengo cincuenta
años. Y aún dicen que mi padre está más fuerte que
yo. ¿Usted qué opina?

—Hombre, lo natural es que caiga antes el viejo.

Don Eladio la miraba con angustia y refunfuñaba:

—Hum, no sé. No sé. Se han visto casos.

Pero no insistió, porque la idea le aterraba.

—El viejo..., el viejo...—volvió a decir, después de
tomar un sorbo y estremecerse de tal modo que a la
tabernera le extrañó no oír los ruidos de las choque-
zuelas—es un bandido. Sí, un bandido. Tiene cada pelo
así.

Señalaba con la mano izquierda el arranque del brazo derecho extendido. La tabernera preguntó con sorna:

—¿Dónde?

—¡Dónde ha de ser!—explicó el médico, sin percibir la burla—. En el corazón, mujer. En el corazón.

Por fin se fue, no sin antes asegurar que él era republicano; pero no podía tolerar que cualquier palanquista saliera a la calle queriendo dar normas para la Administración pública. Era republicano y ateo; pero jamás vería bien que la plebe gobernara al país. La tabernera pensó: «Tolerante». Este comienza a dárselas de tolerante porque quiere ser bien visto en «La Victoria», en el casino moderado. Y por si se entera su padre. Antes de salir le dijo que se cuidara, y don Eladio agradeció el consejo.

Entró una pupila de la casa de la Pepita, que compró una botella de escarchado y se fue asegurando que con «eso de los federales y los unitarios» el negocio estaba muy desanimado.

De la calle volvió a llegar el rumor de voces, discusiones, pasos presurosos. Eran marinos, a juzgar por el andar inseguro y el ruido de las botas. Los marinos tienen las botas siempre nuevas y suenan sobre las losas de un modo particular. ¿Qué pasaba? La noche estaba preñada de misterio. No sucedía nada. La taberna de *la Turquesa* y las otras del Molinete estaban tranquilas. Quizá con menos bullicio que nunca. El oficial de Artillería «disuelto» se levantó. Le imitaron los otros tres y salieron todos juntos. Cuando estaban en la calle dijo el armador de pesca, dándole con el codo a Vila:

—Esos están al habla con el Comité de Madrid.

—¿Con quién?—preguntó el maquinista.

—Con los de Antonete.

*La Turquesa* intervino:

—¿Pero ha venido Antonete?

Uno de los obreros de Santa Lucía contestó desde el fondo:

—Mal andas de noticias, *Turquesa*.

La tabernera, después de dar a un chico una tarte-
ra y dos frascos de vino, con los que salió el muchacho
a la calle, se acercó al grupo:

—Puedo hablar de Antonete con más textos que
muchos.

—No digo que no—concedió, echándolo a lo pícaro,
el más joven.

—Y sin malicia. He conocido a una tía suya de Almería.

Esperó, dando una tregua para que la declaración
adquiriera toda la importancia, y añadió:

—El día que Antonete vino se armó una buena. Lo
que es esta vez los murcianos han perdido por la mano.
Pero ahora nadie sabe dónde está Antonete.

—A lo mejor conviene que nadie lo sepa—dijo alguien, con suficiencia.

Otro intervino:

—¿Pero no estamos en República? ¿Por qué lo es-
conden?

—No es que lo escondan. Ahora no tiene por qué
esconderse ningún republicano. Es el pueblo quien
manda.

*La Turquesa* no tomaba aquello muy en serio:

—El pueblo...; yo lo que veo es que es el mismo
general de la Marina el que rige.

—Pero ése no es un cargo político, sino administra-
tivo—dijo el de la suficiencia.

Después de un silencio, en el que se despachó medio
frasco el condestable de *La Ferrolana,* habló desde su
mesa:

—¿Cuándo se había visto a los paisanos haciendo la
guardia en un fuerte? Pues los voluntarios de la República están de guardia en las Galeras. Y aquello no es
ningún quiosco de necesidad, sino un buen fuerte, con
su batería de costa que, si a mano viene, se puede volver hacia tierra.

Llegó otro recado para el maquinista Vila. Las calderas debían estar encendidas al amanecer. El maquinista se levantó, se caló la gorra sobre las greñas grises

y fue saliendo con aquel andar aplomado—compás abierto, media cojera en cada muslo—que lo caracterizaba. Antes de salir se abrió la puerta y entraron seis o siete, con algazara. Compraron víveres para llevárselos a los paisanos que guarnecían también el Ferriol. Había una simpatía popular por aquellos muchachos que se traducía en obsequios constantes. Uno de los que más alzaban el gallo al pagar una botella de ginebra dio un viva a los voluntarios de la República y pronunció algunas indirectas contra los marinos. No contra todos, sino contra *la cámara,* o sea las clases altas y los oficiales y jefes. *La Turquesa* frunció el ceño, y mirando a Vila dijo:

—No meter la pata, que nadie sabe dónde están sus amigos ni sus enemigos.

A Vila se le encararon tres:

—¿Usted es federal?

El maquinista se desasió del que le agarraba la manga y lo miró con cierta agresividad.

—¿Qué dices?

—¿Que si es usted republicano federal?

Vila vaciló un instante:

—¿La República federal va contra los fueros?

Los otros no sabían a qué fueros se refería; pero alguien dijo que sí. Vila entonces hizo un gesto en el que mostraba su aprobación. Entonces los que entraron y los que estaban en el fondo dieron tres vivas al maquinista Vila y a la *Numancia*. El maquinista no comprendía. Creía que ninguno de aquéllos había bebido tanto.

Salió. La pareja de vigilancia lo saludó, y Vila bajó hacia el paseo de la muralla contoneándose. En un horno estaban preparando la masa. A través de la puerta, entreabierta, se oía el final del romancillo:

> ... mientras España no tenga
> República federal.

3

Pero no estaba toda Cartagena en el cuarto de Mr. Witt
ni en la taberna de *la Turquesa*. El azul que se entraba a torrentes por el balcón del inglés, la sombra fresca de aljibe de la noche en El Molinete no eran los
colores de Cartagena. Cartagena tenía color de hierro viejo, de quilla blindada, que un día encalló y
abandonada en el roquedo fue cubriéndose de moho
y de liquen. Cartagena era una plaza fuerte, con sus
murallas por Quitapellejos hasta la estación del ferrocarril, cerrando por San José y Monte Sacro sobre el
puerto. Por los flancos, montañas peladas se erguían y
entraban en el mar, formando el puerto natural mejor
del mundo, según los cartageneros más entusiastas. En
el cogollo, entre el Ayuntamiento y la Puerta de Murcia,
vivían algunos comerciantes ricos, algunos altos empleados de los astilleros, un condueño de la fábrica de
vidrio de Santa Lucía y hasta cuatro terratenientes,
entre los cuales había que situar al padre del doctor
Eladio Binefar, uno de los primeros contribuyentes.
Como plaza fuerte y apostadero, Cartagena tenía algo
de cuartel y de cámara marinera. Las jerarquías militares trascendían a la calle. Se distinguía muy bien a
un teniente de navío de un capitán de corbeta. Los
pilluelos de Escombreras y de Santa Lucía, que se asomaban a las cancelas ofreciendo un pulpo «para asar»
o un kilo de «aladroques», o los de tierra adentro, que
llegaban siguiendo el carrito de verduras, del que tiraba un borriquillo, sabían rendir pleitesía a un sargento primero, de barba corrida. La pequeña población
indígena, la que vivía «sobre el terreno», sin relación
con los habilitados del Ejército o la Marina, se dividía
en dos clases. La que residía dentro de la muralla y
la que caía fuera, en Quitapellejos, Santa Lucía, el Hon-
don, Escombreras y otros pueblos. El barrio de Quitapellejos lo habitaban en su mayoría los obreros del
arsenal. El de Santa Lucía, pescadores y obreros de
la fábrica de vidrio. Los de Escombreras eran metalúr-

gicos, pescadores y campesinos. Los obreros de Escombreras se distinguían bastante de los del Arsenal. Entre éstos circulaban hojas impresas, en las que se hablaba de la Revolución francesa. Las hacían llegar los
amigos de Fernando Garrido. *La Correspondencia*, de
Madrid, llegaba a veces y se leían números atrasados,
en corro y en voz alta. Sus diatribas contra la Internacional despertaban indignación. En voz baja se hablaba de la Internacional, cuidando mucho que no lo
oyeran los jefes de taller. Algunos de éstos se mezcla-
ban entre los obreros desde el advenimiento de la República, y los trabajadores los acogían con entusiasmo
emocionado. Finalmente, los trabajadores del Arsenal
trabajaban diez horas y, aunque en pequeña cantidad,
tenían siempre dinero. Seguían con una pasión enorme la vida política de Madrid y había discusiones largas y estériles sobre Pi Margall, Salmerón, y en aquellos días también sobre el general Serrano. Habían comenzado a organizar una Sociedad de resistencia; pero
fueron llamados al despacho del comandante general de
la Maestranza, y tuvieron que comparecer tres de los
acusados. Iban ya vencidos. Todavía si hubieran tenido
que hablar con el jefe del taller, la cosa hubiera sido
fácil; pero con el director no sabían cómo iban a comenzar, ni siquiera qué tratamiento iban a darle. El
comandante les dijo que toda actividad que no fuera
la del trabajo en los talleres estaba prohibida dentro
de la Maestranza, y que no toleraría la circulación de
hojas impresas ni manuscritas que se refirieran a los
«anárquicos, salvajes e inhumanos» hechos que se de-
sarrollaban en París. Lo decía con una gran firmeza,
pero sin violencia. Dos de los obreros le estaban ya
agradecidos por haberles hecho sentar en un sillón fo-
rrado y haberles dado la mano. El otro, Hozé, que era
precisamente el que había hecho varias copias a mano
de una «carta de París» del redactor de *La Correspondencia*, en la que, a vueltas con el ataque soez y la
ironía, reconocía de hecho algunos triunfos a los «nietos de los asaltantes de la Bastilla», se atrevió a decir

que creían no hacer daño a nadie organizando una Sociedad. El comandante le atajó:

—Eso no es cuestión de usted. Soy yo quien ha de decirlo. Tenga mucho cuidado, porque yo tengo órdenes concretas y he de hacerlas cumplir con toda energía.

Y luego añadió, más conciliador:

—En un momento como éste, en que la patria atraviesa un trance crítico y todo el país está inflamado de amor a un ideal, vienen ustedes hablando de jornales y horas de trabajo.

Quisieron atajarle, disculpándose; pero el comandante siguió:

—No me digan que no. He oído hablar de nueve horas de trabajo. ¡Nueve horas! Trabajar menos y ganar más. ¿Es ése todo el patriotismo de ustedes? Ayer ha habido agitación en los talleres. ¡Lo he visto yo!

Otro de los trabajadores intervino:

—Con licencia, señor director. Ayer lo que pasó era que querían ir todos al Ayuntamiento a pedir que envíen un parte a Madrid para que le den lo suyo al general Serrano.

Era un general monárquico, que había dirigido un complot fracasado, y estaba en manos del Gobierno. El director, que compartía el odio del general Serrano a la República, no se atrevió, sin embargo, a apoyarle, y dijo que en cuanto a eso y siempre que no se actuara sino fuera del recinto de los arsenales y de las horas de trabajo, él no decía nada. Como tenía miedo a perder el cargo, no se atrevió siquiera a hacer un elogio de la clemencia. Se quedaron un momento en silencio, durante el cual, por la ventana abierta, se oyó mejor el martilleo de docenas de hombres sobre planchas de hierro. A veces cantaban los obreros a compás, y más por el ritmo que por la letra Hozé identificó la canción:

Hasta la Virgen del Carmen
se ha vuelto republicana.

La irreverencia de considerar republicana a la patrona de la marinería le hería al director en lo hondo. Se levantó:

—Ya saben ustedes. Fuera del Arsenal y de las horas de trabajo, lo que quieran.

Los obreros pensaban que si las horas de trabajo eran diez y querían manifestarse públicamente, tendrían que hacerlo de noche. Eso les preocupaba. Salieron y volvieron a sus talleres; pero muchos trabajadores habían dejado las herramientas y formaban grupos. Los jefes de taller dejaban hacer. Tres oficinistas acompañaban a un muchacho de aire resuelto, que explicaba a los más próximos la necesidad de hacer una manifestación precisamente como los trabajadores la habían planeado. Los obreros le rodeaban, indecisos, y se cambiaban un nombre:

—Es Cárceles, el amigo de Antonete Gálvez.

Pero al llegar Hozé abandonaron a Cárceles y corrieron a escuchar a su compañero. Este dijo:

—Todos quietos. A trabajar. Esta noche, al salir del Arsenal, iremos al Ayuntamiento.

Contestaron algunos vítores a la República. Los jefes de taller estaban escandalizados. No se les habían acostumbrado los oídos aún a aquella palabra: «República». Y allí precisamente, en el taller. Cárceles se dirigió ingenuamente a los jefes y quiso convencerlos de la conveniencia de dar suelta al personal. Los jefes se encogieron de hombros. Hozé habló con Cárceles diciéndole que convenía no agitar a los trabajadores. Le explicó lo que acababa de decirle el director, y Cárceles, subiéndose en un banco e imponiendo silencio, dijo, de pronto, algo inaudito:

—El director de los astilleros es monárquico. Es tan culpable como el general Serrano. Mientras sean esas personas quienes detenten los puestos de responsabilidad, seguirá en todas partes el imperio de la tiranía.

Muchos de los trabajadores no sabían lo que era «detentar», pero comprendieron bien a Cárceles. Sin embargo, era tan extraordinario lo que oían, que se quedaron un instante indecisos. Cárceles siguió:

—No quiere que se celebre la manifestación hasta la noche, para que entretanto indulten a Serrano. Para evitar que la agitación del país contra el impunismo obligue al Gobierno a ejecutar a Serrano como se ejecuta a los traidores.

Esto enardeció a todos. Se oyó una voz rencorosa, impregnada de odio y de un género terrible de desdén:

—¡Cuatro tiros por la espalda!

Como no se sabía si se referían al general Serrano o al director de los arsenales, algunos jefes de taller, los más reaccionarios, se escalofriaron. Un trabajador viejo, de barba blanca, con ojos temerosos, se acercó a uno de ellos:

—¡Esto es el fin del mundo!

Hozé comenzaba a comprenderlo. El estudiante había explicado en qué consistía el interés del director por aplazar la manifestación. Los engañaba. Se puso al lado de Cárceles y con amplios gestos de brazos ordenó:

—¡A la calle! ¡A la calle!

Cuando salían, atropelladamente, el director se asomó a una ventana, y al ver a Cárceles lo llamó a su despacho. Los obreros cesaron en su algazara, pero siguieron saliendo. Uno, con un pedazo de rail colgado de la mano izquierda y un martillo en la derecha, improvisó una especie de campana de alarma. Al ver que Cárceles subía al despacho del director, se estacionaron algunos grupos esperándole, mientras los demás salían, y los primeros gritos de «¡Muera Serrano!» eran coreados con el rugido de la multitud. Poco después regresó Cárceles y volvió a hablar a los obreros:

—Dice que salude en su nombre a Antonete y que tiene mucho gusto en autorizar la manifestación, siempre que sea pacífica.

Un jefe de taller, de los más vacilantes, se vio de pronto asistido por una certidumbre inaudita, y gritó,

con la alegría de poderlo gritar sin traicionar a los
obreros:

—¡Viva el señor director!

Pero fue acogido con siseos y algunas protestas. Muy
rezagado se oyó un «¡muera!». Se veía que el que lo
dio reflexionó antes.

A medida que salían se iba formando la manifestación. Cárceles vitoreaba a la República federal. En la
calle se les fueron uniendo muchos cartageneros. Cómo
el Ayuntamiento estaba demasiado cerca, fueron a dar
un rodeo por las calles principales. Al pasar frente a
la guardia de la infantería de Marina una voz gritó:

—¡Viva la Marina federal! ¡Vivan los marineros del
pueblo!

Los centinelas sonrieron y saludaron.

La manifestación era compacta y muy nutrida. Por
la tarde calculaban los optimistas 10.000 y los monárquicos hablaban de un millar de chiquillos y de por-
dioseros. Entre los que pensaban así estaba el médico
don Eladio.

La población de Santa Lucía, que imprimía también
carácter local a Cartagena, era de otra clase. Pescadores y obreros de la fábrica del vidrio. En Escombreras había, además de los metalúrgicos y los pescadores, algunos campesinos. Los jornales del vidrio de
Santa Lucía eran inferiores a los metalúrgicos de Escombreras. Lo decían así, dándole al jornal en sí mismo una personalidad propia, ligada a los utensilios de
trabajo o al material sobre el que trabajaban. El trabajador de Santa Lucía se sabía que era cristalero por
su aspecto enfermizo y por las manos comidas por el
aguafuerte (los ácidos). Se sabía que era pescador por
su buen color, algo más que saludable, en el que tenía
cierta responsabilidad el alcohol. Los metalúrgicos de
Escombreras, donde había una empresa fuerte, eran
más sanos que los cristaleros de Santa Lucía. Y los
pescadores también. Santa Lucía caía dentro del puerto, al pie de San Julián. Escombreras, al otro lado de
los dos picachos de San Julián y El Calvario, cara al

libre Mediterráneo. En Escombreras había campesinos,
hombres de rostro atezado y color quebrada. El campesino carecía casi siempre de dinero, sobre todo entonces. No había apenas moneda. Trabajaba por la comida, y si cultivaba tierra propia trocaba los productos
por pescado, por alpargatas de Cieza, por carne, cuando
la había. Entre sí se cambiaban simientes. Amasaban
el pan en su casa y lo cocían en un horno comunal.
Ultimamente el cahiz de trigo valía casi una fortuna,
pero lo aprovechaban muy bien, haciendo con los des-
perdicios de la molienda, el mijo machacado y la cas-
carilla del arroz, el plato fuerte de sus comidas. Los
obreros metalúrgicos eran los privilegiados. Tenían dinero, aunque cobraban mucho menos que los de Cartagena. Pero no faltaban los campesinos que no en-
vidiaban a los cristaleros de Santa Lucía ni a los metalúrgicos, porque el jornal, mísero y todo, tenían que
gastárselo en medicinas. Los cristaleros enfermaban por
los pulmones y los metalúrgicos por vía venérea en El
Molinete. En cuanto a los pescadores, se atracaban de
aladroques y de vino y se pasaban los días que no salían al mar remendando las redes.

De la República habían llegado allí solamente los rumores. Un obrero calificado de la fábrica, que ganaba
nueve reales y que entre los campesinos merecía poca
confianza, no por sí mismo, sino porque un hermano
suyo «hizo una muerte» y estaba purgándola en el penal de Cartagena, se obstinaba un día y otro en decir
que se habían acabado las quintas, y que ya no habría
servicio militar. Le escuchaban con incredulidad. Lo
mismo decía el año anterior. Enseñó un periódico en
el que estaba escrito y, sin embargo, a los pocos días
se llevaron los doce muchachos más fuertes de Escombreras. No creían en Paco *el de la Tadea*, además, porque era hosco, reconcentrado y recibía un periódico de
Barcelona, con su nombre impreso en la faja. Pero
Paco, que carecía de ambiente entre los campesinos, lo
tenía entre los compañeros de la fábrica y era bien
visto en la miserable callejuela de pescadores que daba

al mar sobre una pequeña cala pedregosa. La calle tenía sólo una hilera de casas. Por el otro lado descen-
día en suave rampa hasta el mar. A veces, las olas
subían, resoplando con fatiga, y su espuma mojaba las
paredes de las chozas. Aunque esto no sucediera, la
niebla de los crepúsculos impregnaba de sal toda la
calle, y no era raro ver alguna cabra lamiendo los muros con glotonería. El poblado carecía entonces de ve-
getación casi por completo. Tenía un aspecto andaluz
como las aldeas de Cádiz. Muy encalado y tal cual chumbera, desesperada en gestos histéricos. Los críos se de-
fendían de las moscas como podían. Las mujeres, de
la anemia. Los hombres, del propio rencor. Pero, a pesar de todo, para quien no estuviera en antecedentes,
Escombreras tenía un aspecto suave, tranquilo, casi
idílico.

> Ya se van los quintos, madre;
> sabe Dios si volverán;
> se van, los pobres, cantando
> para no oírnos llorar.

Esto de las quintas era la preocupación máxima en
los hogares de Escombreras y en casi todos los hogares campesinos de entonces. Tadea, la mujer de Paco,
que tenía una fuerte personalidad y discutía de política con los hombres, solía contestar antes de la República:

> Si la República viene
> no habrá quintas en España.

Las mujeres se burlaban un poco de la Tadea, viéndola siempre con hombres, de igual a igual. Como no
podían reprocharle nada concreto, la criticaban por
todo. En esto llegaban a lo disparatado. Si iba descalza, porque le servía de poco tener un cuñado criminal
en la cárcel. Un presidiario que no le enviaba unas
tristes botinas de las que hacían allí. Si iba calzada,
porque gastaba mucho del jornal del marido, al que,
a pesar de tener fama de hombre decidido y echado
para adelante, dentro de su casa lo consideraban «un

bragas». Llegaban a criticar a la Tadea incluso porque
no le había pegado nunca su marido. Paco era *Paco el
de la Tadea* entre los campesinos. Paco, entre sus compañeros de trabajo. Y entre los pescadores, Curro y
Currito. He aquí la explicación: la relación con los campesinos la tenía casi exclusivamente a través de su mujer, que les regateaba el pan—lo compraba ya coci-
do, y esa era una razón de resentimiento entre las mujeres—, las legumbres, etc. Otra razón de resentimiento
consistía en que siendo casi un delito entre los campesinos el tener golosinas en su casa, a la Tadea solía
traerle el marido mismo alguna confitura cuando venía
de la ciudad. Los compañeros de Paco lo conocían por
su nombre de pila—el patronímico no lo empleaba nadie apenas—. Tenía entre ellos prestigio profesional y
fama de hombre cabal. No podían olvidar que hacía
dos años, en ocasión en que la fábrica recibió encar-
gos extraordinarios y hubo que trabajar una hora más,
consiguió medio real diario de aumento, llevando las
gestiones él mismo. «Lo que diga Paco—manifestaron al
encargado—lo decimos todos.» Y Paco llevó la gestión
con la Empresa, que recurrió a mil subterfugios para
lograr compensaciones, sin conseguirlas, porque Paco
les salía al paso con su agudeza y buen sentido.

Entre los pescadores era Curro y Currito, porque los
trataba en la taberna entre vaso y vaso.

Aquel día—el mismo en que los obreros de los arsenales bajaron a Cartagena en manifestación—se produjo en Escombreras un motín. Había una Empresa de
pesca muy fuerte. Su dueño vivía en Cartagena, pero
tenía en Escombreras un almacén con oficinas y dos
galeras que cargaban el pescado y lo llevaban a la ciudad en bruto y otras veces preparado en cajas para
facturarlo en la estación. La Empresa tenía poco personal en Escombreras, y el que tenía era forastero. Los
escasos jornales que pagaba a los pescadores de Escombreras eran miserables. Contrataba a los tripulantes por diez duros al año y comida y los obligaba a
un trabajo abrumador. Cuando tenía que hacer reparar

una red, en vez de dar trabajo a las tres familias del
pueblo que se dedicaban a él, lo llevaba a Cartagena.
Era el único trabajo que por tradición se pagaba bien,
y antes de dejarse veinte reales en Escombreras prefería dárselos a un argelino que tenía su tienda en el
muelle de Cartagena con un letrero muy cuco que decía: *Le bon garçon. Armeur de filets de pêche.* Todo
esto irritaba mucho a los pescadores y en general a la
población de Escombreras. No había memoria de que
en las galeras de su almacén hubiera llevado el capa-
taz nunca a nadie a Cartagena ni por enfermedad ni
por otra razón de humanidad cualquiera.

Y al patrón de una de las parejas de pesca le había
sucedido un percance. Tenía los barcos en la pequeña
cala que se abre al norte del poblado. Una de las redes
se había enganchado en el remate de la caña del timón,
muy por debajo de la línea de flotación del velero. Los
pescadores estuvieron tirando y no lograron sino desgarrar más la red, con gran desesperación del patrón,
que los injuriaba recurriendo a un repertorio de insultos verdaderamente original. En vista de que no con-
seguían sino hacer nuevos destrozos, mandó que aban-
donaran la faena. Iba a proponer que uno de ellos se
desnudara y bajara buceando, pero se dió cuenta de
que no lo haría ninguno y se ahorró el desaire. Por la
tarde buscó a un muchacho que nadaba como un pez,
a *Cristobaliyo*, chico de trece años, cuyo padre había
muerto el año anterior en el ejército del Norte peleando contra los carlistas. No tenía familia, porque su madre había muerto antes que el padre y los dos eran
forasteros (habían ido a Escombreras al reclamo de la
fábrica). El chico quedó desamparado y los vecinos lo
atendían. Uno le enseñaba las pocas letras que sabía.
Era un jornalero que cantaba bastante bien y que desde que aprendió «de letra» incorporó a su repertorio
esta cartagenera:

> Escombreras para mí
> y el Hondón para mi hermano;
> y el que no sepa *escribí*

que vaya *en cá* el escribano
y le enseñe, como a mí.

Se había gastado en aprender a leer y a escribir los
primeros jornales que ganó y ponía un gran entusiasmo en enseñarle a *Cristobaliyo*. Algunos campesinos
llevaban consigo al muchacho, y a la hora de comer
en todas las cocinas tenía su cuchara de palo y su
mendrugo. Dormía en casa de Paco, que, ya entrado en
años, no tenía hijos, y la Tadea se cuidaba de que al
chico no le faltara de vez en cuando una camisa limpia. Era un poco el hijo de todos, y se sentían felices
viéndolo crecer fuerte y guapo. Había algunos que hablaban de enviarlo a un buen taller a Cartagena. Entre
campesinos sin tierra un «buen taller» tiene el prestigio de una universidad. Pero el patrón no sabía del
chico sino que era huérfano y que nadaba muy bien.
Le ofreció dos reales si lograba desenganchar la red, y
*Cristobaliyo* se desnudó en un instante—un pantalón y
una camisa se quitan pronto—, y, tomando carrerilla
para lanzarse lo más cerca posible del timón, se fue
al agua de cabeza. Volvió a salir y a zambullirse varias veces, sacando entre los dedos trozos de cuerda
y algas. El patrón tiraba de la red cada vez que *Cristobaliyo* asomaba fuera, pero la red se obstinaba en
no salir. Por fin, salió sola, sin necesidad de tirar. Pero
el que no salía era el muchacho. Lo vio bracear entre
dos aguas, le arrojó una cuerda, dio grandes voces.
Todo fue en vano. Se abría el azul cobalto del agua
en racimos de burbujas, algunas de color rojizo. Un
pescador se arrojó al agua desde la orilla y logró encontrar al muchacho. Fue empujándolo hasta sacarlo
fuera. Quedó desnudo sobre la menuda grava, con los
ojos abiertos y la boca manando sangre y espuma roja.
El patrón bramaba:

—¡Aspearle los brazos!

Ante los gritos de algunas mujeres el patrón saltó a
tierra con un aire falsamente tranquilo:

—Esto no es nada. ¡No hay que meter tanto ruido!

Pero *Cristobaliyo* había muerto. La noticia circuló en

seguida por el poblado y acudieron hombres y mujeres
a comprobarla. El chico, desnudo sobre la grava húmeda, era delicado de proporciones. El pelo mojado se
comenzaba a secar y se alzaba en greñas de un azul
metálico. Los pescadores maldecían. Las mujeres llo-
raban. Paco se enteró en la fábrica y dejó el trabajo.
Le siguieron todos los que trabajaban con él. Poco a
poco salieron los de las secciones restantes. A la media hora el paro era total y la población se congregaba
en el barrio de los pescadores. Por ninguna parte aparecía el patrón. Se le buscaba en el almacén, en el cobertizo, donde tenía la tartana y las dos galeras; pero
nadie daba noticias de él.

Paco tomó en brazos el cuerpo desnudo del muchacho, y dijo volviéndose a los demás:

—¡Al Ayuntamiento!

Paco rompía marcha con el cuerpo del muchacho
atravesado en los brazos, y seguían detrás pescadores,
obreros, campesinos. Unos gritaban: «¡Justicia!»; otros
insultaban al patrón. Una mujer repetía, incansable:
«¡Mueran los asesinos de los pobres!» No faltaban los
que comprobaban la presencia de la faca en el cinto,
sin saber por qué, y todos ligaban las ideas de Justicia
y de República. Desfilando sobre el blanco de las paredes, en las que estallaba la verde ira de la chumbera,
el cortejo, con Paco al frente, estaba estrechamente
identificado por el dolor y la ira. Las mujeres llevaban
a los críos agarrados a la falda; los muchachos de la
edad de *Cristobaliyo* corrían entre los grupos para ver
al amigo muerto y seguían a su lado con una expresión
de espanto. Salían los perros de las chozas y se incorporaban, ladrando. Los tres testigos que habían visto el
accidente lo contaban a grandes voces, sin dejar de andar a toda prisa tras de Paco. Llegaron a casa del alcalde republicano, pero no estaba. Acababa de salir del
pueblo a caballo. Iba con alguien. Al saber que el que
le acompañaba era el patrón, la ira aumentó. Desde
allí marcharon otra vez al almacén y a los cobertizos
de las galeras. Como no había nadie, volvieron al Ayun-

tamiento. Vagaban bajo el cielo azul, frío e indiferente, entre las estrechas calles polvorientas, sudando,
amenazando, rugiendo. Por fin, alguien prendió fuego
a las lonas de una galera. Otro, a las cajas apiladas
contra una puerta. Comenzaba a obscurecer cuando las
llamas prendían en la techumbre del almacén. Sus reflejos en el mar y hasta en el peñón que se alzaba a
tres millas y que llevaba el mismo nombre que el pueblo—Escombreras—, daban a todo aquello un aire fan-
tástico. Bajo el resplandor del fuego volvieron a casa
del alcalde. Poco después ardía también. Entonces,
tranquilos, con los nervios sosegados, se retiraron en
pequeños grupos. El mayor siguió a Paco, que dejó en
su cama el cuerpo de *Cristobaliyo*, salió al patio y se
sentó en un canasto que había boca abajo.

Las mujeres más viejas rezaban a coro. Las más jóvenes preparaban sábanas para el lecho último del
huerfanito. Paco permanecía con la cabeza entre las
manos, pensando en lo que sucedería después. Iban
llegando poco a poco algunos campesinos. Muchos de
ellos no habían estado nunca en aquella casa. Pero se
acercaban a Paco, a quien habían visto prender fuego
e instigar al asalto, y, poniéndole la mano en el hombro, dejaban caer algunas palabras:

—No caviles. Se declarará lo que haga falta.

Luego se sentaban en el suelo y al poco rato se
levantaban e iban desfilando en silencio. Los obreros
habían avisado a Cartagena—tres cuartos de hora de
buen andar—antes de que se pegara fuego al cobertizo.
Cuando llegaron los voluntarios de la República fueron
a casa de Paco, y, creyéndolo el padre, le ofrecieron
pedir justicia.

—¿A quién?—preguntaba Paco.

—A las autoridades de la República.

—¿A qué autoridades? Las de aquí han escapado con
el asesino.

Un campesino se levantó y, antes de marcharse, dijo
a los forasteros:

—No se cansen. La justicia ya está hecha.

El reflejo de los dos incendios entraba por la puerta y temblaba en el suelo. Tadea convenció a su marido de que debía ir a Cartagena a comprar un lindo ataúd para el muchacho y a ver qué se hacía con el patrón. Paco marchó con los «voluntarios». Por el camino éstos le prometieron presentarle a Antonete. Se habían dado cuenta de la confianza que Paco inspiraba a sus convecinos. El obrero recordaba las palabras de los campesinos y hacía un paréntesis en el caos de las impresiones de aquel día para alegrarse de aquellas adhesiones. Los voluntarios de la República aseguraban a Paco que no había nada que temer, al mismo tiempo que el patrón de pesca y el alcalde pedían fuerzas armadas para «darles lo suyo» a los amotinados de Escombreras.


Mayo

4

Todo este mundo bullente y cálido estaba muy lejos del gabinete de Mr. Witt. Por cierto que ese gabinete no lo hemos descrito del todo. Tenía más cachivaches de los reseñados. La pared frontera del balcón, la que recibía de plano la luz por la mañana, estaba llena de pequeños y valiosos objetos. Arriba, a cada lado de la puerta, había una cornucopia de espejos empañados, con sus dos candelabros de cristal cada una. Se las había hecho traer de Londres y de ellas decía años atrás Carvajal, el poeta, que tenían una historia romántica. Mr. Witt le preguntaba:

—¿Qué historia?

Carvajal contestaba, en broma:

—La historia de un amor fracasado. Historias muertas de amores que todavía viven en esos vidrios.

Mr. Witt le pidió que escribiera aquella historia, y Carvajal se negó siempre diciendo que había que dejarla dormir en los candelabros. «No los enciendas nunca—insistía con mucha gravedad—. No coloques los es-

pejos más abajo. Así, junto al techo, están bien. Sólo
reflejan el cielo y el mar.» Echándolo a broma, sin embargo, Mr. Witt llegó a dejarse influir por la imaginación del sobrino, y aunque no lo hubiera confesado
nunca, sentía un gran respeto por las cornucopias. Debajo de una de ellas había un tríptico holandés, con los
marcos ligados por bisagras. Eran pequeñas aguadas
representando paisajes marinos. El marco de cada una
era de una tonalidad ligeramente distinta: azúcar quemado, siena y amarillo rojizo. Como estaban barniza-
dos, sus molduras brillaban en cada curva y a veces la
luz daba lumbraradas amarillas. Más abajo, Mr. Witt
tenía una mesita japonesa con dos sillones. La mesa
era redonda y estaba toda incrustada de faroles chi-
nescos y pájaros con plumas de colores. Nácares brillantes o simples trozos de marfil opaco resaltaban con
una suntuosa falta de armonía. Encima de la mesita,
en la pared, una flauta de caña comprada a unos pas-
tores ibicencos y una campanilla de plata cuyo sonido
le agradaba mucho. Esa campanita la adquirió, pagando dos veces su valor, a un sacerdote de aldea. También
en ella la luz ponía gotas puras de cristal y cuarzo. Al
otro lado de la puerta había un bargueño muy historiado. Cerrado, parecía un armonium. Severo y ascéti-
co. Sólo los gozquecillos de las patas, con su nariz de
cobre pulido, anunciaban la posibilidad de que, una
vez abierto, ofreciera sorpresas. Ese mueble era de doña
Milagritos. Lo había sacado de su casa de Lorca, donde
nadie recordaba cuándo entró. Pero el bargueño no
estaba nunca cerrado. Era una atención que Milagritos
tenía con su marido, en vista de que éste no le había
abierto jamás una carta. El bargueño solía ofrecer a
la vista un gracioso panorama. Era complicado, recar-
gado, barroco. Espejitos en cada bisel de la madera,
chapas de marfil en los vanos, madera pulida por la
cera y los siglos. El conjunto no era menos brillante
que la cornucopia. La luz parecía conservarse también
en los cristales del bargueño por alguna virtud especial. En la horas finales de la mañana, cuando estaba

al llegar de la oficina Mr. Witt, doña Milagritos defendía su habitación del sol con la triple cortina—primero, los visillos; luego, el *stor;* después, el pesado tapiz—, y en la penumbra del cuarto seguían conservando un poquito de sol los critales de las cornucopias y del bargueño.

Todavía está por reseñar la pared principal, a la que daba la espalda el sillón de trabajo de Mr. Witt y el muro donde estaba enclavado el balcón. Lo dejaremos para otro día. Hoy nos interesan sólo aquellos objetos que mejor se identifican con la naturaleza libre. Las superficies pulidas, amigas de la luz. ¡Ah!, y un tiesto de ruda desmelenada, cuyo verde obscuro se hacía más denso en este mes de mayo. Por excepción, y aunque está situado en el rincón derecho del lado del balcón, lo mencionamos, porque doña Milagritos tiene en él una fe supersticiosa. Lo puso sobre un trípode de hierro también traído de Lorca, donde hacía oficio de cantaral y conserva algo del fresco rezume del agua encerrada en barros cocidos. También la ruda tenía su relación con el sol, aunque no directamente. Si recibía alguna vez un reverbero de la cornucopia, era de prestado, y llegaba filtrado por el pálido espejo inglés. Habitualmente, sus hojas verdes, bruñidas por el agua, brillaban también. Si no todas, por lo menos las que estaban situadas de través y recogían la luz que se escapaba entre el flanco de la cortina y el muro.

Todo esto tiene cierta importancia en la mañana de mayo. Mr. Witt ve la primavera a su alrededor, en todo. Mira los barcos, las nubes, el mar con amor. No le extrañaría ver florecer las puntas de los mástiles en verde y rojo, como las veía florecer a veces, de noche, en chispitas azules o en el halo de San Telmo. Pero no siente dentro de sí aquel regreso a la adolescencia que otros años le embargaba y le obligaba a cantar, a abrazar violentamente a Milagritos. Entonces encontraba más simpático a todo el mundo, más grato el trabajo. Puesto en la necesidad de hacer cosas inesperadas, llegaba incluso a establecer innovaciones en su indumentaria. El año an-

terior se hizo un raro traje mitad deportivo, mitad «de
sociedad» que había visto en algunos dibujos del *Times*.
Era una chaquetilla corta, ceñida, cruzada, con dos hileras de botones. Se usaba con briches y pantalón ceñido
a la pantorrilla, embutido en bota alta. Un día, al volver
a casa, se lo quitó y le dijo a su mujer que lo regalara.
Milagritos, que estaba acostumbrada a sus caprichos de
indumentaria, le preguntó, sin embargo, qué le sucedía
al traje.

—Es muy práctico para el viento y para el trabajo en
la oficina; pero tiene dos inconvenientes: carece de bolsillos y a veces me siguen los niños por la calle.

Este año no se le ocurría nada. La primavera no entraba en él ni siquiera en esa forma inocente de los
cambios de indumento. Para doña Milagritos era inquie-
tante aquello. Le preguntó tres veces si se había encargado algún traje, y las tres contestó Mr. Witt de diferente manera, pero diciendo lo mismo. La primera levantó de la mesa la mirada: «Creo que no es necesario.»
Milagritos veía su cabeza rosácea, sus sienes blancas, el
oro de sus gafas. Todo un poco empañado. La segunda
se limitó a mover de derecha a izquierda la cabeza, sin
mirarla. La tercera hizo un gesto de tedio con los labios
sin moverse, sin hablar, mirándola un instante—como
un relámpago—sobre los cristales elípticos. Milagritos
ya no insistió. No sabía que en su marido se iniciaba la
ruina fisiológica. Entraba en los cincuenta y cuatro años.
No veía que algo melancólico y decadente había aquella
primavera en la casa. ¿Qué sería aquello? Lo cierto era
que Mr. Witt tenía sensaciones de otoño y no de primavera.

No había ido a la oficina. Otra vez se habían tomado
los obreros tres días de fiesta. Cartagena anunciaba algo
que concretamente nadie podía prever, aunque hacía dos
meses que se veía venir. Seguían visitándole el cónsul
inglés y un hermano del jefe de la Maestranza, que se
mostraban alarmados. «¿Qué quieren los intransigentes?»,
se preguntaban todos. El cónsul decía que no había informado aún a su país porque sólo debía recoger hechos

y hasta ahora los hechos no tenían fisonomía. Social
y económicamente, la vida era tranquila y fácil en la
Maestranza, el Arsenal, en el Ejército, en la Marina. En
todos aquellos organismos ligados económicamente al
Estado. Era precaria entre los pequeños campesinos e
industriales. Y francamente insoportable entre los jor-
naleros de Santa Lucía, Escombreras, los peones de Quitapellejos, los pescadores. Entre la gente de «papas y
aladroque», como decía doña Milagritos, sin ningún desdén. Los funcionarios no veían sino la atmósfera de seguridad y de bienestar que los envolvía, y los más altos
se sentían desconcertados ante el motín y las voces callejeras, porque les alcanzaba la responsabilidad del orden público. Todos tenían presentes las palabras que
Pi y Margall acababa de pronunciar en el Parlamento;
pero, más que nadie, el cónsul y el hermano del comandante de la Maestranza. Se las habían dejado a Mr. Witt
en la mesa, en un diario de Madrid, orladas de lápiz
rojo. Pi y Margall decía, contestando a las impaciencias
de los intransigentes, que veían en los poderes republicanos recién instaurados debilidad e indecisión:
«Si la República hubiera venido de abajo a arriba, las
provincias habrían empezado a constituirse en cantones
y hubiera desaparecido el Poder central. Entiendo que
habríamos llegado, más o menos tarde, a reconstituir la
unidad nacional, estableciendo una República como todos la deseamos. Pero habríamos atravesado un pe-
ríodo largo, trabajoso y muy ocasionado a conflictos y
perturbaciones; al paso que ahora, por medio de las
Cortes constituyentes, conviniendo todos en que ellas
deben definir la forma de Gobierno, hemos salvado grandes escollos y traído la República federal sin grandes
perturbaciones, sin estrépito, sin sangre.» Mr. Witt, que
acababa de leer por segunda vez aquellos renglones,
movió la cabeza.

—¡Qué ingenuidad!—pensaba—. ¿Cuándo se ha visto
una revolución «de arriba a abajo»?

Mr. Witt tenía una opinión para sí, pero se la reservaba cuando hablaba con españoles. Sólo la exponía con

el cónsul. Ante los españoles procuraba callar, y si le
obligaban a hablar, decía vaguedades que daban la razón a unos y otros. Eran, sin embargo, tan clarividentes,
que las aceptaban los dos bandos. Con eso lo que hacía
era desmoralizar a las autoridades más aún. Mr. Witt
se daba cuenta y aquello le halagaba en el fondo, porque veía que la Naturaleza lo inclinaba, a través y a
pesar de todas las reflexiones, hacia la aventura. Claro
está que nada de esto sucedía fuera del ámbito reducido
de su cuarto de trabajo. Cuando decimos que los dos
bandos aceptaban sus reflexiones nos referimos al terreno personal, muy limitado, de algunos representantes
de cada tendencia. Eso no trascendía en ningún caso a la
calle ni influía en la marcha de los acontecimientos.
Cuando alguien le dijo que la Infantería de Marina fra-
ternizaba con los «intransigentes» y contestaba a los vítores de los obreros y los pescadores, Mr. Witt no se
extrañó:

—Es natural. Desde que el señor Gálvez volvió de la
*Siera* de Murcia armado y fué recibido en triunfo por
las nuevas *autorridades* republicanas, el pueblo ve que
los viejos resortes se han roto, que con el señor Gálvez
triunfa una parte del pueblo y de lo popular. Irán con él
hasta el fin del mundo.

—Pero ¿y la Armada? ¿Y el Ejército?

—En horas tan críticas como ésta, la entraña popular
de cada institución rompe todas las disciplinas. No se
hagan ilusiones sobre eso.

Cuando los que le oían eran gentes de responsabilidad,
quedaban inquietas. Mr. Witt añadía:

—Puedo equivocarme, y me alegraría mucho de que
los hechos me *desmintieran*.

Al lado de las palabras de Pi y Margall había otras, en
el mismo periódico. Nadie se las había subrayado; pero,
al verlas, Mr. Witt las acotó con lápiz para dárselas
a leer al cónsul. «Sería útil—pensó—que las tradujera
y las enviara a Inglaterra.» Arrojó el papel sobre la es-
tantería de la derecha. Quedó rozando la urna de cristal.
Mr. Witt no quería ver la urna, pero la luz estallaba

en la comba bruñida, y, aunque no la miraba, la veía.
Sentía cierta molestia física por aquel objeto. Quiso
justificarla y se dijo con desdén: «Fetichismo.» Eso de
conservar un pañuelo ensangrentado es barbarie feti-
chista. Pero en aquel momento Mr. Witt carecía de firmeza interior. «También lo es—se dijo—el cuadro de
mi abuelo Witt, el holandés.» Y la miniatura de oro y la-
pizlázuli que llevaba en el reloj. «En definitiva, ¿qué
hacemos en la vida—concluyó—sino coleccionar objetos
e impresiones de objetos?» Para distraer su imaginación se puso a leer de nuevo el discurso del señor Navarrete, jefe de los federales demócratas, que era el que
le reservaba al cónsul. Leía distraídamente, sin coger el
díario, que había quedado doblado por aquel lugar. El
discurso era de una demagogia desenfrenada, que hacía
sonreír a Mr. Witt. Pero en el fondo de aquel dolor
de los obreros sin pan, decepcionados por la República,
de aquellos campesinos abrumados por la usura y las
rentas, había—pensaba Mr. Witt—hechos simples y terribles. El orador hablaba de la descentralización, de
la necesidad de repartir por las regiones una parte de la
riqueza que engullía el estómago insaciable de Madrid.
De los soldados, decía el señor Navarrete, que al procla-
marse la República sintieron «palpitar de gozo sus almas» y escribieron a sus madres, a sus novias, dicién-
doles que pronto las abrazarían, porque en la República
se acababa la esclavitud. «Pero pasan los meses—leía
Mr. Witt al final de la columna, en el lugar en que
el periódico le rozaba el chaleco—y los contribuyentes
ven...» ¿Qué verían los contribuyentes? Mr. Witt sacó
con esfuerzo la mano derecha del bolsillo del pantalón,
dio la vuelta al periódico y la volvió a esconder. Los
contribuyentes veían llegar recargados los recibos de la
contribución, porque el Estado creaba la burocracia de
la República; las clases obreras leen manifiestos, firma-
dos por los que ayer fueron los más populares jefes del
federalismo, con la amenaza de siempre: «Orden, orden.»
Mr. Witt pensaba de nuevo que el señor Navarrete era
un demagogo terrible. Más adelante, y refiriéndose a lo

que hacían los «federales» del Gobierno por los trabajadores, había otra frase de Navarrete, más expresiva aún: «Y vosotros contestáis a las angustias de los de abajo: Sufre y calla, o te ametrallo.» Mr. Witt dejó el periódico y se acercó al balcón, diciendo por lo bajo:

—*Terible... Terible...*

No concebía que la Prensa solvente publicara esos discursos en unos momentos como aquéllos. Mr. Witt decía, refiriéndose a Castelar y a Pi y Margall: «Quieren evitar la revolución, pero no podrán. Les ciega la superstición del Poder y del orden público y no ven lo que sucede a su alrededor. Entre la algazara que los rodea y envuelve no saben distinguir, como decía Carlyle, la auténtica voz popular.» Mr. Witt vio pasar un grupo de alborotadores por el paseo de la Muralla. Gritaban a coro:

—¡No entrarán! ¡No entrarán!

En el grupo, de unos trescientos, iban soldados y marinos. La gente los contemplaba y algunos se les unían con entusiasmo. Fueron a un extremo del paseo y quedaron emplazados cara al castillo de Galeras. Gritaban:

—¡No entrarán! ¡No entrarán!

Mr. Witt se sentía desasosegado. Más que el aspecto de la ciudad, lleno de incongruencias—el soldado saludaba al sargento militarmente y luego le echaba el brazo por el hombro para gritar juntos: «¡Abajo los galones de la Maestranza!»—; más que todo aquel ir y venir inútil de la gente; más que las alarmas justificadas de las autoridades y de aquel periódico mal impreso, precipitadamente impreso, que le habían echado por debajo de la puerta a primera hora de la mañana; más que todo lo *terible* del momento, lo que desconcertaba a Mr. Witt era los tres días sin oficina. Creía que su trabajo tenía que estar siempre a salvo de todo, porque era el trabajo de un hombre de ciencia. «Cualquiera que sea el triunfador—decía—, necesitarán alguien que calcule las quillas nuevas, el grosor de los blindajes, el volumen de la arboladura.» Pero aquel día de mayo la melancolía había entrado en casa de Mr. Witt. No le in-

teresaba nada de lo que sucedía fuera de su cuarto.
Es decir, no interesaba sino a la superficie de su conciencia. Como seguía oyéndose el «¡No entrarán!» del
populacho, Mr. Witt cerró el balcón, corrió el *stor*, la
cortina, y se sentó en su sillón. La habitación quedó
en penumbra. ¡Qué frescura daba la ruda a aquella sombra! Ya no se oía sino muy lejano el rumor de las multitudes. Mr. Witt quería oírse a sí mismo. Hacía mucho tiempo que no tenía unos deseos tan apremiantes
de hablarse a solas. Oprimió el botón del timbre, pero
no funcionaba. Las pilas debían estar secas. El mismo
las había preparado—eran entonces una novedad los
timbres—. Quería preguntar si había vuelto de la calle
doña Milagritos, pero no era necesario, ya que, de haber vuelto, hubiera entrado en su despacho. Entonces
estaba solo. Aquel cuarto era suyo. En cada objeto había
algo propio. Todos llevaban allí doce o quince años. Es
decir, todos, no. Menos la urna. La urna de cristal la
había puesto mucho después. Siempre le había irritado
aquella urna, pero en aquel momento le producía una
sensación de fraude, de haber algo en su vida pasada
falso, o, por lo menos, no resuelto. Y si resuelto, no confesado. Mr. Witt amaba su pasado, pero sólo amaba sin
condiciones el que se encuadraba entre la fecha de su
nacimiento y su salida de Londres en 1855. Después, su
vida le resultaba un poco insegura, indecisa. Su matrimonio quizá fue poco meditado. A veces tenía la impresión de que había sido un error del que podía depen-
der el fracaso de toda su vida. ¿Cuándo lo había pensado? Quizá no lo pensó nunca hasta ahora, pero tenía la
impresión de haber sentido pasar esa idea otras veces,
como una nube, por los viejos calendarios. Milagritos no
era suya por completo. Ni de otros. Era «de la calle».
No había en ella nada que denotara reflexión, serenidad,
ideas totales sobre la vida. Todo era en ella acción, hasta
sus rezos las pocas veces que rezaba. Y la acción nacía
de instintos elementales y rudimentarios. Una mujer así
no podría comprenderle nunca. A veces la había someti-

do a examen, para cerciorarse. En ese examen había
preguntas de todos géneros. He aquí algunas:

—¿Qué opinas tú de la ciencia y de los sabios?

Ella le miró de reojo, sonriente:

—Ya sé por qué me lo preguntas. Porque te conside-
ran a ti un sabio de esos. ¿Sabes lo que te digo? Que
a mí no me gusta que te tomen por un tío *chiflao*. Eres
un ingeniero de la Maestranza y un buen mozo. ¡Eso es!

No habían tenido hijos. No los tendrían ya. Sobre
esto, Milagritos decía, quizá con despecho:

—No *hasen* falta. Tú *pa* mí y yo *pa* ti, y se acabó.

Mr. Witt estaba seguro de que la esterilidad era de
ella. Le propuso una vez ir a Madrid, a ver un médico,
pero Milagritos era una fierecilla:

—A mí no me manosea nadie más que tú. Si quieres,
estudia *Medisina* y me curas la *sequera* tú mismo.

Había demostrado muchas veces su pasión maternal
con los niños de algunas amigas. Mr. Witt pensó—en
este mayo tenía ideas desdichadas—que Milagritos quería hijos, pero no la conmovía la idea de tenerlos de él,
de Mr. Witt. Lo había pensado otras veces. Es decir,
tampoco lo había pensado nunca, pero ahora tenía la
impresión de haberlo sentido alguna vez confusamente.
Era un mayo este de 1873 amarillo como un octubre.
No tenía ideas razonables sobre Milagritos ni sobre sí
mismo. Ahora se le ocurría de pronto que nunca se había entendido con su mujer. Podía ser que lo natural, el
mejor recurso de la especie, estuviera en esa dificultad
de comprenderse totalmente el hombre y la mujer. Quizá
la incomprensión de Milagritos era la misma incomprensión de todas las mujeres hacia sus amantes, sus mari-
dos. «En cuanto interviene el sexo—se decía, queriendo
explicar su desánimo—, se acaba la claridad de visión
y de juicio.» Creía que a una mujer la puede comprender su padre o su hermano y a un hombre su madre
o su hermana. De ningún modo se pueden comprender
aquellos seres a quienes les liga lo sexual. Esto pensaba,
un poco *a fortiori*, Mr. Witt. Luego se preguntaba, súbitamente intrigado: «¿Qué es lo que Milagritos ama en

mí? Es incapaz de abarcar los secretos de mi individualidad, esos secretos que comprenden el cónsul, el general, los demás ingenieros. No sabe llegar a la zona interior donde están mis recuerdos, mis sueños, mis claridá-
des, mis nebulosas. No comprende mi energía, mi ente-
reza. Ninguna de mis cualidades las puede apreciar ella,
y, sin embargo, me quiere. ¿Por qué me quiere?» Cuando
el cónsul vacilaba un instante al aclarar una idea con
Mr. Witt, al explicar una duda o una decisión, Mr. Witt
veía en seguida por qué el cónsul vacilaba. «Me ve a
mí seguro de mis conclusiones, firme, con la visión
secreta siempre desvelada, avizorando.» En resumen: el
cónsul le reconocía una fuerte inteligencia y le admiraba. Cuando el general le interrumpía para decir varias
veces: «¡Exacto! ¡Exacto!»—lo decía con la misma fuerza y el mismo acento que pondría en una exclamación
procaz—, le veía coaccionado por la alta y serena imaginación de Mr. Witt e incluso por su gesto suave y
condescendiente. Siempre que alguien le rendía un callado homenaje, Mr. Witt sabía a qué atenerse. En cambio, cuando descubría una mirada tierna de Milagritos,
un gesto de entusiasmo por él, no sabía nunca a qué
atribuirlo. Había dicho probablemente una vulgaridad,
había hecho una tontería. Y lo mismo le sucedía quizá
a ella con Mr. Witt, sólo que al revés. El la mejoraba
con su entusiasmo. Ella lo empequeñecía. Mr. Witt la
encontraba de pronto adorable, en momentos en que
ella no podía ni remotamente imaginarlo. ¿Es que ella
no tenía imaginación? ¿Es que Mr. Witt tenía la suya
encarrilada, por motivo de raza y cultura, hacia otros
planos interiores y encontraba en ellos lo sublime de Milagritos, lo que quizá ella no tenía? ¡Ah, el sexo! ¡El
sexo—se decía—, que enturbia todas las imágenes! Pero
si es el sexo quien decide y no sabemos qué es lo que
el sexo nos impone porque parece tener sus estímulos
y móviles independientes, ¿qué ocurriría en Milagritos
esta primavera? Seguramente ella renacía, como todos
los años, y encontraba ese mismo renacer en las cosas.
Mr. Witt, en cambio...

Volvía a oír el lejano rumor de las multitudes. Transformaba ese rumor en flúido interior, en reflexiones. Ningún acontecimiento exterior podía sacarle a él de su equilibrio. No admitía otro mundo exterior que el de su despacho, sus vidrios, su barómetro, sus estampas. Un mundo exterior que dominaba en absoluto. Y no existía nada de lo que dentro de su inteligencia, de sus recuerdos, de sus aspiraciones, no merecía existir. Hemos hablado de aspiraciones. A Mr. Witt le había nacido ahora una aspiración nueva. Ya no era sólo la de pasar a ser socio de número de la Royal Society of Science. En el mayo marchito de 1873, Mr. Witt sentía una aspiración que no se proyectaba hacia adelante, hacia el porvenir, sino hacia el pasado; ligada con viejos recuerdos, sobre todo, con uno. La imagen viva de ese recuerdo estaba en la urna de cristal. Veía la venda ensangrentada, puesta en comba sobre un soporte de vidrio, rodeada por el fanal. Si alguna vez le había irritado aquella urna, hoy le producía una molestia física. Quizá se exacerbaba tanto porque Mr. Witt sentía cierta tendencia al inventario y balance de su vida, y en la urna había algo terrible y negativo que podía invalidarla toda.

La insistencia de aquel recuerdo, que repasaba Mr. Witt contemplando al mismo tiempo en la sombra el rayo de sol que entraba como una lanzada a través de un calado de la cortina y pegaba la oblea de oro en la pared, le hizo suspirar con fatiga. Era un suspiro de enamorado. Efectivamente—se decía ahora—, yo he estado enamorado de Milagritos.

Volvió a oír a las multitudes:

—¡No entrarán! ¡No entrarán!

No se percibía la frase, pero Mr. Witt acopló al ritmo de aquel rumor esas palabras y vio que coincidían. Estaba enamorado aún de Milagritos. ¿De qué? De ella entera, de sus tonterías, sus instintos brutos y su desgarro, aquel desgarro con que un día contestó a la insinuación de una amiga malévola:

—No tenemos hijos porque no quiero yo. Mi marido

le hace un hijo a cualquiera... menos a usted, claro.
¡Aguántese usted con su marido, hija! ¡Qué le vamos
a *hasé!*

Cuando lo supo, Mr. Witt arqueó las cejas y entre-
abrió la boca de espanto. Pero Milagritos no era insocia-
ble. Recordaba que cuando, diez años antes, llegaron de
Inglaterra su madre y su hermana «a conocer a la nue-
ra y cuñada», a pesar de las dificultades que debía tener
una visita como aquélla, en la que iban dispuestas madre
e hija al «análisis crítico», como decía Mr. Witt, Milagritos, sin más elementos que su simple instinto, les
hizo la vida agradabilísima, se comportó con toda cau-
tela y quedó—decía Mr. Witt—como una *lady.* Su des-
parpajo, su aire populachero, discretamente contenido,
le daba una originalidad primorosa. Se entendía con su
cuñada y su suegra en un francés insuficiente, de colegio, que hacía a Mr. Witt mucha gracia. «Si entonces no
tuvimos hijos—pensaba Mr. Witt con cierto humor amargo—, es lógico que no los hayamos tenido después.»

Estaba impaciente. ¿Cómo tardaba tanto en volver?
Desde que comenzaron las algaradas callejeras Mr. Witt
sentía un desasosiego que no tenía nada que ver con
la seguridad de Milagritos—no sabía por qué, suponía
a su mujer a salvo de todo riesgo—, con la situación
económica del matrimonio—tenían todo el dinero, incluso el de ella, en Inglaterra—ni con el peligro personal, que le gustaba a Mr. Witt, sobre todo a través
de la triple cortina; menos aún con su situación social, garantizada por firmes contratos. Su inquietud consistía, sin embargo, en Milagritos. Todo aquello que sucedía en la calle era primario e instintivo, como ella:
hambre, sed, odio, amor, irreflexión, ceguera. El lo desdeñaba, acordándose del último libro que le había llegado de Emerson: «Las opiniones del pueblo son acci-
dentales. Se han creado y se nutren en la miseria intelectual.» Era todo lo contrario de lo que él sentía
dentro, de lo que constituía su personalidad de inglés
victoriano. Ella estaba en aquellas voces de las multitudes, en aquel sobresalto de la calle. Con ella entraba

en casa todo eso. Y «todo eso» le empujaba a él hacia
su propia intimidad, donde se encontraba precisamente
en este mayo de 1873, en una soledad incómoda. La
conclusión estaba clara: «Todo aquello» que comenzaba entonces y crecía cada día le alejaba de ella, y
Mr. Witt necesitaba de Milagritos precisamente ahora.

No es que Milagritos fuera federal, ni «intransigente».
No entendía de política. Ignoraba la diferencia entre
un federal y un unitario. Cuando hablaba de los des-
heredados, lo hacía a través de una imagen de cocinera:

—¡Gente de papas y aladroque!

Pero en este juicio había cierto acento de comprensión, aunque parezca raro. Y, desde luego, ciegamente,
confusamente, desdeñándolos y todo, estaba con ellos.
Mr. Witt le dijo un día burlándose:

—¡Una revolucionaria con sus rentas bien seguras!

Milagritos se quedó muy extrañada:

—¿Y qué?—le replicó—. ¿Qué tiene que ver eso?

Para Mr. Witt aquella pasión de Milagritos, que la
llevaba con las multitudes enardecidas, no podía haber
sido adquirida por reflexión y convicción. Era una
tendencia instintiva. ¿Y qué instintos serían aquéllos?
Mr. Witt, que leía a veces la literatura socialista y conocía su fraseología, se dijo: «Instinto de clase no puede ser.» La llevaría a todo lo contrario. ¿Qué instinto
sería, entonces? ¿El erótico, el sexual? Esto sólo podía
suceder indirectamente, a través de hechos, cosas o
personas que representaran la revolución. Mr. Witt
miró angustiosamente la urna con el pañuelo ensangrentado. ¡Aquella urna! ¿Por qué estaba allí, en su
despacho? También en ella veía el mismo espíritu, el
de la calle y el de Milagritos. O quizá la misma ausencia de espíritu. Al principio Mr. Witt había encontrado decorativa la urna, al lado del dibujo de su abuelo. La venda ensangrentada iba bien con la memoria
del marino Witt y con su propia confusa tendencia a
la aventura. Tendencia que no pasaba de la imaginación y de su sabido «gusto por lo espontáneo», que no

había tenido ocasión de ejercitarse nunca. «Aunque—se decía—el espíritu es la única realidad. Emerson tiene razón. Y en esa realidad yo he corrido y estoy corriendo grandes aventuras.» Pero ahora que hubiera querido tener quizá más cerca que nunca a Milagritos—fragante aún con sus treinta y cinco años—, ahora lo primario, lo espontáneo, lo instintivo—los elementos adversos—la alejaban de él.

Mr. Witt, aficionado a las síntesis, concluyó:

—Estoy enamorado de Milagritos, y me doy cuenta en este mes de mayo, que para mí no es ya primavera.

No era el fin irremediable de una aptitud. Era la primera llamada de la vejez, que sentía claramente en las venas. La falta de ese optimismo que renace con las hojas de los árboles sobre la seguridad de vivir por vivir. Este mes de mayo estaba impregnado de evocaciones que no sólo no eran recuerdos muertos, no sólo estaban vivos, sino que saltaban de pronto al presente y lo llenaban, ocupando los caminos del pensar diario y hasta obstruyéndolos. En la penumbra, la urna seguía conservando la luz. Al retirar los ojos de ella encontró Mr. Witt el mismo volumen guarnecido por el cartapacio de seda con las letras bordadas por Milagritos: «Froilán Carvajal. *Orientales.*» La seda brillaba en la curva del lomo. Mr. Witt se decía: «Antes, cuando pensaba en el pasado, tenía la sensación de una fuga un poco ociosa y sin sentido. Ahora es el pasado el que viene a mí y a todo le da un sentido diferente. No hay fuga. Yo me retraigo para dejar sitio al pasado. Además, lo que llega del pasado más clara y netamente son las horas de la duda, los dobles fondos de los hechos.» Y concluyó: «Es, quizá, la vejez. Sólo en la vejez puede tener plasticidad la evocación de una duda.» Intentó sacarle a esa idea alguna voluptuosidad, como las abejas cuando extraen azúcar de una flor vieja; pero era inútil. Renunció al juego, encontrándolo demasiado artificioso. Volvió a la urna y plasmó la sospecha en buenas y concretas palabras:

—¿Sería él?

¿Por qué se planteaba aquella pregunta si la tenía resuelta hacía tanto tiempo? No era que se la planteara. Era que la sacaba del doble fondo de su conciencia—allí donde se almacenaban las pocas cosas inconclusas que creía tener—al primer plano. Y lo que en la obscuridad del doble fondo parecía resuelto, a toda luz resultaba todavía indeciso.

—¿Estaba todo en esa venda? ¿En las manchas de sangre de esa venda?

Era un aspecto nuevo de la misma pregunta. La dejaba deliberadamente sin respuesta. Desde su sillón no llegaba a distinguir el pañuelo, alongado en dobleces, porque el reflejo del cristal lo impedía. Así estuvo hasta que oyó el limpio taconear de Milagritos por el pasillo. Se incorporó, pero volvió a sentarse. La puerta se abrió.

—¿Qué haces aquí, a obscuras?

Mr. Witt quiso convencerla de que no estaba a obscuras. Sería que ella venía deslumbrada de la calle. Pero Milagritos no le escuchaba. Abrió de par en par el balcón. Entró el sol hasta invadir la pared del fondo, bañando al sesgo, además, el canapé y los tres cuadritos. Milagritos respiraba aceleradamente. Su pecho subía y bajaba y los músculos del rostro, tan lozano como el día que la conoció, reposaban. Su cara, como tantas veces, carecía de expresión. Mr. Witt le vio cuatro violetas agrupadas sobre el arranque del pecho izquierdo. La primavera.

—¿Tú no sabes cómo está la gente? ¡Uf, hijo; ahora sí que va de veras!

Al decir «uf» había ladeado la cabeza sobre el hombro con más vivacidad que otras veces y alargado un hociquillo más voluptuoso también. «Es la primavera» —se dijo Mr. Witt—. Doña Milagritos seguía:

—Han ido las tropas del regimiento de Africa a relevar a los voluntarios que ocupan el Ferriol y Las Galeras. Antonete ha enviado aviso a los voluntarios para que no entreguen los fuertes. ¿No has oído gritar a la gente «no-en-trarán, no-en-trarán»?

Lo imitaba con la gracia inconsciente de un pilluelo. Mr. Witt se lo hizo repetir fingiendo que no lo comprendía. «¡No-en-tra-rán, no-en-tra-rán!» Mr. Witt la veía tan excitada por las puras esencias de la calle en plena primavera que no podía menos de sentirse otra vez acuciado por la alegría y por una especie de absceso de besos y risas. El cuarto estaba, con el sol y con Milagritos, lleno de auras de mayo. El mar era una lámina inmóvil, azul. Pero aquel absceso desapareció en cuanto se dejó de oír el hablar atropellado de Milagritos.

—¿Has visto?—preguntaba ella señalando el puerto—. La *Numancia*, el *Méndez Núñez* y la *Vitoria* con las calderas encendidas.

Estaba llena de acontecimientos en potencia, de fiebre de los hechos ya a punto de cumplirse. «No es sólo la primavera»—se dijo su marido—. Contemplando la urna una vez más, añadió para sus adentros: «En esa urna, en ese pañuelo, hay la misma fiebre, pero de los hechos que ya se han cumplido.» Mr. Witt, aprovechando un instante de silencio, preguntó:

—¿Qué esperas tú de todo esto, Milagritos?

Ella levantó los ojos extrañada.

—¿Yo?

Miró la urna y añadió:

—Que los federales manden a presidio a toda esa gentuza de Madrid.

Mr. Witt sonrió y señaló la urna.

—Así pensaba Froilán. Eso era todo lo que pensaba Froilán.

Mr. Witt no había podido tomar en serio el ardor rebelde de Froilán. No era más que eso: un rebelde. Pero no un revolucionario.

—No te rías, Jorge—replicó ella reprochándoselo—. Así pensaba Froilán, y cuando se sabe dar la vida por una idea se puede pensar lo que se quiera.

«Es verdad—se dijo el inglés—. Quizá la muerte se compagina a veces con lo torpe, con lo ridículo.» Mr. Witt no dejó de sonreír, pero ahora la miraba a

ella. Si alguien hubiera mirado a los ojos azules de
Mr. Witt hubiera visto que había en su mirada, sobre la
sonrisa dulce, algo amargo y corrosivo. Esto duró sólo
un instante. Mr. Witt prefirió volver a pensar en la
esquivez de la primavera. Milagritos, como si recordara
de pronto algo olvidado, dijo:

—¿No sabes? Al fuerte del Ferriol le han puesto otro
nombre. Lo llaman el fuerte Carvajal.

Su marido observó que Milagritos traía la noticia
fresca, pero fingía haberla olvidado y recordarla de
pronto. La sorpresa fue en él natural.

—¿El fuerte Carvajal?

Recordaba a su primo, de ancha espalda, voz de barítono y ojos negros y dulces. «El fuerte Carvajal.» Sonaba bien la frase. Al ver que su marido se interesaba
y se alegraba tanto como ella, Milagritos le tomó la
mano y le obligó a salir al balcón. Con la otra le iba
indicando: «¿Ves? El castillo de San Julián, el fuerte
de Galeras aquel otro, hacia el fondo y hacia la izquierda; aquél, fuerte Froilán Carvajal.» Repitió el nombre.
En el ímpetu que daba a la pronunciación comprendió
Mr. Witt que quería disfrazar una emoción. Mr. Witt
pensaba que allí, a la luz cruda, debía tener él un
aire más lánguido; no de languidez romántica, como
las manos de las heroínas de Carvajal en sus *Orientales*, sino realista irremediable, de vejez. ¡Ah, cuando
el hombre no se atreve ya con el realismo, cuando la
luz le es adversa! Decía a todo que sí y hasta quiso
ir a buscar los gemelos marinos para ver mejor, pero
no la oía. Pensaba en una pregunta que no acababa
de decidirse a plantear. Quería preguntarle en qué época pasó dos años con el primo poeta en la casa de
Lorca. Cuántos años tenía ella cuando en Lorca pasó
dos años con su primo. Carvajal tenía más que ella y
menos que él. Sin embargo, ella no era su prima, sino
su tía. Pero como esto resultaba cómico, Milagritos le
llamaba casi siempre primo. Animada por la reciedum-
bre del paisaje, hablaba:

—Era un valiente. Si ése es el fuerte Carvajal no relevan a los voluntarios. Yo te lo aseguro.

Mr. Witt quería hacerle aquella pregunta, pero no sabía cómo. Se iba a notar en sus ojos, en su voz, un interés excesivo. Quedaron callados. La ciudad estaba también en silencio en aquella parte del puerto. No comprendía Mr. Witt aquel sosiego, que era un sosiego «preñado de historia». Milagritos entró y tomó del brazo a su marido. Quedaron frente a la urna. Ella le dijo, mirando el pañuelo:

—Murió como un valiente.

Era demasiado. Mr. Witt amaba las aventuras, pero no las que dejan recuerdos familiares como aquél. Se lo dijo y ella se irguió:

—¿A esto llamas tú aventura?

Mr. Witt afrontó con sangre fría:

—¿Qué es entonces?

—Toda la desgracia del mundo. Pero una desgracia hermosa como un sol.

Su energía tenía rasgos más acusados. «Es la primavera.» Mr. Witt estaba abrumado de veras. Había padecido pocas veces una situación de ánimo como aquélla. El silencio se concentró lentamente cada vez más y de pronto estalló con un fragor de capas de aire contenidas. Temblaron los cristales. Rodó el eco en los montes lejanos de La Unión. El cañonazo había sonado en «e», una «e» obscura como la «eu» francesa. Milagritos corrió al balcón. Del fuerte Galeras salía una nubecilla azul. Sobre el fuerte se izaba una bandera roja.

—No los han podido relevar, Jorge. No se han dejado relevar—gritaba, acuciada por una emoción espléndida.

Mr. Witt no comprendía esa emoción. La suya era diferente y le tenía totalmente turbado. Con los gemelos en la mano se asomó. Enfocó la bandera, retiró los gemelos y soltó a reír. Era una risa sarcástica, escandalosamente falsa. Seguía riendo y decía:

—¡Han puesto la bandera turca! ¡La bandera turca!

5

En Escombreras y El Hondón las Cruces de Mayo
tenían más importancia que en la ciudad. Lo mismo
en el Arco de la Caridad que en la plaza de los Caballos, la Cruz de Mayo no era sino un pretexto para
ensayar los rapazuelos la mendicidad y otear las mozas
la nueva primavera entre el ramaje cortado, las cande-
lillas y las cartageneras. Bajaban *cantaores* de Herrerías, a pesar de la canción reiterada todas las noches
en la esquina de la Subida a las Monjas por un flamen-
quillo de voz bronca:

> En la villa de La Unión
> dicen que no hay *cantaores*.
> Cuando vino Juan Ramón
> cantaban los ruiseñores...
> y también cantaba yo.

O la otra que terminaba con tres versos famosos en
toda la costa mediterránea, de Castellón a Huelva:

> ... la noche la vuelvo día
> cuando monto en mi caballo
> y hablo con Ana María.

Resucitaban las coplas con bríos de primavera en el
campo y en el mar. En el mar se suele anunciar la primavera con canciones, sobre todo en esos mares como
el de Cartagena, encerrados entre montes áridos, sin
árboles. Malagueñas bravías. Malagueñas con hierro en
la garganta y un poco de pena salvaje y solitaria, que
en la malagueña de Málaga es dulce como su mar. Eso
es la cartagenera. Y en aquellos días las Cruces de Mayo
no eran sino un poco más de vino y de canciones al
obscurecer.

> En la calle de Canales
> cantaba Paco *el Herrero*,
> le acompañaban Chilares,
> Pedro Morato, el pequeño,
> y Enrique el de los Vidales.

Las coplas de intención política apenas se cantaban.

No hacía falta. Por cantar las otras, las del repertorio popular, serrano o marinero, no dejaba de estar presente en la calle, en el puerto, en la guitarra y en la caña de Moriles la fiebre del federalismo.

Pero donde las Cruces de Mayo tenían más relieve y pompa era en los pueblos próximos, especialmente en aquellos en los que abundaba el campesino. El Hondón más que Escombreras. Escombreras más que Santa Lucía.

En El Hondón los alfareros y los campesinos se reunían en una casa de la Media Legua, donde había una Cruz de Mayo que venía siendo de años atrás la más celebrada. Mozas y viejas acudían a escuchar el cante, las *relaciones* y los *mayos*. En la Cruz de la Media Legua el cante no solía tener el aire sombrío y dramático que tenía en El Molinete. Todo era allí ligero y alegre. Coplas en las que se hablaba humorísticamente incluso del *querer*. Con esa tendencia al amor vicioso que abunda entre los aldeanos y que los viejos alegres glosaban con escándalo de las muchachas, todo se anegaba en torrentes de risa y miradas turbias. Si algo bueno había en aquello era la confianza y el amigable abandono a que se entregaban. Hacía muchos años que no se había producido ninguna reyerta, y tenían que remontarse a la memoria de los más viejos para recordar un crimen de aquellos tan frecuentes en La Unión.

Con *el Ladrillero*, viejo *cantaor*, se habían agrupado al pie de la gran cruz de hojarasca varios labriegos. En grupos próximos se bebía y las mozas escuchaban y reían escandalosamente. La noche era tibia y húmeda. La brisa que llegaba del mar traía frío; pero entre el baile y las copas, a nadie se le ocurría cerrar la puerta, que debía quedar abierta, además, para todo el que quisiera entrar. *El Ladrillero* cantó:

> Estoy pasando por ti
> más penas y más trabajos
> que pasó el tío Marín
> cuando lo corrió un lagarto
> en las lomas del Perín.

¿Quién sería este *tío Marín* de las coplas? ¿Era el protagonista de la cartagenera? En todas partes donde se rasgueaba una guitarra tenía que aparecer el *tío Marín* en cuanto el *cantaor* abría la boca. ¿Sería el minero con la salud quebrada, pero el humor firme, ya entrado en años, que para mayo mordía el tallo de un clavel en los quicios de Cartagena? El *tío Marín* es la copla mitad gitana, mitad levantina que rueda por la falda de los cinco montes cartageneros. Pero nadie había visto al *tío Marín*. ¿Calzaría esparteñas de Cieza? ¿Bebería en *ca la Turquesa* o en la caminera *tasca* de Alumbres? Cualquiera sabía quién era el *tío Marín*, aunque, desde luego, era «mucha persona».

En la Media Legua comenzó el baile entrada ya la noche. *El Ladrillero* bebía todo lo que le acercaban. Su cara salía del horno cada día como una pieza más de alfar, rojiza y tostada. La mitad del año era campesino y la otra mitad alfarero. Con los jornales del tejar pagaba el vino del verano. Las mozas se separaban de las casadas, más licenciosas y, sin embargo, menos prontas al jaleo de los mayos. Se divertían tanto como ellas, pero de otra manera. Cuando el baile estaba más animado, entró un hombre, abriéndose paso entre los grupos. Llevaba el rostro pintado de cal o harina. Dio un brinco, quedó plantado en medio, apoyado en una caña que usaba como signo de autoridad. Extendió el brazo izquierdo desnudo, cubierto de vello rojizo por el polvo y el sol, y dando con la caña en el suelo dijo:

> Alto el baile;
> yo primero y luego *naide*.

Sobre el rostro enharinado lucía un casco de piel de cabra en la cabeza. Todos se hicieron atrás, riendo y alborotando. ¿Sería el *tío Marín*? Una mozuela gritó:

—El *tío Marín* es pastor.

Con su aire majestuoso, el supuesto *tío Marín* volvió a golpear el suelo con la caña y respondió:

—Soy pastor. Tengo una punta de ovejas y dos perros.

Comenzaron las viejas y las jóvenes casadas a escandalizarse. Los mozos preguntaban al pastor:

—¿Mayo o *relasión*?

El enharinado respondía para todos los gustos:

—Si quieres mayo, mayo. Si no, *relasión*.

Todos querían las dos cosas. Por el *mayo*, una copa. Otra por la *relasión*.

—Entonces—añadió el pastor—comenzaremos por la *relasión*.

Y cantó el romance de Gerineldo, acompañado por *el Ladrillero*, que le quitó la guitarra a su vecino. En aquella asamblea campesina sonaban las estrofas con limpieza. La gala del romance llegaba a todos, la entendían todos, colgaba imágenes fantásticas en la sombra de la noche levantina, encendía lo inefable en los últimos sueños de la marina gitana. Gerineldo, Gerineldo, traía un aura de Castilla, popular y culta. La misma guitarra sonaba a clavecín.

Cuando terminó la relación, los campesinos pidieron *trovos*, pero las viejas esperaban el *mayo* que había prometido al entrar, y el pastor volvió a dar un brinco y extendiendo los dos brazos hacia las mozas gritó:

—Mayo será si las *mositas disen* mayo.

—¡Mayo, mayo!—gritaron varias.

El silencio de anhelo, de esperanza y también de miedo—los mayos daban miedo a las mocitas de Herrerías—, abría alrededor del pastor nimbos religiosos bajo la Santa Cruz de hojarasca.

—Soy el pastor Marín, con su punta de ovejas y sus dos perros.

Metió el índice de cada mano en su boca y volviendo la cabeza atrás silbó dos veces.

—¿Dónde están las ovejas?

Varios campesinos entraron a cuatro manos en el corro. Les cubría una piel de cordero y balaban. Uno llevaba un delantal colgando de las ingles, como los machos sementales fuera del tiempo del celo. Las bromas obscenas, suficientemente veladas para ser entendidas sin demasiada vergüenza de las vírgenes, salieron de aquí

y de allá. El pastor volvió a dar su zapateta y su golpe
con la caña y explicó que sus perros llegarían después.
¿Cómo se llamaban sus perros? ¡Ah, sus perros se llamaban con nombres extranjeros! En Cartagena, donde
eran familiares los nombres alemanes e ingleses, no podría extrañarse nadie de que el perro de un pastor se
llamara *Jones*.

*El Ladrillero* quiso intercalar una copla y, aunque los
mozos se opusieron, la soltó, quedándose con los últimos
versos entre los labios, por creer, quizá, que no venían
a cuento:

> ... que al castillo de Galeras
> se le han *llevao* al amante
> y ella se muere de pena.

El pastor respondió haciendo un paréntesis:

—A Galeras ya no vamos nosotros, los pobres. Ahora
van las personas *desentes*.

Eso de *personas decentes* lo subrayó de tal modo que
a nadie le quedó la menor duda sobre la decencia de
aquellas personas. Hubo voces a contrapunto, protestas
y amenazas a no se sabía qué fantasmas galoneados de
la Maestranza. El patio era grande y estaba lleno de
sombras algareras. Al fondo se abría, sobre un patizuelo
que tenía dos tinajas panzudas. Las *ovejas* de Marín el
pastor se acercaban al pie de la cruz y fingían comerse
un manojo de romero, entre la alegría escandalosa de
las muchachas. Marín dio otro golpe con la caña y callaron todos. Ramón, el aljecero, preguntó amadamando
la voz cómicamente:

—¿Cómo se llama el otro perro?

Marín le atajó:

—A eso iba, Ramón. El otro perro se llama *Misco*. Es
muy valiente.

Se puso a llamarlo castañeteando los dedos, y apareció un nuevo campesino, a cuatro manos. Llevaba en la
pretina del pantalón un rabo híspido, hecho con palma
de escoba.

Marín le dijo, señalando la cruz:

—La *reverensia, Misco.*

El perro hizo una morisqueta. Luego se acercó a la
pared, la olió con insistencia y alzó la rodilla derecha,
entre las carcajadas de todos. Marín le reprendió y le-
vantando la voz soltó unos versos improvisados hablando del peligro del lobo, que rondaba sin cesar el ganado.

Fuera del corro, hacia la puerta, un alfarero aullaba.
Marín aguzó el oído:

—El lobo. Viene el lobo.

Llamó al otro perro. Se fingió alarmado. Por fin apareció el lobo. Para ese papel solían escoger al más feo,
al más peludo y cetrino. Iba tiznado con carbón, hara-
piento. El lobo no quiso hacer reverencia alguna a la
cruz. Cuando se lo decían se volvía de espaldas y dándose un fuerte golpe con la mano derecha en el otro
brazo cerraba la izquierda, dejando extendido el dedo
corazón. Entonces, hasta los dos vidrieros de Santa Lucía, que no solían reírse fácilmente, distendían las mejillas y enseñaban los dientes sucios.

Marín combinaba silbidos, llamadas, órdenes y voces
de espanto, de modo que de vez en cuando restallara
en el aire una procacidad. Las vírgenes, ruborosas al
principio y luego divertidas y despreocupadas, chillaban,
cogidas por la cintura en parejas o grupos de tres. La
cruz presidía impasible, con su hojarasca negra, que
verdeaba en el brazo próximo al candil.

Cuando mayor era el escándalo, apareció Paco *el de
la Tadea* con su carabina colgada al hombro y el galón
de cabo de Voluntarios en la manga. Le acompañaban
otros dos. Le hicieron sitio, pero rehusó.

—No vengo aquí a aumentar el corro, sino a desha-
cerlo.

Un mozo le dijo, no se sabía si en broma:

—¿Lo dices tú o la carabina?

Dirigiéndose a todos, Paco explicó:

—No lo digo yo, ni lo dice la carabina. Hablo por
boca de Antonete.

Bajo la harina, el rostro de Marín se puso grave y

serio. Los dos perros se pusieron en pie y quedaron mirándole a los ojos. Una moza sacó tres copas de vino y los recién llegados las apuraron. Paco chascó la lengua e iba a hablar cuando un viejo se le adelantó:

—Se dice en Cartagena que van a soltar todos los presos del penal.

Paco aclaró:

—No sé si se hará o no. Hay quien sabe lo que se puede *hasé*, y su palabra es la que vale. Pero yo vengo a *desiros* que aquí hay hombres, y donde nosotros sabemos hay carabinas arrimadas a la pared, como si los hombres no supieran cuál es su obligación.

Las palabras de Paco tenían una mayor gravedad en medio del sarao, que latía aún en los ojos vivarachos, la cruz indiferente, el lobo tiznado y el cordero padre. Otro viejo replicó:

—No queremos montoneras, Paco. Deja estar a Marín. Tú, *Ladrillero*, dale a la guitarra.

Paco alzó más la voz:

—Tiempo habrá de divertirse. Por ahora, si queda una carabina arrimada a la pared, es que no hay hombres en El Hondón.

Otro viejo recelaba:

—¿Quién da las carabinas?

Los tres voluntarios dijeron el nombre de Antonete. Pero el viejo todavía preguntaba:

—¿*Pa* poner otro Gobierno en Madrid? *Pa* eso, que vaya él.

Varios jóvenes se pusieron de parte del viejo. Paco *el de la Tadea* dio un golpe con la mano en la culata.

—*Pa* eso no la hubiera cogido yo. Vamos contra el Gobierno de Madrid, *pa* gobernarnos nosotros mismos. Contra las quintas, contra los galones de la Maestranza. Hay que quitar de las Paulinas a los artilleros y poner a hombres del pueblo. Se acabaron las quintas, los jornales malos y las malas hambres. Vamos contra los amos, contra *to* los generales y *to* los curas.

Hizo una pausa y añadió:

—¿Nos tendremos que ir solos? ¿Es que no hay hombres aquí?

*Misco* se arrancó el rabo de palma y se puso al lado de Paco.

—Yo soy uno.

Siguieron casi todos. Paco tuvo que contener el entusiasmo gritando:

—Vamos por las carabinas. Cada cual dejará un papel *firmao*, como que se ha hecho cargo de una. *Se vais* todos a vuestra casa con el arma y aguardáis que yo os avise.

Un hombre se retiró del grupo con aire decepcionado y cuchicheó con la mujer. Esta se encaró con Paco:

—¿Será lo mismo que firme yo?—y añadió, señalando al marido—: Es que éste no sabe.

El viejo seguía en sus trece:

—Más os valdría acabar el *mayo* y marchar mañana al trabajo.

Las mozas, viendo a los hombres jóvenes enardecidos, se exaltaban también. Dos mozos que vacilaban se unieron al ver a las mocitas acusarlos de cobardes. Paco y los dos voluntarios salieron y echaron cuesta abajo, hacia Cartagena, rodeados por todos los hombres. Ni el lobo se había quitado el tizne, ni el pastor la harina. Sus pasos se apagaban bajo los comentarios airados o entusiastas. Paco sonreía satisfecho. El lobo, con su cara negra, se le acercaba:

—Tengo un sobrino en el *pená*. ¿Es verdad que los sacaremos a todos?

Marín, bajo la máscara de harina, preguntaba si podría subir a El Molinete con la carabina. Paco lo veía venir:

—Compañero: la carabina no es *pa* matarse entre nosotros, si no *pa* unirnos todos y fortalecernos contra el Gobierno.

Hicieron coro a Paco todos los demás, y Marín se aguantó las intenciones. El grupo se perdió en las entrañas de la noche, mucho antes de llegar a la puerta de San José. El faro de cabo Palos echaba sus ráfagas

al cielo y del puerto subía rumor de oleaje. En la cruz
de mayo de Media Legua quedaban tres viejos y algunas mocitas, muy aburridos. Uno de ellos cogió la guitarra que había abandonado *el Ladrillero* y rasgueó torpemente. Una mocita cantó, con su vocecilla delgada e
insegura:

> Castillo de las Galeras,
> ten *cuidao* al *dispará*,
> porque va a *pasá* mi amante
> con la bandera *encarná*.

Julio

6

El haber izado la bandera turca en el fuerte de Galeras llenó de un regocijado optimismo a Mr. Witt.
Pero ese optimismo tenía una base falsa. Por sugestión
llegó a creer de buena fe que el error de los «voluntarios de la República» ponía un poco en ridículo a los
revolucionarios. Y gastaba bromas a Milagritos, que le
preguntaba muy seria, dejando a un lado las consideraciones humorísticas:

—¿Crees que traerá algo malo?

Mr. Witt se fingía alarmado. Izar la bandera turca
en una plaza fuerte del Mediterráneo, en la primera base
naval de España, era una imprudencia que podía des-
encadenar sucesos de importancia. Inglaterra era enemiga de Turquía. Francia también. Se estaba viendo venir la intervención. Milagritos advertía:

—¡Si era la única bandera roja que había en el fuerte!

Mr. Witt hacía notar implacable:

—Tenía en el centro la estrella blanca y la media luna.

Para darse cuenta había que mirar con gemelos, pero
en Cartagena había docenas de gemelos. Desde luego,
todos los cónsules, que era lo grave, los tenían. Milagritos estaba preocupada. Después de larga y silenciosa
reflexión amenazó:

—Como amarren aquí barcos ingleses y echen tropas al muelle me voy a Lorca.

Durante la mañana estuvo doña Milagritos poco locuaz. El humor de Mr. Witt la perseguía. Mr. Witt, a solas en su despacho, se sentía influído por lo que sucedía en la calle. Quieras que no, le encontraba alguna grandeza. De no haber quedado abierto un resquicio para el ridículo, todo aquello hubiera sido demasiado hermoso. Sentía que de la tierra, del mar, de la roca, del calor de la peña tostada por el sol, se erguían fuerzas elementales como el hambre, la sed, que se imponían poco a poco. Hacia el mediodía la bandera roja que había sido arriada días atrás volvió a izarse. Esta vez ofrecía en el centro una mancha roja, más obscura, y Mr. Witt advirtió que uno de los que la izaban llevaba una venda en el brazo desnudo. Se había abierto una vena y con su sangre había borrado las enseñas del sultán. Mr. Witt retiró los gemelos y pensó: con la tierra y el mar, con la roca tostada por el sol, va la sangre de los hombres. Todo es simple y pujante. Había un resquicio para lo ridículo, ciertamente; pero quedaba cerrado por lo sublime. De todas formas, Mr. Witt no acababa de aceptar el hecho de que esos elementos por sí solos se bastaran para edificar un nuevo estado, para modificar una sociedad. Entró en el cuarto y mirando la urna se dijo:

—Acabarán como ése.

Y, sin embargo, en la urna había grandeza. Y aquella grandeza le hería en lo hondo. La urna representaba un hecho más importante que el de los faraones evocado por las pirámides de Egipto. No en vano acababa de decir Emerson, el filósofo favorito: «Los grandes hechos de la Humanidad son siempre hechos individuales e íntimos.»

La casa estaba algo alarmada. La cocinera venía diciendo que habían retirado sus puestos los vendedores de legumbres y que andaban hombres por la calle, de paisano, con fusiles y escopetas, mandando a todo el mundo. Los federales intransigentes se estaban apode-

rando de la ciudad. Por la parte de Quitapellejos se oían
tiros. También en otras puertas de la muralla donde los
voluntarios iban a relevar al Ejército o a la guardia civil había lucha, aunque, al parecer, se decidía pronto en
favor de los rebeldes; se entregaban fácilmente. No era
que hubiera estallado de pronto la revolución. Aunque
así fuera, a Mr. Witt no le sorprendía ya nada. No
pasaba de ser un aspecto nuevo de la exaltación popular en la que estaba viviendo la ciudad hacía cuatro
meses.

De Murcia llegó aquella misma tarde un periodista inglés. Un redactor del *Times*. Mr. Witt tenía un gran
respeto por aquel diario, que leía hacía veinte años, y
cuando el cónsul llevó al periodista a casa de Mr. Witt
y lo dejó solo con él los dos charlaron horas y horas.
Antes Mr. Witt hizo objeto de un minucioso análisis
al viajero. Lo encontró algo rígido, pagado de sí mismo,
con el empaque de un diplomático. Claro es que el
*Times* era una potencia, pero le molestaba aquel aire
de imperial condescendencia que adoptaba no sólo con
su compatriota, sino con todas las cuestiones relativas
al movimiento revolucionario y en general a la política
española. No le atribuía al periodista toda la culpa. «Es
un vicio nacional—se decía—. Estoy viendo en él todo
aquello que a través del tiempo ha perdido mi carácter,
el carácter que traía de Inglaterra hace quince años.»
El redactor del *Times* lo ignoraba casi todo. Creía, por
ejemplo, que el pueblo se sublevaba por amor a la reina
desterrada y al lindo príncipe Alfonso. Cuando el reportero le habló de la bandera turca, Mr. Witt, irritado
por la frivolidad con que había juzgado los acontecí-
mientos, tomó, sin saberlo, el partido de los rebeldes, que
se limitaban a negar aquel episodio para evitar que sobre él se constituyera una base de discusión. El redactor inglés insistía:

—Me lo ha dicho el gobernador de Murcia.

—Ha sido un error. Quizá no se equivocan de buena
fe los gobernadores en momentos como éste—insinuaba
Mr. Witt.

Pero quizá Mr. Witt fuera un simpatizante de la revuelta. Aunque no lo había dicho, el ingeniero leía la duda en el rostro del periodista. Mr. Witt le advirtió con una mezcla de curiosidad y hastío:

—Ya veo que se atiene usted demasiado a los informes oficiales. Pero voy a darle un consejo, y perdone usted que me tome esa libertad. Los informes oficiales le van a impedir ver las cosas en toda su complejidad. En ese caso su trabajo en el *Times* va a ser poco interesante.

Le habló de la espléndida información que su compañero el corresponsal de París había enviado sobre la Comuna. El espíritu de emulación profesional se despertó en el periodista y poco a poco fue confiándose. Al final salía con la impresión de que la revolución española era complejísima. Necesitaría un año por lo menos para llegar a conocerla bien. Pidió a Mr. Witt que le escribiera sus impresiones, y el ingeniero le hizo comprender que su situación social le impedía intervenir en aquello. Lo envió otra vez al cónsul, quien estaba informado «como el que más». Y al mismo tiempo Mr. Witt se proponía para sus adentros invitar al cónsul a cenar con él a menudo. Quería controlar la información del *Times*, indirectamente, si le era posible.

En el vestíbulo Mr. Witt recordó que debía presentar a Milagritos. La costumbre española de separar a la mujer de los negocios de los hombres le hacía olvidar a veces aquellas fórmulas de su país. Fue a llamarla y la encontró escuchando a la vuelta del pasillo. Milagritos se inquietaba pensando qué podría ocurrir en aquella conferencia tan larga. La presentó al reportero, que la besó la mano. Mr. Witt vio a Milagritos comprobar de una rápida ojeada la fortaleza física del extranjero, dominar de una sola mirada todo el panorama físico del hombre. Era un hábito de los instintos en el que no había impudicia, sino quizá un atavismo. El mismo atavismo—muy atenuado—que lleva a algunos hombres a resolver con el robo o el homicidio sus dificultades sociales. Pero sonreía con una finura exquisita.

Mr. Witt también sonreía. El periodista no sonreía menos. La expresión que estaba más por encima de esas
sonrisas de vestíbulo era la de Milagritos. A veces encontraba Mr. Witt a su mujer rasgos de una distinción
inesperada. Aquella actitud no hubiera podido aprender-
la en ninguno de los colegios de la aristocracia inglesa.
Y Milagritos la había aprendido en la calle. El periodista se inclinó por última vez, y Mr. Witt vio en la sonrisa de su mujer cómo se acusaba la barbilla de jaspe
y asomaban los dientes apretados con una expresión sensual. «Es la primavera», se dijo una vez más con cierto
lejano rencor que no nació en él, sino en una atmósfera extraña y lejana.

Cuando volvieron al despacho, Milagritos rodeó la cintura de su marido con el brazo desnudo, ciñó sus firmes
piernas a la derecha de él e inclinó la cabeza sobre su
pecho.

—Si desembarcaran aquí tropas inglesas yo me voy
a Lorca—repitió.

Pero esta vez con un aire de súplica. Luego, en vista
de que el marido no decía nada, se separó de él violentamente.

—¡Habla, hombre! Dime que no.

Mr. Witt quería explotar aquella inquietud de Milagritos. Soltó a reír y dijo:

—¿Quién soy yo para ofrecerte nada de eso? Escribe
al Foreign Office.

Milagritos hubiera querido una promesa concreta. Estaba en aquel instante convencida de la importancia política de su marido a través de las consultas del cónsul,
la sumisión del periodista de Londres, la ansiedad
con que le preguntaban los jefes de la Maestranza.
Mr. Witt, tratando en apariencia de atenuar aquella impresión de Milagritos, la aumentaba y lo hacía conscientemente por primera vez en su vida matrimonial. Luego
le disgustó la idea de usar tales recursos con su mujer.
De «tenerlos que usar». Porque la necesidad de recurrir
a esos procedimientos no nacía en él. Venía de fuera.
¿De dónde? Tampoco podría concretarlo.

Caía la tarde. En el puerto crecía la animación. El balcón del despacho parecía más ancho a aquella hora en que la luz venía de detrás de la casa, de poniente. Un rumor de muchedumbre llegaba de abajo, hacia los diques del lado de Santa Lucía. Tres barcos de guerra seguían echando humo, dispuestos a maniobrar. No se veía por las calles un solo marino de las dotaciones de a bordo. Mr. Witt pensaba que si bombardeaban la ciudad su casa se libraría difícilmente de algún tiro bajo. En todos los barcos había cañones descalibrados cuya puntería era incierta. No se lo dijo a Milagritos, pero por un raro azar ella pensaba algo parecido.

—Mira—le dijo—cómo nos apuntan los cañones de proa del *Méndez Núñez*.

Habiéndolo planteado ella a Mr. Witt no le importaba ya insistir:

—¿Y si disparan?

Milagritos se echó a reír. No lo concebía. Pero lo cierto era que las banderas de todos los barcos eran las del Gobierno y la ciudad estaba, sin embargo, en poder de los rebeldes. Habían tomado Telégrafos, el Ayuntamiento, la Maestranza, los fuertes. Y los habían tomado sin lucha. Los tiros que se oyeron por la mañana se habían apagado en seguida. En cuanto a los barcos, no tardarían en unirse al movimiento. Milagritos explicó:

—¿No ves tú que Antonete irá a bordo?

También Milagritos hablaba de Antonete como de un ser todopoderoso, una especie de providencia infalible. ¡Y qué facilidad había en todo aquello! «¿No ves tú que Antonete irá a bordo?» La palabra del señor Gálvez—como decía el inglés—debía ser mágica. Quizá había, efectivamente, palabras mágicas, como creían los cabalistas de la Edad Media. Palabras cuyo sonido convocaba fuerzas ocultas. De ser así, Antonete era un mago que poseía ese secreto. Mr. Witt no tenía mucha curiosidad por conocer a Gálvez. Lo identificaba algo con Carvajal, incluso físicamente. Era Mr. Witt una de las pocas personas que no conocían personalmente al caudillo. La falta de curiosidad de Mr. Witt era en este caso un rasgo más de su individualismo. No le interesaba el trato con un hombre al que trataban todos. Con un hombre que se entregaba, que se abandonaba de aquella manera a las multitudes. «Las multitudes—pensaba—sólo quieren, como los niños, al que las quiere. Cuando idolatran a un héroe es que el héroe las ha entregado antes toda su personalidad, toda su vida. Ha renunciado a la intimidad a sí mismo por completo.» ¿Qué interés personal podía tener el señor Gálvez? Los aventureros le interesaban, pero un profeta es todo lo contrario de un aventurero. El profeta actúa de día, a plena luz. Podría decirse que lleva las entrañas al aire y que necesita que los demás las vean. Carece de individualidad y trata de diluirse en los sueños o las angustias de su pueblo y de su época. En cambio, el aventurero, como su tío Aldous, va robando a la vida, en la sombra, con insinuaciones, con pasos cautelosos, con habilidades, audacias, y si es preciso con esa difícil flor negra del cinismo en el ojal, va robándole a la vida sus mejores frutos, sus más costosas galas, y adorna y alimenta con ellas su individualidad. «Todo el mundo para mí», dice el aventurero. «Yo para todo el mundo», dice el profeta. Y Gálvez le parecía a Mr. Witt eso: un profeta. «¡Qué enorme derroche—se decía—de ingenuidad, de sinceridad, de candor ha tenido que hacer Gálvez para que las masas hayan llegado a enloquecer por él de ese modo!» Pero Milagritos seguía con el tema:

—Además—le dijo con un acento ensoñecido, con una voz finísima que a veces raspaba y hacía graciosos gallos—, si disparara la escuadra tiene encima los cañones de los fuertes.

Iba a decir del fuerte Carvajal, pero hizo un pequeño viraje y generalizó para evitarle el nombre de su primo. Mr. Witt no podía apartarlo de su memoria en todo el día. Pero si lo apartaba los acontecimientos volvían a ponerlo en primer plano. Allí estaban Milagritos y él bajo los cañones del fuerte Carvajal. La figura del poeta se engrandecía con cada nuevo acontecimiento. También se daba en ella una confusa unión de fuerzas elementa-

les. Había en su recuerdo una poesía densa y áspera.
Todo lo contrario de sus versos, que eran delicados y
a veces femeninos. Mr. Witt lo recordaba atrabiliario
y decidido, impaciente y nervioso, incapaz de escuchar
mucho tiempo a nadie. Daba la razón siempre a quien
trataba de convencerlo de algo, pero se veía que decía
que sí para seguir en paz con sus propias convicciones. El «sí» de Carvajal en las conversaciones con
Mr. Witt era un «sí» repelente, un «sí» que rechazaba. En
cambio, el «no» enlazaba y atraía porque después de un
«no»—las pocas veces que Carvajal creía que valía la
pena formularlo—venía un cálido torrente de argumen-
taciones en contra, y en ellas había por lo menos una
atmósfera en la que quedaba preso el interlocutor. La
diferencia que, a juicio de Mr. Witt, podía haber entre Carvajal y Gálvez favorecía al primero. El poeta y
conspirador no llegó a ser popular, lo que, a su juicio,
revelaba una individualidad más auténtica. Pero esa ventaja le dolía. Estaba sintiendo Mr. Witt por el recuerdo de Carvajal, según creía, todo lo que había sentido
años atrás Milagritos. Lo extraordinario era que no hubiera percibido nunca aquella angustia, aquella presencia de las sombras ingratas entre Milagritos y él. En
vida de Carvajal, Mr. Witt se consideraba superior
moral e intelectualmente al poeta. Ahora, sin dejar de
tener la misma impresión, el recuerdo del poeta le daba
la imagen de una gallardía insuperable. Y precisamente
ahora, cuando él sentía la voz de su decadencia dentro
del pecho. Cuando veía el espíritu de lo elemental y lo
simple hecho maravilla en Milagritos y hecho convulsión
romántica en la calle, fuego en las pasiones, frío eterno
en la urna de cristal y sangre triunfadora en la bandera
turca del fuerte. En la bandera roja que señalaba con
el cañonazo del «castillo Froilán Carvajal» la supervi-
vencia del poeta sobre sus propios versos, sobre sus propios sueños. Porque la bandera, la sangre, la tranquilidad inconsciente de Milagritos, la furia del cañonazo, incluso la fe en Antonete Gálvez, eran las manifestacio-
nes primeras de una materia apenas organizada. ¿Qué

era Milagritos sino eso, la forma graciosa de la materia apenas organizada? Y todo aquello, en lo que Froilán estaba comprendido de lleno, vivía, renacía ahora, en mayo, ahora que Mr. Witt envejecía. Con Froilán, Milagritos, los federales, los intransigentes, las baterías sublevadas, el agua salina del mar y la bandera turca, Mr. Witt se sentía empequeñecer lenta, pero irremediablemente como un hombre supersticioso bajo una tormenta. Y, sin embargo, cuando todo estaba en paz, cuando la vida de Cartagena era normal, cuando la gente tenía tiempo para reparar en su propia sombra por la calle o en el gesto con que Mr. Witt desdoblaba por un lado la levita y metía la mano perpendicular en el bolsillo del pantalón, entonces, en el Náutico, en la Maestranza, el ingeniero veía que lo simple y lo elemental estaba en su sitio, abajo y muy de acuerdo con su propia naturaleza, calladito y quedo. Y que sobre lo simple y lo elemental se elevaba la síntesis científica y la razón. La razón, que triunfaba enamorada de lo elemental en Milagritos, de lo simple en agitación, en el amor de Milagritos; suavemente acompañada por la amistad de Carvajal, que había dicho de él: «Ese Mr. es un espíritu extraordinario.» Entonces todo era diferente. Nunca había sentido, como ahora, que los zapatos se le sublevaran, se le quisieran atravesar en el cuello. Se enamoraba de lo elemental de arriba a abajo. Pero ahora lo elemental se le imponía, lo empujaba hacia un rincón de su intimidad, donde no había sino una soledad inmensa como el mar y profunda como los orígenes de la vida. Le hubiera preguntado otra vez a Milagritos por los lejanos años de Lorca, pero esperó que el atardecer avanzara un poco más. Habría menos y luz y podría darle a la voz una entonación indiferente sin que le desmintiera el gesto.

Milagritos no hablaba. Hacía quince días—desde que llegó la primavera con sus mediodías calurosos—que de vez en cuando se quedaba a su lado, callada largo rato, ensimismada. Quizá la calle le contagiaba su inquietud. El viento contagia a las olas y el sol al viento. Así, la

calle influía en Milagritos. Pero no era difícil adivinar
su pensamiento. Lejana, le daba la pauta la retreta de
los artilleros del Ferriol. La primera retreta de los artilleros sublevados y consolidados en la nueva disciplina.
Consolidados alegremente, con la limpia alegría del que
ha substituído con la disciplina de dentro (la de estar
de acuerdo consigo mismo) la disciplina de fuera, la que
llega de arriba. Era una «retreta floreada». El cornetín
que llevaba la melodía hilaba la tristeza de unas «carceleras». Y una armonía de metales nuevos reforzaba los
ángulos, llenaba los desmayos del cornetín. Aquel fuerte
era el de Froilán Carvajal.

Mr. Witt no se atrevió a preguntar nada. Otra vez
quedó en su pecho el vacío neumático de un deseo sin
satisfacer. De lo que él llamaba «un deseo del alma».
De lo que era en sí misma el alma. Ese *alma* que sólo
da señales de existencia en el lento purgatorio de los deseos sin cumplir. Lo mismo que la voz de Froilán habló
en el cañón, hablaba ahora en las «carceleras».

Era Carvajal violento, fuerte, de intimidad hosca y delicada. Allí se hubieran remansado los ímpetus dispersos de Milagritos.

Pero murió como mueren los hombres de esa casta. Ciegos por fuerza después de haber sido—pensaba
Mr. Witt—ciegos voluntariamente. Con los ojos venda-
dos por el pañuelo mejor de un arca aldeana y con el
pecho destrozado a balazos.

Aquel pañuelo era el que Milagritos guardaba en la
urna.

7

El cónsul estaba invitado a cenar. Al saber que iba
también su mujer, doña Milagritos sacó los candelabros
de plata con las cuatro bujías azules y no olvidó ninguno
de los detalles que podrían impresionarla. Se retrasaron
un poco y ella lo tomó a mal; pero su marido le explicó
que estando la ciudad sublevada seguramente habían tenido que adoptar precauciones. Efectivamente, cuando

llegaron dijeron que los revolucionarios les habían enviado cuatro hombres armados para escoltarlos. Mr. Witt preguntó si estaban abajo y quiso hacerles subir para que esperaran en el vestíbulo; pero en el gesto de duda del cónsul advirtió que éste prefería que se quedaran en la calle quizá para mantener las formas de autoridad. Mr. Witt y el cónsul pasaron al despacho un instante y las mujeres se fueron al comedor. Mr. Witt sentía curiosidad por lo que el cónsul hubiera podido telegrafiar a Londres, pero desde el primer momento se dio cuenta de que el cónsul no le mostraría el texto del telegrama, lo que le produjo alguna contrariedad. «La gravedad de los acontecimientos—se dijo—le hacen considerarse superior socialmente a los demás y cultiva esa impresión. Quizá—añadió—ha traído a su mujer para intercalar entre mi curiosidad y su prudencia algún obstáculo.» Pero Mr. Witt no podía tomar todo aquello muy en serio. Sabía que, en definitiva, obtendría del cónsul lo que quisiera, a pesar del deseo, muy natural en aquellos instantes, de valorar las confidencias. Como vio que no lograba entrar en materia interrumpió de pronto al cónsul, invitándole a ir al comedor. Se sentaron a la mesa. Mr. Witt tenía a su derecha a Mrs. Turner, y el cónsul, a doña Milagritos, o sea, como decían los ingleses, Mrs. Witt. La mujer del cónsul tenía un rostro largo y magro, con cierta expresión indiferente de caballo. A Milagritos le era poco agradable porque estaba demasiado atenta a lo conveniente. «Debe ser así siempre», se decía. Estaba «en visita» porque para ella la vida debía ser eso: «estar en visita» con el marido, con los hijos, con su madre. A Mr. Witt le gustaba porque con ella exageraba su corrección y sus virtudes mundanas. Se inclinaba, le besaba la mano, le pedía perdón, le daba las gracias y practicaba con todo eso algo así como el «manual de la etiqueta». Era para Mr. Witt algo divertido y útil, como el *punching* para el boxeador. A Mrs. Turner le resultaba por esa razón el ingeniero «encantador». Y pensaba en su marido como en un hombre demasiado propenso a la campe-

chanía española, a un abandono en el que Mrs. Turner
veía no sólo mal gusto, sino falta de disciplina interior. Cuando lo supo Milagritos no pudo menos de
reír.

—¡Pero si ese tío parece que se traga una lanza todas
las mañanas!

Milagritos hacía esfuerzos por contener la risa cuando
veía a Mr. Witt tan melindroso y se alegraba de no
saber inglés y de que ella no hablara español, porque así
se evitaba—según creía—decirle alguna impertinencia.
Para lo indispensable se cambiaban frases vacías en
francés:

—¡Oh, pardon!

Ella sonreía inclinando la cabeza magra sobre el hombro:

—C'est la même chose.

En la mesa se hablaba, por lo tanto, francés, inglés
y español. Pero no se decía nada interesante. Bajo la
araña de cristal—globo barroco florecido en eses trans-
parentes y colgado de medallitas de vidrio—nadie tenía
nada trascendental que decir, y esto le encantaba a
Mr. Witt, que odiaba las «comidas ingeniosas». Mr. Turner, que encontraba muy tonificantes para los nervios
los vinos españoles, lo decía una vez más y bebía
pequeños sorbos con una gran frecuencia. El vino y los
especiosos platos andaluces le desataron la lengua con
cierta escama de su mujer. A Milagritos no le resultaba desagradable, a pesar de todo, aquella familia porque—pensaba Mr. Witt—el cónsul repetía de vez en
cuando, sin perder su estirado continente, que los ingleses debían casarse con españolas si habían de vivir
en España. Y después hacía finos elogios de Milagritos.
Esta se había dicho alguna vez:

—Si fuera capaz de hacer algo natural me haría la
corte.

Pero Mr. Turner era una de esas personas tan equi-
distantes de todo, tan equilibradas, que, a fuerza de precauciones, no hacen en la vida nada torpe, pero tampoco
nada verdaderamente inteligente. Precaviéndose día y no-

che contra la estupidez y la tontería, al final se encuentran con que han vivido una vida insuficiente. Tonta
y estúpida en su conjunto. Eso pensaba Milagritos mientras quitaba el historiado tapón de vidrio de una botella
para servir al cónsul vino tinto con el asado. Mr. Turner hablaba animadamente con el ingeniero en inglés.
Los dos tenían unas caras muy graves. De vez en
cuando Mr. Turner, todo sonriente, hacía un paréntesis
dirigiéndose a Milagritos.

—Usted perdone la *grossería*.

Arrastraba la «s» y abría la «a» final cómicamente.
Milagritos, que tenía una fina sensibilidad, percibía lo
excesivo de aquella palabra. Seguía sonriendo. Como no
le quedaba más remedio que aguantarse comenzó a hablar con Mrs. Turner de los sucesos del día. Se mostró apenada por las molestias que sin duda les acarrea-
ría lo anómalo de la situación.

—¡Pas du tout!—contestaba Mrs. Turner sonriendo
sobre el lado izquierdo.

Exageraba de tal modo las finezas que con ellos tenían
los «intransigentes»—como decía con una mala sombra
que a Milagritos la hacía parpadear nerviosa—, que la
revolución parecía una fiesta cursi con fracs y descotes.
Milagritos, oyendo hablar a su marido un idioma incomprensible, recibía la impresión de siempre: una impresión de lejanía. Aunque ella no se daba cuenta, le resultaba excitante. Los dos ingleses seguían dialogando muy
gravemente. Mr. Turner se veía comprometido por el
acecho, según decía con una desgana presuntuosa, de la
«Prensa internacional». Habían llegado redactores de *Le
Temps* y del *New York Herald* que lo asediaban. En
cuanto al del *Times* lo atendía de buen grado. Además,
se cambiaban noticias. El del *Times* le había dicho algo
importante: estaba en Málaga, dispuesto a partir para
Cartagena, el *Swifesure*, y en Gibraltar esperaban sobre
aviso para marchar a la primera indicación el *Lord
Warden*, el *Triunphe* y el *Fling-Fleet*. Aquellas noticias
parecía que tranquilizaban mucho al cónsul, y sólo al
advertir la satisfacción con que las refería se daba cuenta

Mr. Witt de que antes de conocerlas el cónsul había
tenido miedo. ¿Miedo de qué? Ninguno de los dos preguntaba. Los dos deseaban que fuera el otro el que pidiera noticias. Mr. Witt sabía que le contestaría con
una prudencia protocolaria y no quería darle ese gusto.
Sabía también que al final, con los postres y los licores,
el cónsul le diría todo lo que sabía y le pediría consejo
más o menos francamente. Si no lo había hecho ya era
porque se sentía muy seguro de sí mismo con las exa-
geradas consideraciones que tenían con él los revolucionarios y porque estaba delante su mujer. Esa era la razón de que Mr. Witt tuviera prisa por encender los
cigarros y retirarse con él a su despacho. Entretanto, el
cónsul hablaba de los revolucionarios que conocía, especialmente de Contreras, del general Contreras. Hacía
de él elogios incompletos, con los que trataba de dis-
minuirlo, de quitarle personalidad. Contreras era un general «de academia», de muy buena familia—«un verdadero caballero por su origen», subrayaba—, pero de
pocos alcances como político y de ninguna dote diplomática. Lo consideraba, sin embargo, un estimable táctico y estratega.

Mr. Witt veía en aquellos juicios alguna contradic-
ción. Si era un buen táctico y un buen estratega no
podía ser mal diplomático. Quizá el cónsul se refería
a que era poco distinguido de apariencia. Mr. Witt
tanteó con una insinuación:

—¿Un hombre tosco, eh?

El cónsul afirmó precipitadamente. Entonces Mr. Witt
le recordó que el rey Enrique VIII era mucho más
tosco aún y que la reina Victoria no había sido ni era
nada distinguida de apariencia. Mr. Turner lo tomó
como un rasgo de humor del ingeniero y estuvo riendo
—conteniendo artificialmente la falsa carcajada—un largo rato. Por fin recobró de repente la calma. Milagritos
pensó que su mujer le había tocado el pie bajo la mesa.
Mr. Witt le preguntó:

—¿Y Antonio Gálvez?

El cónsul hizo un gesto de abatimiento, con el que

quería decir a un tiempo tres cosas. Que no valía la pena—era un caso desdeñable—, que él no lo trataba y que después de tantas gallardías a última hora quizá hubiera que abrirle la puerta para salvarle la vida. Encendiendo el cigarrillo repitió:

—¡Antonete!

Y rió con un desdén contenido.

En el apodo—al cónsul le sonaba a apodo el diminutivo familiar con que lo designaba el pueblo—estaba dicho todo. También el cónsul veía en aquel nombre algo clownesco, como Mr. Witt, pero no lo resolvía llamándole «Mr. Gálvez». El cónsul estaba optimista. Se sentía, efectivamente, superior al medio. Mr. Witt encontraba muy lamentables a las gentes que necesitaban que alguien les proyectara desde fuera autoridad. Quizá es—se dijo el ingeniero—que tiene relación oficial directa con el almirante de Gibraltar e incluso con el Foreign Office. Aquello le intrigó.

Sacaron con la fruta y los dulces unos «postres de sartén». Mr. Witt tradujo esa frase al inglés y tuvo mucho éxito con la mujer del cónsul, que preguntó si estaban hechos en casa.

—No. Me los envían de Lorca.

Mr. Turner parecía que no iba sino a probarlos, pero le gustaron y los comió en abundancia. Milagritos se había adelantado, cogiendo uno con la mano. Mrs. Turner hizo lo mismo. Aquello de comer con los dedos la llenaba de una confusión cómica. Los tomaba con el índice y el pulgar. Los dos dedos siguientes quedaron juntos, ligeramente doblados, y el meñique se alzaba para arriba, pulquérrimo, huyendo de tanta vulgaridad. En sus gestos había disculpas acumuladas y sus ojos pedían perdón a diestro y siniestro. En un instante en que se llevaba la mano a la boca quedó con ésta abierta escuchando voces airadas en la calle. Las voces crecieron, se apaciguaron y volvieron a oírse, esta vez más fuertes, pero sin acentos de ira. Bajo las voces se oyó una música lejana que se acercaba. Escucharon los cuatro. Mr. Witt y su esposa, sonrientes. Mr. Turner y la suya, un poco intimidados. Las guitarras se oían más cerca. Un rumor de pasos a compás se acercaba. Alguien echó a cantar y se le unieron hasta cincuenta o setenta voces. El estribillo lo repetían a menudo:

«¡Cantonales: República o muerte!
¡Viva España y la Federación!»

Mrs. Turner entendía «Viva España y la revolución», pero se lo aclaró en seguida su marido. Eso de «Federación» la tranquilizó. Había estado a punto de que se descompusiera la «rigidez conveniente» de su rostro. Milagritos pensó una vez más que la consulesa jugaba un poco a la ministra o a la embajadora. «Era demasiado ya.» Milagritos ignoraba que aquella mujer presumía lo mismo como madre, como esposa, como ex alumna del colegio «imperial de Chancery», como vecina del piso principal de su casa de Londres (y si hubiera vivido en el sótano como habitante del sótano). Era una mujer que no le había encontrado a la vida los lados muelles y simples. Vivir era para ella una especie de importante deber.

Efectivamente, en el despacho el cónsul le dijo a Mr. Witt todo lo que sabía. Comenzó por darle una lista con los nombres del Gobierno de la Federación Española, constituído en Cartagena. «Se dice—le reveló misteriosamente, en voz baja—que hay un internacionalista de los astilleros y hasta un campesino semianalfabeto, de Escombreras.» Esperaba alguna declaración de Mr. Witt después de esas palabras; pero Mr. Witt, atento a la lectura del manifiesto con la proclamación del cantón, no decía nada. Cuando terminó preguntó al cónsul, devolviéndole los papeles:

—¿Y la escuadra?

El cónsul advirtió para su coleto que la indiferencia de Mr. Witt correspondía mejor a un cónsul que a un ingeniero. Le envidió, a su pesar.

—La escuadra sigue leal al Gobierno de Madrid, pero no está muy segura. De todas formas yo creo que no se harán esperar nuestros barcos.

Le repitió lo del *Swifesure*. Mr. Witt no daba la menor importancia al *Swifesure* y eso desconcertó un poco al cónsul. Pero se desconcertó más cuando oyó decir al ingeniero que sería mejor esperar los acontecimientos sin que interviniera nadie ni siquiera con un acto mínimo de presencia. El cónsul no entendía aquello, pero tampoco quiso discutir.

—¿Usted cree—le dijo—que todo esto desembocará en algo serio?

El manifiesto de los cantonales le resultaba a Mr. Witt de una confianza y una seguridad demasiado candorosas; pero ya se daba cuenta de que al dirigirse a las multitudes no iban a hacer una enumeración de las dificultades exteriores y de las contradicciones interiores del movimiento. De todas formas, ante el cónsul, Mr. Witt se sentía francamente del lado de los revolucionarios:

—Quizá es pronto—le contestó—para ver claro. Pero hasta ahora todo esto—señaló el manifiesto y la lista del Gobierno provisional—es políticamente correcto.

Después de una pausa añadió, haciendo la pregunta que deseaba hacer desde el principio:

—¿Qué ha telegrafiado usted?

El cónsul vaciló un instante, pero luego le repitió el sentido de los telegramas y las líneas generales de un informe que preparaba para enviarlo por correo. Lo hizo con un acento anhelante, buscando, sin darse cuenta, la opinión y el consejo de alguien. Esto no pasó desapercibido para el ingeniero. Mr. Witt le indicó la conveniencia de omitir algunos conceptos por los cuales se podían formar en Londres una impresión falsa del carácter del movimiento. «Se trata de un movimiento coherente, lógico, fundado en aspiraciones populares y dirigido por jefes políticos y militares de solvencia en el país, y si dice usted eso van a creer que se trata de un motín anárquico.» El cónsul se encogió de hombros con un gesto de desesperación contenida apenas:

—¡Oh, Mr. Witt! No tan lógico. Precisamente está

ahí la dificultad de mi trabajo. ¿Cómo van a comprender en Londres una sublevación con la bandera de República federal, si esa República está constituida hace meses?

Mr. Witt se encontraba más seguro y tranquilo a medida que se acaloraba el cónsul:

—Bastará con anotar tres hechos. El bajo *standard* de vida en el pueblo, la impaciencia de las masas republicanas por elevarlo y las dificultades económicas y políticas que encuentra el Gobierno central para hacerlo posible, dejando al mismo tiempo libertad a los cantones para organizarse por sí mismos.

El cónsul volvió a encogerse de hombros:

—Eso es cuestión de la Embajada de Madrid. Yo no hago sino relatar hechos.

—Es que esos son hechos también.

—Sí, pero entran en la interpretación subjetiva y eso hoy por hoy sale de mis atribuciones.

—Yo creo—insistió Mr. Witt—que los informes deben encaminarse en todo caso a que nuestro Gobierno sea absolutamente neutral en este pleito.

El cónsul sonrió y miró la urna de cristal. Aquello equivalía a una respuesta precavida. A un reparo serio. Por la dirección de su mirada lo adivinó Mr. Witt. Un instante sintió el disgusto de lo que estaba diciendo, pero se sobrepuso en seguida. Preguntó:

—¿No cree usted?

El cónsul volvió a encogerse de hombros por tercera y última vez.

—¡Qué quiere usted que le diga!

Poco después el cónsul y su mujer se despidieron y marcharon con su escolta. Pero en cuanto el cónsul llegó a casa, antes de acostarse, revisó su informe y lo corrigió en el sentido indicado por Mr. Witt. En cambio, el ingeniero, al marcharse su compatriota, al quedarse a solas con Milagritos, pensó con disgusto que estaba trabajando por los revolucionarios. Se acostaron sin hablar apenas, aunque a Milagritos le bullían en el cuerpo las ganas de reírse de Mrs. Turner. Ya acostados ella le preguntó:

—¿Qué hablasteis tanto tiempo? ¿No saldrá algo malo
para Contreras y Antonete?

Y repitió otra vez:

—Como desembarque un fusilero inglés yo me voy a
Lorca.

Mr. Witt estaba irritado consigo mismo:

—¿Qué quieres decir con eso?

—¡Qué no te miro más a la cara!

En la escala de expresiones de Milagritos ésa no correspondía exactamente a lo que decía, sino a unos
grados mucho más bajos de pasión, allí donde aún no
habían comenzado las amenazas, donde todavía estaban
las súplicas. Por eso Mr. Witt, en lugar de contestarle gravemente, lo tomó a broma y trató de dormirse.
La que se durmió en seguida sin proponérselo fue ella.

Mr. Witt estuvo toda la noche en un duermevela
lleno de recuerdos y de imágenes confusas. Por las referencias que incidentalmente había hecho años atrás
Froilán y por lo que ella misma le había dicho, aquella
etapa de Lorca había sido para Milagritos la época dorada de su vida. En esta primavera, que para Mr. Witt
era un otoño, aquellos recuerdos crecían y llegaban
en tropel invadiendo la realidad presente. Se unían a
los acontecimientos del día, a las canciones de los rebeldes, al cañonazo del Ferriol, a la bandera turca y
al corresponsal del *Times*, al periodista sobre quien no
habían acordado nada concreto con el cónsul porque
olvidó Mr. Witt ese y otros importantes detalles. Estaba disgustado, y en sueños se veía a sí mismo mal
vestido, sin afeitar, completamente calvo. Las gentes con
quienes hablaba le compadecían.

De madrugada despertó, encendió la lamparita de aceite de la mesilla y se puso a contemplar el techo, en
el que la luz temblaba, invadiéndolo o retirándose en
breves relámpagos amarillos. Estuvo atento al silencio
de la noche y no pudo oír nada interesante. Una o dos
veces creyó escuchar disparos lejanos y acabó por com

probar que eran crujidos de un mueble nuevo, de roble, que había en la habitación al lado. Otra vez creyó oír rumores de multitud y no era sino la tos catarrosa del sereno al pie de los balcones. Había encendido la luz porque prefería el reposo desvelado al sueño poblado de viejos fantasmas. A su lado veía a Milagritos dormida sobre la mejilla derecha, con una expresión tranquila, los labios plegados y acusados hacia afuera como los niños cuando se enfadan. No se le oía la respiración. A veces hacía un movimiento casi imperceptible, bajando y subiendo la mandíbula inferior. Mr. Witt sacó el brazo del embozo y lo dobló sobre el pecho para cubrir con una sombra más densa los párpados de Milagritos.

Y volvió a acordarse de Lorca. Siempre que pensaba en el pueblo de Milagritos, antes de que hubiera llegado a concretar una evocación, le salía al paso la sombra de Froilán. Con una diferencia. Antes el conspirador no era sino una imagen de referencia para llegar a completar el recuerdo total de la casa de Lorca. Ahora Froilán se le interponía entre la casa de Lorca y la ansiedad de recordar. ¡Cómo había crecido Froilán después de su muerte! Tan gigantesco era ya su recuerdo que Mr. Witt pensaba que no podría menos de influir decisivamente en todo lo que le quedaba de vida. Pero eso era incomprensible. Nunca hasta entonces había podido llegar a dar tanta importancia a Carvajal. El muerto había crecido en la primavera y, cubierto de verdor, de savia nueva, echaba brotes inesperados en su pasado, llenaba ahora mismo la alcoba, la sombra de la casa. Quién sabe si Milagritos estaba soñando con él. Mr. Witt se sentía desolado, pero no vencido. Todavía le acuciaba la necesidad de atacar. ¿A quién? Al muerto. ¿A quién más? A Milagritos. Pero el muerto y Milagritos los envolvían y Mr. Witt no caía en la cuenta de que su necesidad de atacar, de combatir, se encaminaba sólo contra sí mismo.

Se levantó, se calzó las zapatillas y se fue al despacho. Iba recordando la casa de Lorca. Una vez Froilán

le hizo un columpio a Milagritos entre dos árboles.
Aquella evocación traía aparejada otra de estampas ocho-
centistas, con galanes pícaros entre los arbustos contemplando las piernas que las damas colgaban de co-
lumpios floridos. Pero la preocupación sensual no estaba
allí. Sobre cualquier inquietud sensual dominaba siempre la fe en la honestidad de Milagritos. No sabía
Mr. Witt si aquello era un recurso de dialéctica o
toda una fe con raíces en la realidad. Porque—pensaba
pasillo adelante—entre la sensualidad y la honestidad
no hay una correspondencia lógica. La sensualidad es
fruto de un instinto. La honestidad es producto de una
serie de convenios sociales impuestos de arriba a abajo.
Decir «no me preocupa la sensualidad en Milagritos
porque ella es honesta» era poco inteligente. Entre la
sensualidad y la honestidad «veo la misma relación que
puede haber entre una tormenta y un lindo paraguas».

Con estas reflexiones entró en su despacho. Fue a sentarse tras la mesa, en «su sillón». Era su lugar, su
puesto social de ingeniero, pero no hubiera confundido
nunca su lugar en la escala social con su verdadero
puesto en el hogar, como el cónsul, por ejemplo. En el
hogar, su puesto estaba al lado de Milagritos, en la alcoba. El cónsul le daba la impresión de que se acostaba metido en su uniforme y que era así como lo abra-
zaba, fría y correctamente, su esposa, una inglesa «sin
imaginación». Esto último lo decía atribuyendo a la
imaginación de Milagritos la melancolía que le había
invadido y no le abandonaba desde la primavera. «Aunque lo malo no es la imaginación en sí misma, sino
en relación con los sentidos; cuando va adherida a los
instintos, sin separarse de ellos.» Ese era el caso de
Milagritos. Ella lo intuía muy bien. Recordaba Mr. Witt
—era la hora de los recuerdos con sordina—, recordaba a otro ingeniero de la Maestranza, también inglés,
que seguía soltero y a quien Milagritos le había repro-
chado su soledad egoísta, habiendo «tantos pimpollos»
en Cartagena. El inglés le había dicho, con una precipitación cómica, que nunca se casaría con una española.

—¿Por qué?—preguntó Milagritos, abriendo mucho los ojos.

El ingeniero, agitando las manos en el aire, confesó riendo:

—Me dan miedo las españolas.

Mr. Witt se rió muy a gusto; pero ahora veía los peligros. Milagritos los había visto ya entonces. Mr. Witt lo comprendió en seguida mirándola a los ojos. Y al comprender esos «peligros», Milagritos tomaba un aire concentrado y satisfecho, de hembra que conoce bien la fortaleza de su intimidad y los derechos del instinto puro. Todas estas reflexiones le llevaban otra vez a Lorca y a Carvajal. En Lorca había un huerto pegado a la casa y en la casa una solana abierta al Mediodía, decorada con mazos de pimientos puestos a secar y a veces colgada de panochas de maíz que resultaban muy decorativos. Los ponían los colonos, que ocupaban la parte baja de la casa. Una sala de recibir con la alcoba destinada a los parientes que alguna vez llegaban por allí. «Los parientes» se resumían para Mr. Witt, en Carvajal. Froilán Carvajal. Unas veces llegaba el poeta, risueño, recitando versos a todo el que quería escucharlos, saliendo de caza con el boticario o con el que ahora actuaba de juez municipal, un campesino con solera republicana que, ya viejo, tenía a la cabecera de la cama la escopeta siempre cargada «para evitar que el día de su muerte entrara en su cuarto ningún cura, como le pasó a otro republicano de Lorca años atrás». Otras veces Froilán llegaba de noche, huyendo. No llegaba entonces el poeta, sino el conspirador. Se metía en la casa y no salía en un mes o dos. Cuando se iba era de noche también. Escribía cartas dirigidas a Madrid, que llevaba el campesino ateo sigilosamente no se sabe adónde. En esos períodos Froilán tuvo que estar en comunicación constante con Milagritos. Tenía muchos más años que ella, pero eso mismo haría de él un hombre más decidido en el amor y de ella más codiciable y más confiada. A Mr. Witt le habían preocupado mucho esos recuerdos en la primavera y los llevaba ahora a

cuestas bajo el sol de julio con desaliento. Sus ojos iban
otra vez desde la urna de cristal al bargueño de Milagritos y desde éste a la urna. ¡Oh, qué seres disparata-
dos en sus pasiones, en su hechos, en sus palabras,
en su misma suerte! ¡Qué falta de *selfcontrol*, de espíritu disciplinado! Para ellos la vida era corriente tumul-
tuosa a la que se lanzaban de cabeza. ¿El final? Ni el
comienzo ni el final interesaban. La cuestión estaba en
el camino, en tomar como único fin ese «dejarse llevar».

Se acercó al bargueño dispuesto a meter en él sus
manos por primera vez. Nunca había sentido la necesidad de curiosear en los papeles de Milagritos. Pero la
melancolía de Mr. Witt era entonces más fuerte que
nunca y le empujaba no a buscar soluciones tranquili-
zadoras, sino hechos concretos que le dieran una base.
Era triste la melancolía flotando entre dos dudas. Había
que darle un ancla y un fondo firme.

Se arrodilló al lado del bargueño. El silencio era denso y mullido. Quizá el insomnio hacía bullir en sus oídos
ese rumor—como del frote de la papilas de una muchedumbre de insectos—, que era lo que daba al silencio
su carácter muelle. Puso las manos en el secreter del
centro. Iba a abrirlo, cuando fuera, en el pasillo, quizá
en la puerta de la casa, se oyó un golpe seco. La primera impresión fue que alguien lo había dado con una
verga dura y flexible, con una vara de álamo, quizá.
O con una fusta rematada con cuero suelto. Se levantó
precipitadamente y salió a abrir. En la escalera no había nadie. Cerró de nuevo, volvió al despacho y sintió
una inquietud creciente. El ruido había sonado con toda
claridad. Quizá fuera el crujido del mueble de roble,
que no estaba seco todavía. Pero Mr. Witt, que no
se tenía por hombre supersticioso, dejó abierta la hipótesis de que un ser invisible hubiera golpeado la puerta
de la escalera. Cuando volvía a poner las manos en el
bargueño oyó una voz. Milagritos se quejaba o le llamaba. Fue a la alcoba. Al entrar vio los ojos adorme-
cidos de su mujer y descubrió algo que no hubiera
podido esperar nunca. Desde el fondo de la semicons-

ciencia, medio dormida todavía, Milagritos miró con inquietud una de las manos de Mr. Witt y luego la otra.
Miraba por aquellos ojos un instinto anhelante, inquieto,
amenazado. Mr. Witt se preguntó:

—¿Me tiene miedo?

Aquella pregunta le descubría de pronto que entre él
y ella había zonas de comprensión vacías, que no se
llenaron nunca. Una vez comprobado, desde el fondo lejano de aquella mirada, que Mr. Witt no llevaba nada
en las manos, Milagritos dijo:

—¿Dónde estabas? ¿Qué haces?

Era indudable que Milagritos le había tenido miedo.
Y era ella, lo más auténtico de ella, la subsconsciencia,
que trabajaba por sí sola en el fondo del duermevela.
Contestó, por fin:

—Nada. Estaba ahí fuera.

Milagritos, más despierta, volvía a ser la de siempre:

—¿Has sido tú?—le dijo, refiriéndose al golpe en la
puerta.

Mr. Witt se acostaba sin oírla, atento a su propia
sorpresa. Ella insistió y Mr. Witt dijo que no. También lo había oído, pero que no pudo comprobar de
qué se trataba. Milagritos tomó una mano de él entre
las suyas:

—Tienes las manos frías.

Mr. Witt la miraba a los ojos, en silencio. ¿Era posible que le tuviera miedo? ¿Y que le amara teniéndole miedo? Esto último le preocupaba más. Milagritos le preguntó por qué la miraba con tanto misterio.
Mr. Witt sonrió con cierta inevitable amargura. «El
misterio está en ti», se decía. Como seguía sin contestarle, Milagritos le puso una mano en cada mejilla y
las oprimió. Se le abrieron los labios a Mr. Witt, que
pensaba ahora en su propio aspecto cómico, con las
mejillas aplastadas y la mirada indecisa.

—¿Qué te pasa?—preguntó ella con su habitual aire
desenvuelto.

Mr. Witt no contestó. No hacía falta. Sabía que ella
leía en sus ojos. Milagritos le dijo:

—Cuando pase «esta revolución» de los federales vamos a Madrid a que me vea un médico. Y después me calas hondo, ¿eh? Quiero un hijo tuyo.

Luego apagó la luz y se durmió de nuevo. Mr. Witt se quedó una vez más con la impresión tantas veces repetida de algo áspero, fuerte y dulce que le obligaba a cambiar el orden de todos sus sentimientos, lo mismo que cuando le dijo, de novia, aquello de que era Mr. Witt poquita cosa *«pa hasé* de ella *su queria».* Pero, por otra parte, Milagritos había llegado de golpe con su instinto avizor a una síntesis espléndida. Un hijo. Era exactamente lo que podía resolver tantas crisis y tantas y tan hondas melancolías. Mr. Witt se durmió—esta vez profundamente—y no despertó hasta entrada la mañana. Milagritos no estaba en el lecho. Se levantó, y al abrir las maderas del balcón entró el sol a raudales. Al mismo tiempo llegaba su mujer, fresca, mañanera, con los brazos al aire y un clavel rojo con el tallo largo y el cáliz doblado graciosamente hacia abajo. Esta vez iba prendido sobre el seno derecho. Llegaba gritando:

—Ya está. Ya se ha sublevado la escuadra.

Mr. Witt apenas conservaba el recuerdo de los acontecimientos de la noche como una sombra de algo leído hacía tiempo. O, menos aún, de algo referido por una persona que le fuera indiferente. Hizo sus flexiones mañaneras, tomó el desayuno abundante, a la inglesa, y le dijo a su mujer, que comía frente a él en silencio y que había querido, en vano, contarle atropelladamente mil acontecimientos.

—Vamos a ver, Milagritos. Cuéntame ahora, pero con orden. Dices que «ya está». ¿Qué es lo que está?

—Hemos *ganao*—dijo ella secamente, como el chico que acaba de derrotar a su contrario jugando al *marro.*

Mr. Witt seguía con su buen humor:

—¿Quién? ¿Tú y yo? ¿O los tuyos contra mí? No te entiendo.

Entonces se dió cuenta Milagritos de que estaba su marido dispuesto a marearla con sus bromas. Y habló atropelladamente de que el *Vigilante*, la *Vitoria*, la *Almansa*, el *Méndez Núñez*, *La Ferrolana*, la *Numancia*, *Fernando el Católico*, *Tetuán* y el *Darro* habían enarbolado bandera roja. Contaba los incidentes que hubo a bordo. En la *Numancia* hubo tiros, pero se impuso un maquinista segundo. Los federales le habían nombrado capitán. Al llegar Antonete...

—¿Pero ha ido allí Mr. Gálvez?

Claro. Todo había sucedido como dijo ella. «Antonete fue a bordo y se armó la gorda.» Es decir, se armó antes de que subiera, arengando a las tripulaciones desde una lancha. Mr. Witt oía asombrado. Volvía a creer en las palabras mágicas. Milagritos seguía acumulando impresiones, una tras otra. Añadiendo detalles. Calculando el efecto que aquella sublevación iba a hacer sobre el lánguido Gobierno de Madrid. Pero de pronto se interrumpió, se levantó de un salto y salió del comedor. Volvió en seguida con una carta cuyo sobre estaba abierto. La dejó, desplegada, sobre la servilleta de Mr. Witt y dijo con aire de triunfo:

—De Antonete.

Mr. Witt sacó de su boca dos simientes de uva, las dejó en el plato y leyó la carta. No eran más que tres renglones sin firma.

—¿Cómo sabes tú que es de Antonete?

—Lo han dicho los que la trajeron.

Mr. Witt leyó:

«Antonete, el bárbaro, necesita de Jorge Witt, el sabio. Venga.»

Aquellos renglones le halagaron. Recordó que en la lista que le mostró el cónsul, «Mr. Gálvez» ocupaba el departamento de Relaciones Exteriores. No era un lenguaje muy adecuado para un ministro, pero aquellas líneas tenían una simpatía innegable y le predisponían bien. Por lo tanto, cumplían política y socialmente su misión mejor que la invitación más retórica. No había firmado Antonete para poder permitirse el placer de aquellas palabras. Todo esto completó la excelente impresión primera. Pero, levantándose, pensó:

«Es una entrevista difícil, sobre todo si hay testigos.»
Estuvo por no ir, pensando que Gálvez le recibiría con
Contreras, Cárceles, con sus compañeros, lo que repre-
sentaba una ventaja excesiva para él.

—¿Dónde voy a encontrarlo?—dijo, sin embargo, seguro de que al final iría.

Milagritos estaba desesperada por aquella impasibilidad:

—¡Hijo, qué reparón eres! ¡En cualquier sitio!

—¿Pero en qué sitio?—insistía Mr. Witt, molesto porque veía en Milagritos la impresión de que Antonete les hacía objeto de una gran distinción.

—Cuando han traído la carta han dicho que Antonete estaba en el Ayuntamiento.

Mr. Witt, con el ceño fruncido y ajeno a lo que hablaba él mismo, concedió:

—Eso ya es otra cosa.

Todavía vaciló, con el bastón en una mano y el sombrero en la otra. Milagritos se consumía con aquellas
dudas. Mr. Witt veía la puerta de su despacho a un
lado. A otro, la del pasillo que conducía a la escalera.
Hubiera entrado en el despacho, hubiera querido permanecer media hora, por lo menos, entre aquellas cuatro paredes, en su atmósfera, tomando el pulso a su situación. Pero la presencia de Milagritos le empujaba
hacia el pasillo, hacia la calle, hacia Antonete. Salió.

La calle estaba en fiesta. Iban y venían con partes
a los fuertes, de los fuertes. Pasaban grupos de Infantería de Marina armados, custodiando a otros paisanos,
también con armas, que pegaban manifiestos y bandos
por las esquinas. El pueblo estaba contento y manifes-
taba su alegría de mil diferentes maneras. Cantando.
Riendo. Mr. Witt veía a la vendedora de pescado gritar obscenidades en una esquina, riñendo con una com-
pradora; al soldado del regimiento de Africa o al artillero, ejercitándose a plena voz en el sarcasmo, casi
siempre torpe, pocas veces agudo, contra sus jefes. Tenía la impresión de que todo aquello le manchaba las
solapas de la levita gris, le injuriaba íntimamente.

Mr. Witt tenía la pretensión—era quizá su mayor debilidad—de llevar consigo a todas partes un «aura inteligente».

Llegó al Ayuntamiento. Pasó sin ninguna dificultad
hasta un patio convertido en cuerpo de guardia, donde
un cabo le preguntó qué quería. Luego le hicieron subir unas escaleras y entrar en una sala rectangular bastante grande, que tenía un dosel rojo al fondo con una
alegoría de la República. Había varios escaños en el
centro, en dos planos diferentes, y una gran mesa. Al
fondo, tres sillones detrás de la presidencia, el del centro con el respaldo más alto que los otros. En el rincón opuesto, una báscula y un larguero graduado, para
tallar. La sala tenía una luz de oficio, cruda y enton-
tecedora.

Esperó un instante, paseando, y a poco apareció por
otra puerta disimulada en el tapiz del fondo, bajo el
dosel, la figura de un hombre joven, muy vigoroso.
Mr. Witt se dijo: «Aparece como los héroes de las
efemérides patrióticas.» Y, por dentro también, sonrió.

—¿Señor Gálvez?

El desconocido negó con la cabeza y le indicó la
puerta:

—Pase usted.

Volvió a recorrer un largo pasillo que terminaba en
una salita con los muros de piedra casi desnudos, un
canapé parecido al de su despacho, una ventana rasgada que dejaba ver el grosor del muro y una mesa con
la clásica escribanía de bronce: tintero en el centro,
salvadera en la derecha y campana en la izquierda. Junto a la mesa había un hombre cuya primera impresión
no era humana, sino botánica. Mr. Witt tardó en
poder concretar aquella impresión hasta dar con la
imagen:

—Es un árbol. Ese hombre es un árbol.

El árbol, de pie, se le venía encima con su sonrisa,
sus barbas negras que le cubrían el pecho abombado.

—Pase, Mr. Temí que no viniera.

Mr. Witt hizo un gesto ambiguo, más de acatamiento que de amistad. La voz de aquel árbol le coaccionaba. Tenía una gravedad de doble y triple registro, como los órganos de las catedrales.

—Nosotros, los bárbaros, necesitamos de usted. ¿Somos o no los bárbaros? Me gustaría oírle a usted su opinión franca sobre nosotros.

Mr. Witt se disculpó con un «¡oh!», en el que no se sabía si protestaba o no. Si se adhería o no. Miró a su alrededor y comprobó que no había nadie.

—Estamos solos—le dijo Antonete—. Siéntese y a mí permítame tumbarme, porque llevo cincuenta y tantas horas de pie.

Se dejó caer en el canapé. Sus barbas le cubrían el hombro izquierdo, sobre el que volvía la cabeza para hablarle. El árbol, derribado, tenía la misma dignidad que erguido. Era una dignidad aprendida en las selvas y no en los salones. Sin embargo—¡cosa extraña!—, Antonete poseía unos ojos grandes, de mirar suave y casi dulce. Mr. Witt, viéndolo tumbado, recordaba un Neptuno del British Museum.

—Para el Gobierno de Madrid lo somos, desde luego, ¿eh?

Antonete le miraba, esperando adivinar por un gesto de Mr. Witt su disposición de ánimo. El inglés, al principio impávido, sonrió al fin. Sonreía quizá del error del Gobierno. Aquello le bastó a Antonete, que añadió, incorporándose sobre un brazo:

—Me alegro de que no lo piense usted.

Pero el caudillo quería algo más:

—Mr. Witt. Están sucediendo cosas que obligan a todos los ciudadanos a tomar partido en pro o en contra. Yo no quiero saber de usted si está con nosotros o contra nosotros. Un extranjero tiene derecho a reservar sus opiniones. Pero quisiera saber si está usted enterado de que hemos dado a un fuerte el nombre de un miembro de su familia, el héroe Carvajal, asesinado hace cinco años por la reacción.

Mr. Witt contestó con cumplimientos fríos. Antonete lo miró a los ojos. Había en aquella mirada intervalos de firmeza y de un amor extraño y poderoso.

—No quisiera oírle palabras correctas, sino palabras calientes y sinceras, aunque nos mortifiquen. ¿Le agrada a usted ese recuerdo de nuestros bravos voluntarios a Carvajal?

Mr. Witt replicó, sin perder su aire de reserva:

—Es un homenaje a su memoria, y mi esposa y yo lo agradecemos.

Antonete soltó a reír. Pensaba que no lograría sacar al inglés de aquella fraseología «de oficio». Mr. Witt no comprendió aquella risa y se encerró más en su concha. Antonete lo trataba como si lo conociera de toda la vida. Ante un desconocido el caudillo debía tomar siempre esa actitud espontáneamente, sin premeditación. Mr. Witt veía en aquello una fuerza elemental—¡esas fuerzas primarias!—y pujante. Antonete le alargó una caja de cigarrillos, encendieron los dos y se quedaron un momento en silencio. El árbol volvió a caer sobre su espalda. Abajo, en la calle, se oía redoble de tambores. Antonete dijo:

—Es el regimiento de Iberia que entra. Venía para embarcar en el *Almansa*, pero se ha sublevado antes de llegar a Cartagena y está con nosotros. Hoy por hoy, Mr. Witt, somos invencibles.

Lo volvió a mirar a los ojos y añadió, espiando el efecto de sus palabras:

—A no ser que intervinieran potencias extrañas.

Mr. Witt advirtió que, si no hablaba en seguida, Antonete lograría adivinar en sus ojos una posición concreta.

—Quizá—indicó—haya potencias interesadas en sostener al Gobierno de Madrid.

—Francia, desde luego que no—se apresuró a decir Antonete—. Claro es que la simpatía de Francia nos cuesta el odio de Alemania. Pero—y volvió a erguirse—ni Alemania ni Inglaterra juntas nos vencerían ya. Tendrán más cañones y mejores, pero los cañones sirven de poco contra las ansias de redención de todo un pueblo.

Mr. Witt se vio otra vez ante lo elemental: el candor contagioso de los caudillos. Esta vez fue él quien sonrió:

—Las ansias de redención no representan gran cosa ante las flotas blindadas de las grandes potencias, señor Gálvez.

Gálvez se sentó:

—Opino en cierto modo como usted. En la vida todo consiste en un juego de fuerzas. En la vida física y en la moral. ¡Pero también es una fuerza el sentir del pueblo, el pensar de sus jefes! Con las manos en los bolsillos un pueblo encendido de fe puede hacer grandes cosas, señor Witt.

El ingeniero no lo creía. Antonete siguió:

—Es una fuerza la decepción del campesino y son una gran fuerza incluso las lágrimas de una mujer por el hijo llevado a la guerra del Norte. Es una fuerza también el hambre de los niños. El hambre de esos pilluelos de Santa Lucía y Quitapellejos, a los que se saca usted de delante dándoles una moneda, es una gran fuerza. Nada se pierde en las relaciones sociales, en las condiciones de vida, como en la Naturaleza. Todo se transforma, todo se busca y se compensa. No tenemos miedo a los cañones de Inglaterra, Mr. Witt. Cada granada creará el llanto, el luto y el odio en dos o diez familias. Y ese llanto y ese odio acabarían por fundir los blindajes y los cañones. La diferencia entre su manera de ver y la mía es bien simple: yo creo en el hombre. Usted cree en la fuerza que el mito religioso, el mito aristocrático, el mito imperial se han organizado a su alrededor. Pero al final el barro de la Biblia, el hombre salido del barro, dará su forma permanente a las sociedades, Mr. Witt.

El ingeniero veía con gusto que el diálogo político iba derivando a la filosofía.

—Pero esos mitos ¿no han sido creación del hombre? ¿No podrán volver a ser creados espontáneamente por el hombre mientras haya uno solo sobre el planeta?

El caudillo negaba con la cabeza. Sus barbas tenían brillos metálicos, como las olas del mar.

—El hombre no ha creado esos mitos, sino el anti-hombre. Han salido de lo inhumano, de lo primitivo. Son supervivencias del tiempo en que el hombre era un animal intermedio entre la fiera y el ser racional. La hiena luchaba contra la hiena y el hombre contra el hombre. Pero hace muchos siglos que el hombre ha aprendido el amor y la solidaridad. Y ese hombre lucha contra los que siguen ignorándolo y cada día la lucha será más feroz. La solidaridad y el amor han transformado la lucha de la hiena contra la hiena en la de un sector social contra otro sector antisocial. Y no crea usted—advirtió, subrayándolo mucho—que soy internacionalista.

Mr. Witt se apresuró a negar. Veía en aquellas frases unción bíblica, desatado idealismo. No concebía así el pensamiento de un socialista.

—No soy socialista—añadió Antonete—prácticamente, aunque en el fondo esté de acuerdo con ellos. No soy socialista porque no son momentos para utopías.

—Teniendo toda la fuerza se puede pretender todo.

Antonete vaciló, disgustado.

—Sí—contestó—, tenemos toda la fuerza, pero sobre unas condiciones determinadas. El miembro que habría que cortar está muy sano todavía. Al lado del pueblo luchan generales y próceres idealistas. Tiene que ser así, y en ellos ciframos una gran parte de nuestra seguridad en el triunfo. Esos hombres decidirán a pactar a las hienas de Madrid. De otra forma nos saldríamos de las condiciones sociales del momento.

Míster Witt quería hacer una pregunta, pero no se atrevía, y Antonete la adivinó y la contestó:

—El pueblo lucha al lado de estos próceres. No lo engañamos. Sabe muy bien adónde vamos.

—Yo creo que lucha conscientemente por unas cuantas personas. Por usted.

—Sí—concedió Antonete—, en cuanto yo represento el pan y la libertad. El pueblo no se equivoca nunca.

En París han luchado por el pan y la libertad también,
y, a pesar de los fracasos, gran parte del terreno ganado no se pierde ya nunca. Nos acercamos, Mr. Witt,
al fin—añadió jovialmente—. El amor y la solidaridad
van obrando milagros.

El ingeniero lo creía también en el fondo. Pero a
través de otros procedimientos, de otras ideas. Creía
que la ciencia, a lo largo de los siglos, lo alcanzaría
todo. No lo dijo porque adivinaba los argumentos que
le opondría Antonete, y si le decía que la ciencia en
el Estado actual era un mito inferior, al servicio de los
grandes mitos antes citados, Mr. Witt se encontra-
ría ante una definición dogmática de esas que cierran
una esclusa entre dos conciencias, y como Mr. Witt
era un hombre muy correcto, no quiso plantearlo.

—Ya sabe usted, Mr. Witt. No queremos sangre.
Si se nos ataca, nos defenderemos. En los procedimientos seguidos hasta ahora todo ha sido limpio y correcto. Vamos al pacto.

—¿Con las hienas?—preguntó Mr. Witt sonriendo.

—Si es preciso, con las hienas. Las pondremos en el
dilema de pactar o morir aplastadas. Pero quiero el
pacto.

Mr. Witt creyó ganar terreno:

—Sólo es posible el pacto entre fuerzas semejantes.

Antonete echó el humo al techo con violencia, lo miró
con aquella expresión mixta de rudeza y de amor, y
se levantó. Mr. Witt vio que la fuerza elemental no
quería seguir empleándose en filigranas.

—¿Quiere usted que me defienda, que le explique por
qué nosotros no somos hienas? Usted es muy inteligente, Mr. Witt, y no necesita esas explicaciones. Pero,
además, usted pasa del concepto moral al político.
Y así sería difícil entendernos. Yo le pido que piense despacio en todo esto. Quizá hoy mismo, y si no
mañana, vendrá de Madrid un acuerdo situando fuera de la ley a nuestros soldados, a los que llamará fora-
jidos. A nuestros barcos, a los que declarará piratas.
Será poco inteligente, pero muy probable, a pesar de

la dulzura del señor Pi y Margall. Para ese instante nosotros necesitamos su ayuda. No me conteste usted. No necesito que me conteste. Yo me limito a decirle que Mr. Turner es un funcionario indeciso y que usted puede decidirle. Esto es todo.

Era su acento cordial, de despedida. Mr. Witt se despedía también, con la mirada sonriente, pero hermética. Vaciló un instante. ¿Qué diría? Pero Antonete no esperaba ya sus palabras. Mr. Witt alargó la mano y Antonete la rechazó y le dio un abrazo.

—Permítame que abrace a un familiar de Carvajal, del héroe muerto por el amor y la solidaridad humanos.

El árbol se desplazó y fue a su lado hasta la puerta. Ya allí rogó al inglés que le pusiera a los pies de su esposa y se inclinó de nuevo, sin corresponder a la sonrisa del ingeniero.

Mr. Witt salió a la calle con una impresión de molestia y falsedad. Estaba disgustado de sí mismo. Antonete le había abierto el pecho. Mr. Witt se sentía subyugado por aquella violenta franqueza, en la que encontraba cierta distinción espiritual e incluso una ruda elegancia. Pero resistía sordamente contra todo aquello. En la acera alguien había desahogado su vientre. Dio un rodeo para no manchar sus zapatos y contuvo la respiración.

—Eso es —se dijo— lo primario, lo simple, lo instintivo. Quizá no sea más que eso lo que defiende Antonete.

Pero al llegar a su casa se encontró con su mujer, que era todo eso también y que, sin embargo, resumía bajo una extraña armonía, muy personal, toda la gracia del mundo.

Mr. Witt quedó perplejo.

8

Otra madrugada de un día de julio se levantó y volvió cautelosamente a su despacho mientras dormía Milagritos. Estaba el balcón abierto y no encendió la luz

porque entraba la luna, reforzada, además, en intervalos regulares por el faro de San Julián. Abrió todos los
cajoncitos del bargueño, sin hallar nada. Pequeños recuerdos relacionados con la historia de sus amores ma-
trimoniales. Un mechón de pelo rubio. Dos puntas de
cigarro sucias, guardadas en papel de seda. Iba a com-
probarlas, febrilmente, al balcón. Como vio algo escrito
en los papeles que las envolvían encendió la luz. Eran
fechas. Una en cada papelito. Volvió al bargueño, dejó
las reliquias donde las encontró y siguió registrando.
Mr. Witt se desdeñaba un poco a sí mismo en aquellos momentos, se sentía el «Mr. Güí» del encuadernador y de los subalternos de la Maestranza. Seguía in-
vestigando con celeridad, desdeñando las pruebas de
amor. «Ya sé que me ama. Son quince años sabiéndo-
lo»—se decía—. Y buscaba ansiosamente pruebas de lo
otro, de la traición. Porque no podía dudar Mr. Güí
en aquel instante—arrodillado bajo el dibujo en busto
de su abuelo—, no podía dudar siquiera de que Milagritos no hubiera necesitado completar su vida de algún modo con otro ser. Con otro hombre primario
como ella, pero absorbente; inmenso y simple como
Carvajal, como Antonete, como la noche y el mar.
Mr. Güí se detuvo un momento. Le disgustaba su propia prisa, sus precauciones. Pensó, sin que el pensamiento llegara a cuajar, que en todo aquello, en su
propia ansiedad, había algo aventurero—una aventura
del alma en las que para Emerson estaba todo—, pero
recordando las del desalmado abuelo Aldous no se atrevió a compararse con él.

El mueble era historiado. Estaba hecho de laberintos y sorpresas. Las buscaba afanosamente, sin encontrarlas, y cuando menos lo esperaba, merced a un con-
tacto casual de sus manos con algún resorte, se abrió
una tapa de laca y cayó un manojo de cartas. Las primeras eran suyas. Las demás de Froilán. Las separó y
se fue a la mesa apretándolas codiciosamente en sus
manos. Eran cartas antiguas de quince y veinte años

atrás. También las había recientes. La última estaba
fechada en 1869.

—El año de su muerte—se dijo Mr. Güí.

Y leyó afanosamente, subrayando frases e intenciones:

«Querida Milagritos: Soy doctor en Filosofía y Letras y notario. El mismo día que he logrado la plaza
he tenido que huir. No me van a dejar ejercer, ni quiero. Tu primo haría muy mal notario. Te escribo con el
alma llena de recuerdos de Lorca, de la cocina con sus
maderas obscuras teñidas por el humo y las consejas
de los viejos, de nuestros abuelos; te escribo con el
deseo de pasar una temporada contigo en tu casa, lejos del mundo. Y no es que tenga motivos para sentir el cansancio y el aturdimiento de una vida social
a la que esté entregado; no pienses eso, porque te equi-
vocas. No hago vida social ninguna. Ya te digo que el
mismo día que me examiné tuve que huir y esconder-
me. Llevo dos meses en casa de unos correligionarios,
que me atienden bien. No puedo salir como no sea para
irme de Madrid, con alguna seguridad, a algún sitio
desde donde pueda embarcarme. Todo va mal. Narváez
reconoce que soy un buen poeta, «al que hay que ahor-
car». Y no creas que esa bestia apocalíptica se contenta con las frases. ¿Sabes cuál es mi delito? Haber apa-
recido mi nombre en los papeles que llevaban en los
bolsillos cinco revolucionarios, a uno de los cuales (un
chico de veintitrés años) han fusilado anteayer. Y menos mal que lo han matado de pie y no con el cepo
en el cuello, que es el sistema que prefiere N., lo que
revela que es un hombre de sensibilidad, aunque la
sensibilidad le sirva para distinguir lo más vil y pre-
ferirlo.

»Conviene que a partir del día 27 vaya a Murcia con
un caballo el viejo R. todos los días y que espere a la
hora que sabe en el sitio de otras veces. Tengo ganas
de pasar unos días solo (tú no eres nadie, en este caso,
Milagros) para pensar y concentrarme. Estoy consumi-

do por las dudas y la desorientación. Ultimamente ha
habido traiciones y en cada una de ellas se le llevan
a uno un poco de fuerza. Pero ahí la recobraré toda.
Quiero estar solo. ¡Solo! Necesito estar *completamente
solo* para señalar el rumbo definitivo de mi vida. Sé
que podré conseguirlo en Lorca, durmiendo en las sábanas que huelen a membrillo y comiendo en los manteles que huelen al cuidado de tus manos—a manza-
nas reinetas—; pero, sobre todo, paseando y leyendo
en el cuarto de arriba, el de la ventana que da a la
huerta.

»Espérame sobre el día 8 del próximo lo más tarde.
¡Qué versos me cantan ahora en el corazón! Versos de
soledad y alejamiento. Lejos, lejos, lejos...

Tu *Froilán*.»

Mr. Witt—Mr. Güí más bien—calculó mentalmente:
«Ella tenía entonces quince años y él veintiocho», y
luego dijo casi en voz alta: «No es la càrta de
un amante.» Para añadir poco después, comenzando
ya otra: «Es la carta de un loco semiconsciente que
pide soledad y ausencia.» Lo veía desmelenado, frené-
tico sin motivo, con sus grandes ojos pasmados, que
sólo se debían iluminar para la blasfemia o para la
frase de amor. La carta siguiente estaba fechada en
Valencia:     ·

«Milagritos: ¿Qué dices? ¿Tú sabes que nada tiene
valor en el mundo si no está sazonado por la verdad
y la justicia? En Lorca debéis atender a todos los nuestros, darles pan, dinero, lo que tengáis. La tía que se
calle o que refunfuñe. A veces la odio y si sigue así
me pondrá en el caso de no responder de. mí. No os
quemarán la casa. Los absolutistas no irán, y si van
ya me enteraré yo. Hasta donde llegan las razones, se
razona. Allí donde no llegan palabras llega el plomo,
y al coronel ese a quien tanto miedo tiene tu tía (¡qué
egoísmo!, veo que sería capaz de llevarte a ti a su alcoba a cuenta de que le dejara en paz con su maíz y

sus onzas), a ése le cantaremos la palinodia antes de poco.

»Yo, bien. No me falta lo preciso. Ya sabes lo que te dije el año pasado, cuando estuve ahí. He encontrado el camino y nadie me separará de él. Es duro y áspero, pero lleno de satisfacciones interiores. Sin embargo, me río cuando recuerdo que tú querías venir, aunque fuera vestida de hombre. A mí no me parece mal. Hay por aquí personas «vestidas de hombre» que merecen las faldas mejor que tú. Pero tu puesto está ahí. Consérvate bonita para ser el premio de un héroe de los nuestros. Tuyo, *Froilán.*»

Y después una posdata:

«A ver si es posible que esté yo tranquilo pensando que los compañeros que pasan por ahí encuentran lo necesario. Díselo a la tía de mi parte, y al coronel que lo mande a la m...»

La carta llevaba fecha de año y medio después. Mr. Güí se dijo: «Milagritos trataba de inquietarle con el peligro del coronel, que sin duda le hacía la corte o le había demostrado su afición de alguna manera. Pero Carvajal no se daba cuenta.»

La carta siguiente, con fecha de dos años después, decía algo revelador:

«Me parece muy mal lo que me dices. Eso de consagrarse por vida a una causa está bien en nosotros. Vosotras debéis consagraros a un hombre ennoblecido por la causa que sirve. ¿Comprendes la diferencia? Pero eso pocos hombres lo alcanzan y menos aún lo merecen. Mira a tu alrededor, Milagritos, y ve calculando y tanteando sin dejarte cegar. Las pasiones nos arrebatan, nos arrancan de nuestro ser y nos llevan a la muerte. La cuestión está en ir más a gusto que nadie. Acuérdate de aquella tarde junto al balcón, cuando lloraste tanto. *Tú has encontrado ya tu camino*—me decías—. *¿Por qué no me lo encuentras a mí?* Ese camino se lo encuentra cada cual, Milagritos. *Llévame*—me pedías—. ¿Adónde? ¿Sé yo mismo a dónde voy? Sólo sé que veo a mi alrededor el hambre, la enfermedad, el dolor, la injusticia, el crimen. Y que huyo de todo eso por el único camino que hay para el hombre que pisa la tierra con dignidad. El camino de la lucha a muerte contra los que hacen posible que todas esas miserias se perpetúen. Hay otra manera de huir de todo eso, cerrando los ojos y rodeándose de muros con tapices, de holandas y finos vidrios. Esa no es la mía ni es la que tú querrías para mí, ¿verdad? No hay paz en la tierra ni la habrá ya nunca. El que se encierra entre tapices y cree que a nadie combate y de nadie debe temer está equivocado. Debe temerlos a todos. No seré yo de esos perros de cabaña que guardan el aprisco y comen el mendrugo en paz. Son los traidores de los lobos y los esclavos de los amos. Ni traidor ni esclavo, Milagritos. Prefiero el papel del lobo. Como el lobo vivo y, si es preciso, como el lobo—dando la cara—moriré. En los días que estuve en tu casa lo pensé todo. La tarde aquella, junto al balcón—ya ves cómo la recuerdo, cómo destila dulces acentos sobre mi alma—tuve que cerrar los ojos y apretar los dientes muchas veces para no verte, para no oírte. Quizá desde entonces hayas vuelto a llorar allí mismo y a la misma hora. Me duele, pero al mismo tiempo me conforta, me abre resquicios azules en el cielo cerrado bajo el que vivo con los míos. Yo te quiero bien, Milagritos. Creo que el mejor cariño es este que nos permite abrir de par en par nuestra conciencia, sin cuidados, sin recelos. A mí me gusta poder decírtelo todo. Y por eso te digo que me gusta que llores alguna vez acordándote de aquella tarde.»

Mr. Güí no siguió. Miró la fecha. Era tres años antes de casarse con él. «No hay duda—se decía no muy sagazmente—. Milagritos tuvo alguna inclinación por Froilán antes de casarse conmigo.» Siguió leyendo con avidez. Lo demás era una serie de indicaciones geográficas y cronológicas, al final de las cuales apuntaba

Froilán la posibilidad de volver a recalar en Lorca. Mr. Güí observó manchas de tinta corrida por las lágrimas; bajo aquellas manchas el papel aparecía abombado. Mr. Güí estaba más tranquilo. Hubiera dado, sin embargo, toda la estimación social que tenía en Cartagena por una sola de las cartas de Milagritos. Pero las cartas de ella debieron perderse para siempre, como Froilán. Mr. Güí siguió leyendo, más sereno y reposado (él a lo que tenía miedo era a encontrarse las cartas cínicas del placer, las cartas del vicio y de la burla).

«Diles que mienten—decía otra carta contestando a correo seguido a Milagritos—. Mienten si te dicen eso. He tenido en mis manos a enemigos míos. A enemigos que no sé lo que harán conmigo mañana si me atrapan a mí. Para poder salirse del camino real y volver un día a ese mismo camino con la cabeza levantada hay que saber distinguir a los causantes del mal —los verdaderos culpables—de los que no hacen sino seguirles por miedo o por inconsciencia. Yo he tenido en mis manos a muchos de estos últimos. Y no he fusilado a uno sólo. Nada me importa lo que piensen los demás; pero no quiero que tú tengas un motivo de duda sobre la limpieza de mi corazón. Si cayeran en mis manos los que tú sabes, ni uno sólo de ellos salvaría la cabeza. Pero sus víctimas tienen bastante con serlo de ellos para que lo sean mías también. Ni con Prim, ni después, en lo de Valencia, me manché las manos. Somos implacables con el que nos ataca, dignos con el que nos vence y piadosos con el vencido. No creas nunca a la taifa de los que cuidan el prostíbulo de Isabel. Esta vez tendrán que bajar la cabeza.»

Mr. Güí se saltaba las frases donde hablaba de política o daba referencias de lugar y de tiempo en relación con sus correrías. Buscaba sólo las palabras del alma, aquellos párrafos donde bajaba el estilo hasta la media voz de la ternura. Buscaba en ellos no el

espíritu de Froilán, ya perdido en la nada, sino de
Milagritos.

Pero cada vez las cartas abundaban más en referencias políticas, en noticias. Quizá Milagritos había hecho desaparecer las otras, las cartas comprometedoras.

«Estoy en las ruinas de un castillo, a día y medio de Alcoy. Espero una noche propicia para marchar allá, donde hacen falta partidarios, porque van sobre la población fuerzas del Gobierno. Haremos alto en una aldea (no te doy nombres ni hacen falta) y a la noche siguiente entraremos en Alcoy. Saluda a Jorge y tú recibe un abrazo de *Froilán*.»

Aquella alusión a Mr. Witt y el abrazo le sobresaltaron. Era como si el mismo Froilán, sonriente y noble, entrara en el cuarto y le diera una palmada en la espalda.

Miró la fecha: 1868. Las otras cuatro cartas siguientes carecían de interés. Mr. Güí buscó en vano a través de la nerviosa escritura de Carvajal alguna expresión de ternura, algo que revelara la situación moral de Froilán respecto de su prima. No encontró nada. Milagritos estaba casada ya.

Pero Mr. Güí tenía buena memoria. Recordaba que entre la carta mojada por las lágrimas de Milagritos y la que hablaba de Alcoy Froilán había vuelto a pasar en Lorca dos largas temporadas. Y no era entonces el poeta, sino el conspirador. No salía de casa. Largas temporadas encontrando a Milagritos en las escaleras, en su cuarto, en el desván; recitándole los versos y contándole aventuras. ¿Por qué no se casó con ella? Cuando, ya casados, llegaba Froilán, toda la casa se animaba. Charlaban los dos sin darse tregua. Hacían planes. Iban al teatro y al campo. En aquellas épocas Mr. Witt era, en todo caso, el amante de la noche. El matrimonio perfecto, feliz, eran ellos. Le gustaba alterar los términos de la duda en su imaginación y reservarse el papel que le parecía más airoso. ¿Por qué no se casaron? No lo entendía, pero estaba claro

que un día Milagritos se convenció de que todo era inútil y se casó con el inglés un poco a la desesperada.
Quizá Froilán separaba demasiado, en las cuestiones
de amor, el espíritu y los sentidos. Su conducta, sin
ser licenciosa, era desordenada. Insinuaciones de parientes le habían llevado a la conclusión de que Froilán tenía hijos naturales con tres campesinas en dis-
tintos pueblos de la provincia. En Milagritos había visto a veces una rabia contenida al hablar de esos des-
órdenes de Froilán en los primeros tiempos del matrimonio.

Aunque Mr. Güí no había encontrado «nada de particular» en las cartas (solamente—se decía—cierta inclinación en Milagritos hacia su primo durante la época de soltería en Lorca), aquellas investigaciones no
lo tranquilizaron. Devolvió las cartas al secreter, pero
fueron vanos todos los esfuerzos que hizo para cerrar
la tapadera de laca. Sin embargo, como se ocultaba
dentro de un compartimiento mayor, cuya puertecilla
quedó cerrada, el inglés no se preocupó. Paseó por el
despacho atenuando el rumor de sus pasos en cuanto
lo permitían sus zapatillas de cuero. La investigación
había dejado al Mr. Witt ya viejo—abandonado por
la primavera y azotado por aquel estío lleno de ardores
primarios—en la misma inquietud y la misma confusión de antes. Se detuvo ante la urna y recordó un
episodio, el que resumía ahora, precisamente ahora
—nunca se detuvo a pensar en él antes de ahora—, mil
sensaciones contrarias, confusas, equívocas. El episodio final de la vida de Froilán Carvajal.

Milagritos y Mr. Witt vivían como siempre. El atento a su cuarto de trabajo. Ella a las criadas, a la
modista y a las habladurías del Náutico. Carvajal envió las últimas noticias desde Alicante; las llevó ver-
balmente un redactor de *La Revolución*, periódico cuya
dirección habían encomendado los federales a Froilán
después de hacerle licenciar una partida de trescientos
rebeldes en Agost y de enviar de Cartagena una Comisión de notables republicanos a parlamentar con él

(era bajo el Gobierno provisional que se formó al derribar a Isabel II) para convencerle de que por entonces convenía el sosiego hasta ver lo que sucedía en Madrid. Carvajal accedió y se encargó del trabajo de agitación en Alicante al frente del periódico de los federales. Pero al lanzarse el país, en octubre del año siguiente, precisamente ál cumplirse el aniversario de la caída de la reina, a la revolución, después de sublevar Alicante, salió al encuentro del coronel Arrando, que iba sobre la plaza. El choque se produjo en las cercanías de Ibi, pueblo bastante grande, sobre cuyo flanco derecho apoyó Arrando la caballería. La batalla duró todo el día. Estuvo indecisa en dos ocasiones: al mediodía, cuando Carvajal logró filtrar varias guerrillas buscando la retaguardia de las fuerzas de Arrando, y a media tarde, en una salida descubierta de la caballería de las tropas leales, que sufrieron el fuego certero y nutrido de los rebeldes. Aquella noche el pequeño ejército de Carvajal quedó deshecho y las tropas de Arrando lo persiguieron implacablemente. Al día siguiente, una patrulla se apoderó de Froilán Carvajal.

Gracias a un falso informe sobre Carvajal la noticia de que la vida del conspirador corría peligro llegó a Cartagena cuando todavía no se había librado la batalla de Ibi, o sea con tiempo para intentar salvarle. Milagritos puso a Mr. Witt en camino. El inglés llegó a Jijona en la noche del día siguiente, y sin perder un instante marchó a caballo a Ibi. El falso informe se limitó a adelantar sucesos que habían de ocurrir dos días después. Decían que Carvajal había caído en manos del coronel Arrando y que éste vacilaba entre fusilarlo o enviarlo preso a Madrid. Mr. Witt perdió dos noches en el camino. Cuando llegó a Ibi no tuvo que pedirle audiencia a Arrando, porque sus guardias lo detuvieron y lo llevaron a su presencia. Mr. Witt—dos noches en camino, sin afeitarse—tenía un aspecto incivil y salvaje. Arrando se limitó a identificar su personalidad, y una vez que vio que se trataba de un hombre pacífico le dio un pasaporte para andar por la comarca y lo

echó de su cuarto, sin querer escucharle. Mr. Witt se
encontró en Ibi con un volante del coronel en la mano,
en medio de la noche. Los aldeanos velaban inquietos
dentro de las casas, cerradas. Mr. Witt preguntó a
unos soldados y le dijeron que Carvajal había entrado
en capilla la noche anterior. Pidió que le indicaran la
casa del cura, y se fue allá. No estaba el sacerdote, pero
con el ama había varias mujeres muy puestas de mantilla y saya negra, que hablaban y suspiraban. Acogieron a Mr. Witt con cara de muchas circunstancias. El
inglés se sentó en una silla de enea, lejos del grupo, después de saber por la casera que el cura estaba tratando
de confesar al reo.

Mr. Witt esperó más de una hora. Sería media noche, y las voces lejanas de los centinelas que rodeaban
el pueblo se oían claramente. Mr. Witt, lejos del hogar de Cartagena, con la fatiga del viaje y la larga espera, sentía más la importancia y la gravedad de su misión
que el dramatismo de la situación de Froilán. Estaba en
capilla, ciertamente, pero ¿no lo había estado toda su
vida? En cierto modo creía tener que vencer dos resis-
tencias: la del coronel y la del propio Froilán, que yendo a la muerte violenta iba a lo suyo. Pero como la noción del propio deber era en Mr. Witt tan fuerte como
la pasión de Carvajal y el odio del soldado vencedor,
Mr. Witt se sentía a sí mismo perfectamente centra-
do entre los otros. Mientras llegaba el cura, Mr. Witt
calculó los pros y los contras del carácter del coronel.
Era un hombre apegado a las ordenanzas militares, pero
no serenamente, sino poniendo en ellas el odio y la saña
de los peores momentos del combate. No había en él la
paz del que ha triunfado, sino la sensación de que seguía combatiendo y rodeado de peligros. Por el lado de
la piedad era inútil esperar nada. Cuando le pidió permiso para ver a Froilán el coronel le dijo:

—No tengo nada que oponer si me demuestra usted
que es pariente suyo.

En la documentación de Witt no aparecía apellido ninguno que lo confirmara. El coronel lo despidió friamen-

te, sin oírle. Pero había una fórmula. Mr. Witt confiaba en sus efectos: «Bajo mi responsabilidad puedo
pedir, en nombre del Consulado inglés, el aplazamiento
de la ejecución.» Si la ejecución se aplazaba veinticuatro horas Froilán estaba salvado, porque de Madrid en-
viarían el indulto. Y luego él se las arreglaría con el
cónsul para que aquello no constara en el Consulado ni
trascendiera. Telegráficamente habían pedido el indulto
desde Alicante, y Froilán tenía en Madrid, después de
caer la Corte de Isabel, muchos amigos. Mr. Witt oyó
a las mujeres referir que dos hacendados del pueblo, entre ellos el alcalde, habían ido a Jijona para enviar otro
telegrama pidiendo clemencia. El indulto llegaría. La
cuestión estaba en evitar que la sentencia se cumpliera
al amanecer.

Cuando volvió el cura Mr. Witt se levantó y salió
a su encuentro. Era un viejo de aspecto rudo y bonda-
doso, que entraba muy agitado.

—¡No vol confesá!

Las mujeres hicieron rueda de suspiros. El cura insistió:

—Un esperit descarriat, ofuscat.

Una mujeruca suplicó:

—Toqueli el cor. ¡Que no's veja tanta misseria en nos-
tre poble!

Mr. Witt pensó que aquella resistencia a acatar la
fe de los aldeanos perjudicaba a Froilán, pero se encontró muy sorprendido al oír al cura, encarándose precisamente con él:

—¡Y no es pot permetre que vaja al altre mon sense
confessió!

Después miró al forastero con sorpresa, como si no
lo hubiera visto hasta entonces.

—¿Qui es vosté?

Mr. Witt explicó quién era y a lo que iba. Se vio en
seguida rodeado de aquellas gentes. El cura le hizo comer y beber quieras que no. Después volvieron juntos a
ver al coronel y Mr. Witt se quedó en la puerta del
Ayuntamiento, esperando. La noche, sin luna, se apelma-

zaba alrededor de las casas de baja techumbre. En la de al lado, a través del grueso portalón, ladraba un mastín.

Salió el cura y le indicó que podía entrar. Apenas pisó el umbral Mr. Witt volvió a salir de espaldas para dejar paso al coronel, que quería «respirar el aire libre». Al fondo se veía el cuarto cargado de humo y una mesa con papeles atados en carpetas. El coronel, sin fijarse en el cura ni en el forastero hablaba con un ayudante y tras ellos salieron dos brigadas con el ros en la mano. El coronel no escuchaba. Hablaba él solo:

—¡He dicho que no! Si no hay más que dos hornos en el pueblo se requisan todas las despensas particulares.

Una voz volvía a susurrar a su lado, pero sólo se oía al coronel:

—¿Por qué se ha ido sin mi permiso? ¿Quién es el alcalde para moverse del pueblo sin mi permiso? Si a las siete no hay pan para todos los soldados le impondré un correctivo.

Estaban tan preocupados por la intendencia—se dijo el cura—que el caso de Carvajal apenas tenía importancia. Se acercó Mr. Witt y fue el coronel quien se adelantó a hablarle:

—Ya me ha dicho aquí—indicó al sacerdote—que el reo se niega a confesar. Lo siento, pero si se va a los infiernos será por su gusto. Yo nada puedo hacer en esta cuestión.

Negó permiso a Mr. Witt para verlo, insistiendo en los mismos argumentos. El inglés habló de humanidad y piedad y el coronel, sin contestarle a él, le dijo al cura que por su mediación podía comunicarse el forastero con el reo. El cura suplicó, y el coronel, que gustaba de contestar indirectamente, por lo visto, dijo al ayudante:

—Voy a acostarme. Puedo dormir tres horas quizá. Si viene algo de Madrid me lo traen.

El coronel llevaba un cigarrillo encendido y quería acabar de fumarlo paseando. Se veía que no había pensado de ningún modo en aplazar la ejecución. Antes de retirarse preguntó al ayudante si estaba todo dispuesto y el ayudante le dijo que sí.

Mr. Witt se había quedado en el umbral, inmóvil, va-
cilando, sin volver a hablar al coronel. ¿Por qué vaciló?
Todavía, cinco años después, no había *podido*, es decir,
no había *querido* explicárselo. Mr. Witt siguió en el
umbral mientras el cura entró en el salón de sesiones,
que era donde habían puesto un crucifijo, con velas encendidas y un misal abierto. Había centinelas de vista
y la única ventana de la sala, que daba a un corral, estaba tomada por una guardia doble: un soldado mirando hacia adentro y otro hacia fuera, con machete calado. En la puerta había también dos centinelas. Mr. Witt
oía cantar los primeros gallos de la madrugada.
Cuando salió el cura, Mr. Witt se acercó y le acosó
a preguntas. El cura le dio un sobre abultado, lleno de
pequeños objetos, y otro con una carta dirigida a él,
pero encabezada con el nombre de Milagros.

—Se ha *emocionado* mucho al saber que *vosté* había
llegado—dijo el cura hablando castellano con dificultad—. Me ha encargado un *abraso* para *vosté*.

El pobre viejo se lo dio. Quería cumplir el encargo al
pie de la letra. Mr. Witt tuvo valor para sonreír y
pensar: «Si le encarga un millón de abrazos me los da
también.» Se le había ocurrido esa idea—una irreverencia—después de leer el nombre de Milagros en la cabecera de la carta. ¿Por qué? Ahora se lo explicaba, pero
nunca se había detenido a aclarar el origen de unas ideas
tan extemporáneas. El cura le explicaba:

—*Dise* que es *vosté* como un hermano mayor y que
*vosté* y la *seva dona* conserven la *bona* estima que *sem-
pre* les ha tenido.

El cura lloraba. Rogó a Mr. Witt que intercediera
para que se confesase y Mr. Witt cometió la imprudencia de decir que no quería violentar su conciencia.
El cura perdió una gran parte de su entusiasmo por
el forastero y se limitó a escuchar, sin comentarios, las
palabras esperanzadoras del inglés:

—El indulto es seguro. Dígale que todo el mundo se
ha movilizado para obtenerlo.

Pero Mr. Witt no creía en esas palabras. Su concien-

cia, la que se había amoldado a los hábitos sociales
de cada día, había ido hundiéndose y aparecía otra, la
de las horas excepcionales. En ella no había sino sombras desconocidas, que le imponían palabras e ideas a
veces desconocidas también. Mr. Witt sabía que el indulto no llegaría a tiempo, porque el coronel tenía mucha prisa. El cura le dijo:

—¿Qué *hase vosté?* Vaya al coronel, arrodíllese y lló-
rele. Vaya al coronel. *Dise* que se iba a la cama, pero es
mentira. Quiere que lo dejen en *pas.* Vaya *vosté,* hombre.

Mr. Witt fue hacia donde creía haber visto desaparecer al coronel. Se acercó a un portal. Estaba entre-
abierto. Cuando iba a entrar pensó en Milagritos, que
lloraría desmelenada sobre la almohada. Se detuvo. Al
lado, a través de una puerta, una mujeruca desvelada
contaba horrores a su marido. Por algunas frases sueltas—hablaba en valenciano—comprendió que se trataba
de referencias tremebundas de la batalla. Mr. Witt hubiera subido, pero el recuerdo de Milagros llorando
sobre la almohada lo contuvo. Y allí se quedó vacilan-
do. ¿Por qué vaciló? Ahora lo comprendía, pero no quería analizar aquellas razones. Bastaba con intuirlas y dejarlas en donde estaban, en la media sombra de lo posible. Cuando pensó que había transcurrido un plazo
prudencial volvió a la puerta del Ayuntamiento. El cura
no estaba. Mr. Witt se dirigió otra vez a la abadía
más por moverse y hacer algo que por encontrar al
sacerdote, a quien tendría que mentirle si le preguntaba
por su entrevista con el coronel. En la calle, cerrada a la
derecha por una tapia de adobe cubierta de verdín, estaba uno de los hornos de pan. Los resplandores rojizos
daban en la tapia, cruzando la calle en sombras cada
vez que los soldados de intendencia abrían la puerta de
hierro para meter masa o sacar panes cocidos. Voces
jóvenes reían en el umbral. Un poco más abajo sonaba
como la respiración acelerada de un asmático, el ir y venir del cepillo de un carpintero. Mr. Witt se asomó
a la puerta, que estaba abierta. En el suelo, tres tablas
clavadas adoptando una forma inconfundible. Sobre el

banco del carpintero, una larga tabla de pino para ser
ensamblada a otras dos. Entre todas formarían una caja
alargada, cuya sección era exactamente un hexágono.
Mr. Witt contempló aquellas tablas ensimismado hasta que el carpintero levantó la cabeza. Mr. Witt saludó excesivamente, tocándose el ala del sombrero, lo que
no dejó de extrañar al artesano. Aunque Mr. Witt sabía
a qué atenerse, preguntó:

—¿Ha muerto alguien?

—Han muerto *molts homes*—dijo el carpintero en un
castellano defectuoso—, pero *vesino ningú*. Esta *caixa* es
*pa* un *foraster* que *encara* es vivo.

En el acento del carpintero había tristeza y reserva.
Mr. Witt repitió sin fe palabras que le sonaban bien:

—Seguramente lo indultan.

El carpintero alzó los hombros, pero no era el suyo
un gesto de indiferencia:

—*Meillor*. No soy hombre *pa* alegrarme de la *morte* de
un *semexant*.

Hacía su trabajo con desgana. Mr. Witt veía ir y
venir el cepillo arrancando virutas de un costado para
poderlo ajustar. «No soy hombre para alegrarme de la
muerte de un semejante.» Tampoco Mr. Witt. Pero ¿por
qué aquella explicación? ¿Qué necesidad tenía Mr. Witt
de hacerse una confesión tan sobreentendida siempre? El carpintero seguía cepillando. Fuera, la noche
rural pesaba sobre los cardos secos, sobre el relente de
la hierba. En la calle también había hierba mojada y
Mr. Witt sentía frío en los pies. No quería pensar en
Carvajal. No debía salir de aquella integridad moral
suya para perderse en análisis que irían desintegrándole
a él, a Mr. Witt, por dentro hasta dejarle hecho un
confuso mosaico. Tenía miedo al análisis y no analiza-
ba. Los ojos le daban la imagen de aquellas tablas y en
seguida la conciencia moral llamaba a la imaginación y
el inglés veía a Froilán, a quien tantas veces había abrazado, metido en la caja, empaquetado entre tablas, con
sus humores escapando por las junturas. Mr. Witt huía
como podía de esas imágenes. Pero el cepillo del

carpintero no era tan elocuente como el martillo. Adaptadas dos tablas, las unió con clavos. Los martillazos sonaban secos al principio y huecos al final, cuando golpeaban a un tiempo el clavo y la madera. Aquella sonoridad era un llamamiento desolado al horror. Mr. Witt quería marcharse, pero siguió allí hasta que el carpintero, adaptando las dos mitades de la caja, vio que coincidían. Entonces no pudo resistir más. Siguió hacia la casa del sacerdote y trató de curarse con una especie de vacuna moral. Con la misma imaginación que lo perturbaba: «También—se dijo—un carpintero ha de trabajar para mí lo mismo que ése.» Así superó, en cierto modo, el horror de Carvajal, elevando todas aquellas impresiones a un plano fatalista más cómodo. Pero antes de llegar a la abadía retrocedió, dispuesto a hacer la gestión decisiva con el coronel. Subiría a su cuarto, haría que lo despertaran y le plantearía la cuestión: «Bajo su responsabilidad y en nombre del cónsul.» Era una fórmula infalible cuando se trataba nada más que de obtener un aplazamiento.

Pero volvió a quedarse en el umbral, porque la voz de la misma vecina—voz agitada, aterrada y llorosa—le recordó otra vez a Milagritos: «Tu mujer llora ahora sobre la almohada.» No pasaba del umbral. Se fue al Ayuntamiento. En la puerta, el cura repetía a un teniente:

—¡No vol confessá!—y miraba al cielo, temiendo ver amanecer en cualquier instante.

Los gallos seguían cantando. El teniente acogió a Mr. Witt con una curiosidad a veces respetuosa y a veces insolente. El cura preguntó al inglés si había visto al coronel y Mr. Witt dudó un instante, y sin afirmar ni negar hizo un gesto de desesperanza. El cura preguntó al oficial cuándo tocarían diana y éste consultó su reloj.

—Dentro de media hora.

—¡Pero encara no amanese!—advirtió el cura.

—No importa. Cuando amanezca debe estar todo dispuesto.

El cura se frotaba las manos con impaciencia. El alma de aquel hombre se le iba a escapar. Acostumbrado ya

a lo dramático hablaba del alma que se le iba tranquilamente, como si se le fuera un gallo del corral. Mr. Witt
percibía lo grotesco del cura desde su doble fondo
de protestante. El sacerdote le preguntó:

—¿Ha leído *vosté* la carta?

Mr. Witt estaba indeciso, absorto, atento al desen-
lace de la vida de Froilán. Todo lo demás le interesaba
secundariamente. Quizá el indulto, si llegaba, le sorpren-
diera. Dijo que no la había leído porque no había luz. El
oficial le invitó a pasar al cuerpo de guardia; pero
Mr. Witt, siempre indeciso entre el deseo de leer la carta
de despedida—la ritual carta de todos los reos—y la
coacción constante de su propia imaginación, se quedó
en el umbral. El cura lo miraba sin comprender. Acabó
por pensar que aquel hombre no era pariente ni nada
y estaba suplantando a algún verdadero pariente. Lo que
impedía a Mr. Witt leer la carta era la siguiente reflexión: es una carta para ser leída «después», y va dirigida a Milagritos.

Con eso, Mr. Witt se quedó en el umbral. Aparte
cualquier razón, el umbral era lo que más le gustaba en
todos los casos. La indecisión se agudizó más al amanecer. Cuando vio con toda claridad las casas, las calles,
los rostros de las gentes, Mr. Witt comprendió hasta
qué punto aquello era irremediable. Habían tocado diana y el fragor de la soldadesca desfilando con las game-
llas del desayuno y formando bajo las voces de sargentos y oficiales le hizo ir retirándose poco a poco otra
vez hasta la casa del cura. En el taller del carpintero la
tarea había terminado. La caja, de pino, sin forrar, tenía
una cruz negra encima. En la tapa, hileras disciplinadas
de clavos nuevos, se erguían formando la guardia. Debían ser remachados luego, más adelante, cuando hubiera que cerrar definitivamente. «Después.»

La mañana amanecía fría y gris, con cirros de nácar
por Oriente. Mr. Witt llegó a la abadía y volvió a sentarse en la misma silla de enea. Por el balcón, con ante-
pecho de madera torneada, asomaba el cielo con los
cirros lejanos. Las cornetas sonaban, contestándose, de

un extremo al otro del pueblo. En la habitación no había nadie, pero pronto llegaron las mismas mujeres con varios campesinos. Todos se afanaban por el indulto. Un labriego decía pesimista, refiriéndose al coronel:

—No' y vol sabé rés.

¿Y el alcalde? ¿No volvía el alcalde? ¿Cuándo volvería el alcalde?

Mr. Witt se sentía incómodo. La gente cuchicheaba; le miraban de reojo. Tenía una expresión concentrada y quizá repelente, como en aquellos tiempos de Cartagena en que le llamaban *el Senizo.* Mr. Witt miraba a través del balcón para huir de la atmósfera densa de los campesinos. Lejanas, las nubes formaban graciosas aglomeraciones blancas. Detrás de ellas, el sol, que las festoneaba de nácar. Debía ser hermoso salvar la vida a un semejante. La hermosura de aquella idea estaba también en las nubes próximas y lejanas. «Quizá Milagritos está mirándolas desde el balcón de la Muralla.» Pero aquéllas no las podía ver. Serían otras, y quizá le recordaran las que vio un día desde la ventana del desván en Lorca, aquella misma tarde en que lloró junto a Froilán. Los campesinos decían que el alcalde tardaba y que quizá conviniera salirle al encuentro por el camino de Jijona. Mr. Witt se levantó, pidió que le explicaran cuál era el camino y bajó en busca del caballo. Al salir se le acercó una mujer con un tazón de leche caliente. En su rostro, como en el de los demás campesinos, había un respeto silencioso y cordial. Todos deseaban el indulto y se dolían con el dolor que le atribuían al forastero. Desató el caballo, que estaba ensillado ya, montó y salió al trote. Al sentirse a solas y encarrilado hacia el campo se dio cuenta de la enorme falsedad de su situación. Percibió el alivio que su nueva soledad sobre el caballo, andando—¿huyendo?—, le produjo. Salió al galope, sintiéndose observado. Había recorrido tres kilómetros cuando vio que, al doblar unas lomas, el camino se ocultaba. Entonces recogió las riendas. El caballo se puso al trote y luego al paso. Cada vez anduvo más despacio. Mr. Witt le dejó las rien-

das en el cuello y el caballo se acercó al ribazo de la
margen y mordisqueó un arbusto.

Mr. Witt veía el paisaje delante, duro y suave, re-
matado con claras lacas. Cerca saltaba una cogujada
mirándole con recelo. Mr. Witt estornudó y el pájaro
se fue volando en cortas ondas.

—Me estoy resfriando—se dijo.

Observó que el camino seguía lo menos seis kilómetros bordeando colinas y montes, a cubierto de las ata-
layas labriegas del pueblo. Siguió al paso. Un campesino
montado en una yunta que arrastraba el arado saludó:

—*Bon matí.*

Y siguió adelante. Mr. Witt apenas contestó. La tierra era ya a su alrededor áspera. Estaba labrada casi
toda para la sementera. A su izquierda, en unos cuadros
lejanos, un labriego sembraba a voleo con paso rítmico,
rasgando a ambos lados el aire con el brazo. Mr. Witt
respiraba hondo, sintiendo el aire frío en los pulmones.
«He aquí la naturaleza—se decía—, sin otra misión que
esclavizar a esos hombres (a los labriegos), embriagar
de infinito a otros (Carvajal, por ejemplo) y ser domi-
nada por unos pocos (por él).» Siguió andando, tan despacio, que en dar la vuelta a la loma invirtió más de
diez minutos. Fumaba y se entretenía en comprobar algunas leyes físicas del color de los gases en el humo
azul sobre el fondo obscuro de la colina, gris obscuro
sobre el cielo claro.

Del pueblo llegaban ahiladas por la distancia las voces
de las trompetas de infantería. A veces, cuando la brisa
era propicia, se oía también el redoble de los tambores.

Pero sobre la fanfarria de la infantería sonaban mucho más claras unas campanadas espaciadas, graves, entre las que se intercalaba a veces la voz fina de otra campanita menor que parecía balbucear. Mr. Witt salió
del camino, subió un repecho con el caballo y se detuvo
cuando sintió que sin necesidad de hacerse visible sobre
la loma sus ojos dominaban ya todo el espacio que le
separaba del pueblo. Eran unas tres millas. Desenfundó
los gemelos que llevaba en el arzón, junto a otra funda

de cuero, donde iba el revólver, y miró con ansiedad.
Las tropas de infantería, con sus *kepis* florecidos de rojo
y sus largos pantalones, se alineaban en correctas filas
frente a un edificio de adobes. A los costados, otras filas
iguales cerraban el cuadro en un espacio de unos cien
metros. El terreno era llano como la tapa de una caja
de soldaditos. Las eras de la trilla se desplegaban blancas como manteles. El edificio era un pajar. Mr. Witt
inspeccionó los grupos, los rostros. Reconoció al oficial
con quien había hablado la noche anterior. A quien no
encontraba por parte alguna era al reo. Y, sin duda, el
cuadro era «el cuadro» de los fusilamientos y los grupos
de campesinos que se aglomeraban detrás, con expresiones que a Mr. Witt le parecieron de indiferencia y estupidez, esperaban el espectáculo. Seguían sonando las
campanas, a veces la pequeña daba dos golpes breves,
tímidos, y contestaban, después de un silencio, las dos
mayores, dejando caer sobre los campos sus bordones.
La vibración quedaba prendida en los arbustos, en las
nubes, en los finos hilos del alba. Mr. Witt se sentía
invadido por aquella tristeza del campanario, identificada con la angustia de la población. ¿La angustia? Entonces, ¿cómo conciliarla con la expresión de estupidez
y curiosidad de los aldeanos que esperaban detrás de
las filas? Pero Mr. Witt había visto aquellas mismas
expresiones de indiferencia casi animal en los que más
se afanaban por lograr el indulto. Era «una honrada estupidez»—concluyó—. Y repitió para sus adentros las palabras que le habían sugerido poco antes los campesinos:
—Ellos, esclavos de esa tierra porosa, impasible y fría.
Milagritos, Froilán, Antonete, embriagados por los eflu-
vios de esa misma tierra. El, Jorge Witt, dueño, señor
de la tierra.
Seguían las campanas tocando a agonía. ¿Qué era lo
que agonizaba allí? ¿Las nubes de laca? ¿Los *kepis* limpios, floridos por delante, en rojo? ¿La brisa helada y húmeda? ¿Aquel silencio de la naturaleza indiferente? Pero
las campanas seguían tocando a agonía.
Mr. Witt recorrió con los gemelos el camino del

pueblo. A la entrada, en la misma plazuela abierta por
donde había salido, había un piquete de soldados y
una tartana. Junto a ésta, un grupo de personas, algunas uniformadas. ¡Carvajal! Había visto a Carvajal en
el centro. No le vio el rostro. Su pelambrera revuelta
—iba sin sombrero—, el hombro poderoso y un instante
en que hizo un movimiento de negación con la cabeza,
la cuenca dura de sus ojos bajo las cejas fruncidas. Carvajal. Por lo visto se negaba a subir a la tartana. El mismo oficial ayudante a quien daba órdenes el coronel
Arrando la noche anterior se acercó al conductor de la
tartana y ésta se puso en marcha. A su lado, a pie, Carvajal iba maniatado y ése era el único signo por el que
pudiera deducirse que fuera el reo. La expresión de dolor sombrío del cura y de severidad reglamentaria del
oficial contrastaban con el rostro de Froilán, que revelaba una serenidad interior perfecta. Mr. Witt, que
se mantenía atento a los detalles, pensó mirando la tartana: «Debe ser reglamentario llevar a los reos en algún
vehículo.»

Tuvo el impulso de saltar al camino y correr hacia el
coronel Arrando, a quien vio salir del pueblo a caballo
rodeado de oficiales y rebasar la comitiva al trote largo.
Pero el impulso era muy tardío. En el mismo Witt habían tomado los acontecimientos un rumbo fatal que no
había que tratar de torcer. Mr. Witt volvió a buscar
a Carvajal y lo siguió con los gemelos hasta llegar a la
bifurcación del camino y a las eras. Carvajal miraba inquieto a veces a su alrededor; hablaba al cura y éste,
aturdido y abrumado, miraba detrás entre la comitiva.

—Me están buscando a mí—se decía Mr. Witt.

Las campanas seguían sonando a agonía. Si al principio pudieron tener un acento dulce y triste, de alborada
y de entierro infantil, ahora, con Carvajal maniatado y
subiendo el camino de las eras anunciaban toda la tragedia sin nombre de la muerte, que, dependiendo de la
voluntad de los hombres, era, sin embargo, inevitable.
Mr. Witt insistió:

—Me busca a mí. Querría que lo viera morir.

Pero su imaginación fue más lejos:

—Quisiera que lo viera morir para estar seguro de que yo podría contárselo a Milagros.

Las nubes apelmazadas se distendían sobre el cielo, que ya presentaba largas claraboyas azules. Por ellas asomaban a veces rayos de sol estríados que recordaban los haces de madera dorada proyectados desde un cielo artificial sobre las imágenes de los templos. Los soldados del piquete no perdían la alineación ni siquiera en el último repecho de la era, donde el cuadro tenía su ala derecha. Entre ésta y las filas que daban frente al pajar había un espacio libre, por donde entró la comitiva. La tartana quedó fuera y Mr. Witt vio al mismo carpintero sacar del fondo el ataúd de pino sin forrar.

Al llegar el coronel sonó un cornetín y se agitaron las bayonetas en largas filas brillantes. Ahora estaba todo en reposo. Los grupos de campesinos que habían seguido al piquete llegaban con la misma indiferencia con que esperaban los que estaban ya allí. Mr. Witt veía llorar a algunas mujeres con el rostro apenas visible bajo el pañuelo blanco. Carvajal ofreció ambas manos y el oficial le quitó las ligaduras. El cura apremiaba suplicando al reo entre sollozos. Mr. Witt lo encontraba cómico, tan pequeño, tan viejo, con aquellas mejillas de pergamino cubiertas de pelo gris.

Carvajal había quedado solo ante el muro de adobes. Mr. Witt palidecía y sentía temblar el campo visual en los gemelos. Para evitarlo afirmó los codos en el pecho. El oficial se destacó del piquete que había quedado formado frente al reo y vendó a Carvajal los ojos con un pañuelo. Carvajal se crispó y gritó algo, alzando el brazo espasmódicamente. Al mismo tiempo se arrancó la venda, y Mr. Witt lo vio con la venda en la mano, con los ojos abiertos, casi desencajados, sediento del plomo con que lo amenazaban.

Entonces sucedió algo extraordinario. De los ocho fusiles que le apuntaban salieron nubecillas de humo silenciosamente. Unos segundos después llegó a los oídos de Witt el múltiple estampido. Mr. Witt vio a Carva-

jal de pie, sereno y retador. Ninguna de las balas le había herido. Al mismo tiempo que el trueno de los fusiles, quizá un poco retardado, llegó el griterío de espanto
de las mujeres y el rugido de los campesinos. Carvajal seguía en pie; con la venda en la mano y la mano en alto
arengaba a las tropas. Entonces los tambores comenzaron a redoblar para ahogar su voz y a toda prisa se repitieron las voces de mando, volvieron a salir las nubecillas
en silencio, y Froilán Carvajal, encogido sobre un costado,
con la mano y la venda apretadas contra el pecho, cayó
hacia adelante, de cabeza, para no levantarse más.

Mr. Witt oyó la descarga cuando Froilán estaba ya
en tierra. Volvió a escuchar la fanfarria metálica de la
infantería. El redoble de los tambores. Mr. Witt no
quiso seguir mirando, y volviendo al camino reanudó la
marcha al trote largo. Una milla más adelante encontró
al alcalde, que regresaba a todo galope con el indulto.
Mr. Witt le dio la noticia. El alcalde lo sintió como
—pensó Witt—nunca lo hubiera sentido él, aunque fuera
verdaderamente hermano de Froilán. El inglés siguió hacia Jijona y el alcalde puso al paso el caballo.

Mr. Witt pensó:

—Pudo haber llegado el indulto a tiempo.

Y añadió después de una larga pausa:

—Bastaba con que yo no hubiera tirado de las riendas
al caballo.

Una idea rondaba alrededor de la conciencia de
Mr. Witt: «Soy un canalla»; pero Mr. Witt no la dejó
entrar porque sabía demasiado que el hombre que se
desdeña a sí mismo inicia la pendiente de la catástrofe.

Todas estas escenas, estas palabras, fueron recorda-
das por Mr. Witt en su casa del paseo de la Muralla
cinco años después, mirando alternativamente la urna
con el pañuelo ensangrentado y el bargueño que guardaba las cartas de Froilán.

También aquel día estaba amaneciendo en el mar. Lejana, se perfilaba toda negra con el alba salina de levante la isla de Escombreras. Del puerto llegaba la diana
marinera inglesa. Docenas de trompetas tocaban no se

sabía dónde el himno inglés *God save the King*. Cuando
clareó algo más Mr. Witt vio con sorpresa que estaba
en el puerto el *Swifesure*.

Volvió a su cuarto. En la alcoba dormía Milagritos,
exhibiendo desnudeces de mayo bajo el calor de julio.
Mr. Witt se sentó en la cama. Contemplaba su perfil
agudo e infantil sobre la almohada. ¿Soñaría Milagritos?
¿Qué soñaría?

—Duerme mucho más que yo—se dijo Mr. Witt dejando las zapatillas sobre la alfombra—porque es más
joven. Los viejos dormimos poco.

## Libro segundo

## Agosto

9

La previsión de Antonete se cumplió. Un decreto de Madrid declaró piratas a todos los barcos sublevados en Cartagena y autorizó, por lo tanto, a los barcos extranjeros para perseguirlos, apresarlos o destruirlos. Mientras en el Congreso los diputados discutían en sesiones interminables sobre la licitud de ese decreto, el Gobierno de la Federación Española tomaba medidas en Cartagena para consolidar su triunfo. Antonete era partidario de iniciar la ofensiva asegurando posiciones importantes fuera de la plaza por mar y por tierra. Como medida inmediata se acordó enviar fuerzas regulares a todas aquellas poblaciones próximas que moralmente estaban al lado de la revolución. Antonete se fue a Murcia, capital del Cantón, y organizó una columna mixta de voluntarios de la República, infantería de Mendigorría e Iberia y artillería. La columna ocupó un tren de carga al que se sumaron algunos coches de viajeros.

Embarcaron en vagones descubiertos dos baterías ligeras y el tren partió para Hellín, primero de los objetivos. Aunque mandaba la columna el brigadier Leandro
Carreras, Antonete era el alma de la expedición. Como
jefe de los voluntarios de la República iba Tortosa, un
paisano muy significado por su capacidad de organización y por su entusiasmo político de fondo francamente anarquista, aunque su anarquismo era inconsciente,
como en casi todos los federales. Iban dos representantes del Gobierno cantonal y el diputado por aquel dis-
trito. Antes de ponerse el tren en marcha se le acercó
a Antonete el brigadier:

—Convendría—le dijo—que se quedara usted en tierra.
Entre los artilleros hay algunos indecisos y podrían suceder hechos inesperados. Quédese usted y yo le respon-
do de la disciplina.

Antonete vio que la cosa era más grave y que Carreras trataba de que le dejaran el campo libre para aplicar
sanciones.

—¿Quiénes son los disconformes?—dijo acercándose a
los vagones que ocupaban los artilleros.

Nadie contestó. Los soldados se apretaban contra las
ventanillas con el fusil a la espalda.

El brigadier lamentaba que Antonete se dirigiera a las
tropas. Creía que debía ser él. Pero comprendía que
aquellos dos mil quinientos hombres si se batían lo harían por Antonete. El caudillo miraba a los soldados. Su
mirada era una suave amenaza, casi paternal.

—Habéis tenido un plazo para abandonar las armas.
Yo os he garantizado que el que no quisiera venir con
nosotros no sería molestado. Por el contrario, le facilita-
ríamos la marcha a su pueblo o a la comandancia enemiga más próxima. Ese plazo terminó ya y los que no se
decidieron a dejarnos entonces no tienen derecho a hacerlo ahora. Pero yo quiero demostraros en este momento que ninguna razón de fuerza o disciplina ha de pesar
sobre vosotros si la repele y rechaza vuestra conciencia.
Aquellos de vosotros que no estén de acuerdo con el ré-

gimen que el pueblo se ha dado pueden dejar las armas y quedarse en tierra.

Hizo una pausa, pero el silencio continuó. Lo rompieron los voluntarios dando vítores. Antonete ordenó calma con un gesto y volvió a hablar:

—Pensadlo bien. En cuanto el tren se ponga en marcha ninguno de vosotros podrá ya retroceder y ni siquiera vacilar. La disciplina de la revolución debe ser tan rigurosa como lo exija la libertad y la seguridad del pueblo, de quien somos mandatarios.

Miró el reloj de la estación y lo señaló extendiendo el brazo:

—Quedan tres minutos de tiempo. Los precisos para que bajen y entreguen las armas los disconformes.

Los voluntarios comenzaron de nuevo a vitorear la revolución. Algunos cantaban el pasodoble convertido en himno:

«Cantonales, República o muerte.
¡Viva España y la Federación!»

Antonete mandó silencio y, como siempre solía explicar su órdenes, dijo:

—No quiero que coaccionéis en lo más mínimo a esos ciudadanos. Os pido y os ordeno que no hagáis la menor demostración hasta que el tren arranque.

Un brigada sacó unos papeles y esperó, dispuesto por lo visto a dar de baja a los que lo solicitaran. Un minuto antes de partir el tren subieron el brigadier y Antonete. Este iba muy satisfecho, pero el general refunfuñaba:

—No hay que fiarse. Ahora no se va nadie, pero siguen en la suya.

En vista de esto y con el pretexto de que en las plataformas de la artillería había sitio sobrante, se mezclaron entre los artilleros hasta tres docenas de voluntarios que fueron aproximándose a los armeros y a las cajas de municiones.

Los soldados llevaban consigo víveres para seis días. Cuando llegaron los voluntarios a los vagones sospechosos fueron acallándose algunas conversaciones. Dos soldados seguían dialogando:

—¿Cómo me voy a *di?*—decía un andaluz—. ¿Adónde me voy a *di?*

—Siquiera aquí—contestaba el otro, dándole la razón— tiene uno comida para seis días.

Entre los voluntarios había hombres de todas las clases sociales. Desde el rufián dignificado por el espíritu de lucha hasta el hijo de familia acomodada, y el mismo Tortosa, el jefe, que había arriesgado una ventajosa posición social. Dominaban el trabajador—cristaleros de Santa Lucía, pescadores, metalúrgicos del Arsenal y de Escombreras, campesinos—y el pequeño artesano. Con los voluntarios fue a la batería como delegado oficioso de los representantes del Gobierno un tipo singular, al que acataban los voluntarios sin tomarle muy en serio. Era *Don Vete*, que había tenido un cargo subalterno al lado de los jefes políticos y había firmado algunos centenares de licencias de la gente que quiso salir del cantón murciano después de haber sido éste proclamado. Se llamaba Vicente Llanes, pero firmaba haciendo de la «ll» una «y», y en la precipitación abreviaba de tal modo que los licenciados leían: *Vete ya*. Le había quedado el *Don Vete* y algunos le llamaban respetuosamente a sus espaldas *Don Váyase Usted*. Era muy formalista y todo su orgullo residía en ir con los jefes y en hacerse el «republicano histórico». Era corto de estatura, sentía su propia importancia y trataba de hacérsela sentir a los demás constantemente. No suscitaba ninguna simpatía, pero tampoco odio. Se burlaban de él a sus espaldas y nada más. Llegó a la plataforma de las baterías, sacó un pañuelo de bolsillo, lo extendió sobre las tablas y se sentó encima. Luego carraspeó, alzando los hombros miró a su alrededor y dijo precipitadamente, como siempre que hablaba:

—La columna es una entidad con sus jefes y sus subalternos.

Nadie pudo comprender lo que quería decir con aquello. Los voluntarios le miraban y se detenían en sus pies pequeñísimos calzados de charol. Tenía algo de bailarín, algo de hombre que, sin reír, muy serio, muy importante, va, sin embargo, a echar a bailar en cualquier momento.

El tren iba ya arrancar cuando salió de un vagón un hombre grueso, de finas facciones, con barba espesa y lacia.

—¡Eh, un momento!

El jefe de estación hizo un gesto al maquinista, y el gas de la segunda locomotora—iban dos— siguió saliendo normalmente por arriba. Una mujer del pueblo llegaba con un gran canasto cubierto con un paño blanco. Iba dentro material sanitario. Lo metieron en el tren, y el hombre de la barba lacia y las finas facciones firmó un papelito y se lo dio. Su firma parecía un saludo: *Bonmatí.*

Por fin el tren se puso en marcha sin que uno sólo de los artilleros abandonara su puesto, lo que fue considerado por Antonete como un feliz suceso, a pesar de lo cual decía el brigadier Carreras:

—Más valdría que se hubieran ido. Vamos a distraer demasiada fuerza para mantenerlos a raya.

—¿No está allá *Don Vete?*

Al arrancar el tren se vio a la primera locomotora despegarse del resto del convoy y avanzar graciosamente bajo la fumarola. El ténder se erizaba de fusiles, banderas y gritos. Los infantes de Mendigorría se adelantaban una legua explorando el terreno.

Hasta llegar a Hellín no pasó nada. El tren no llevaba demasiada velocidad. En la locomotora iban dos sargentos con carabinas atentos a los movimientos de la maquina de exploración, que debía enarbolar una bandera si advertía la presencia de fuerzas armadas. Pero el peligro de encontrar resistencia estaba descartado. No sucedería nada, por lo menos en Hellín. Ese peligro aumentaría a medida que avanzaran hacia Chinchilla y Albacete, por donde campaba una fuerte columna mandada por el coronel Salcedo.

¿Qué representaba la expedición para Antonete, Carre-

ras y los delegados del Gobierno cantonal? La conveniencia de dejar fuerzas leales en aquellas ciudades que
podían presentar la avanzada del cantón para ir crean-
do a su alrededor un cinturón de acero que contuviera
la ofensiva de las fuerzas del Gobierno de Madrid. Este
era el objetivo militar. Pero tenían otra misión civil:
hacer sentir su protección a las poblaciones pacíficas que,
como Hellín, habían dado pruebas de adhesión al nuevo régimen. Para *Don Vete* la cuestión se simplificaba
mucho: se trataba de fundar una nueva entidad o un
organismo—los organismos y las entidades eran la debilidad de *Don Vete*—de esencia puramente federal. *Don
Vete* esperaba poder hablar desde el balcón del Ayuntamiento, al lado quizá del mismo Antonete, y por si
acaso llevaba preparado el discurso, que repasaba mentalmente en el tren, al lado de un mortero del 15. Su
presencia inerme coaccionaba a los indecisos artilleros
más que la de los «voluntarios» armados hasta los dientes. En aquellos momentos de confusión, de «no saber
dónde está la legalidad», los artilleros la veían en los
pequeños zapatos de charol de *Don Vete*. Miraban a los
voluntarios esperando descubrir por cualquier resquicio
—una mirada, una palabra—si efectivamente los zapatos de charol del desconocido eran respetables; pero
con los artilleros los voluntarios eran herméticos, impe-
netrables.

Y el tren seguía rodando hacia Hellín, dejando detrás
paisajes bravíos, montes y simas pelados y cenicientos,
sin un árbol, sin un arbusto. Esparto en las laderas del
Mediodía y hierro en la entraña díficil.

Mucho antes de llegar comenzó a anochecer. Los soldados cantaban en grupos. Sus rostros, brillantes de
sudor, se acercaban a los aros de las ventanillas, y al
pasar frente a alguna aldea el que lo sabía decía su
nombre y los demás lo repetían para volver en seguida
a cantar con indolencia.

En la ventanilla más próxima al vagón del Estado
Mayor asomaba un rostro atezado—ángulos azules de gi-

tano—que cantaba a plena voz cuando las palmadas a
contrapunto de su compañeros cesaban:

> Yo nací en el Garbanzal,
> me crié en las Herrerías,
> y al que pregunte por mí
> me llamo José María,
> de Antonete el cornetín.

A veces las cartageneras con *Paco el Herrero, Chilares,*
ritmo de fragua y yunque, dejaban paso a las alegres se-
guidillas:

> Un fraile y una monja
> dormían juntos
> porque tenían miedo
> de los difuntos.

Se veía la alegría confusa de los voluntarios, alegría
no tanto de combatir como de estar juntos y resolver
su protesta en blasfemias y coplas. Los únicos que no
cantaban eran los artilleros.

A las diez llegaron a Hellín.

Los «voluntarios» habían observado movimiento en
los artilleros a partir del crepúsculo. Con la obscuridad
era más difícil vigilarlos y cuchicheaban entre sí, e
incluso dos de ellos pasaron a la plataforma conti-
gua, donde iban otras dos piezas del 15 con sus dotaciones. Uno de los voluntarios gateó hasta la techumbre
y se descolgó después entre dos vagones por la escalera del guardafrenos para asomarse a la ventanilla del
vagón del Estado Mayor. Dio la confidencia a Carreras,
y éste, después de consultar con la mirada a Antonete,
dijo al voluntario:

—Al llegar a Hellín vosotros seguís al lado de las
piezas. Que no desembarque un solo artillero. Dejaremos en la estación una compañía de vigilancia mientras baja la columna al pueblo.

Antonete explicó al voluntario, consultando antes con
el gesto a Tortosa:

—La compañía que quede en la estación tendrá también por objeto cubrir la retirada de la columna si fuera necesario.

El voluntario regresó a las plataformas de los artilleros, y Carreras pensó que Antonete no quería dar
por segura la rebeldía de los sospechosos. Prefería encontrar otro pretexto a las precauciones. Así llegaron a
Hellín. La estación, en sombras, tenía en el centro, bajo
el reloj, una gran linterna de aceite. Las tropas desembarcaron y formaron precipitadamente en el andén. Los
oficiales recorrían las filas comprobando pequeños es-
tadillos escritos. Ya organizada la marcha, desplegó la
vanguardia, y los que la formaban se adelantaron con
el fusil descolgado. Apenas dejaron atrás la estación,
grupos de vecinos aparecieron dando vítores a Antonete y al Cantón Murciano. La presencia de las tropas
en Hellín fue una fiesta republicana llena de discursos
ardientes, promesas de lealtad y votos por la verdadera democracia. Antonete pudo observar que no se
oyó una sola demostración de hostilidad ni de odio
contra nadie, ni siquiera contra el Gobierno de Madrid.
Dominaba la impresión de que todo estaba hecho y de
que la hostilidad era innecesaria. Solamente el alcalde
parecía dispuesto a no dimitir. Rogaba a Antonete que
se le destituyera, haciendo constar por escrito la coacción de las fuerzas armadas. El alcalde tenía miedo a
las represalias. Antonete lo destituyó, usando al hablar
de las fuerzas armadas la fórmula «el ejército del pueblo». Pero cuando el alcalde acababa de firmar el «enterado y conforme» se oyeron tiros en la estación. Agen-
tes de enlace espontáneos—algunos campesinos—llegaron sin aliento a decir que «las tropas del rey habían
llegado en un tren». Antonete rió:

—¡No hay rey! ¡No hay tropas del rey!

Pero los disparos continuaban, y Antonete marchó a
la estación acompañado de un corto número de voluntarios.

Las tropas de Tortosa no estaban en el andén. Antonete tuvo que replegarse detrás de los urinarios en
vista de que las balas chascaban en los ladrillos del
muro contiguo. Con intervalos cortos se veían fogonazos en las ventanillas, entre los vagones, sobre todo en

los últimos, donde iban las plataformas de la artillería. Antonete envió dos voluntarios a la locomotora con
el encargo de ver si la ocupaban fuerzas leales. Como
tardaban en volver y Antonete consideraba decisivo ese
informe, avanzó, desplegando con los otros cuatro y
encogiéndose hasta dar con la barba en las rodillas
De la locomotora los recibieron a tiros. Antonete dio
el santo y seña y cesó el fuego. Más abajo, entre los
últimos vagones, se oían disparos aislados y lamentos
de heridos. Antonete preguntó por las fuerzas de Tortosa, y los dos sargentos, el maquinista y el fogonero
le explicaron que la mitad de las fuerzas contenían a
los artilleros que estaban en la techumbre tratando de
avanzar hacia la locomotora y la otra mitad habían
desplegado por el lado contrario del andén para impedir la fuga de los sublevados. Los artilleros querían
apoderarse de la máquina y seguir vía adelante hasta
Madrid con todo el bagaje de la columna, la documentación y el dinero, que iban en una caja fuerte. Antonete fruncía las cejas sombrío:

—¿Se conocen las bajas nuestras?

El fogonero dirigió el haz amarillo de la linterna sobre el fondo del ténder. Un soldado de Infantería de
Iberia yacía sobre su propia sangre, manchado de carbón. Antonete se acercó y comprobó que había muerto. No quiso preguntar nada. Prefería pensar que había
sido una bala perdida. Pero preguntó:

—¿Llevaba armas?

El sargento primero dijo que no. Iba confiadamente
hacia la máquina desde el primer vagón. Le dieron el
alto y no contestó. Al saltar sobre el ténder le hicieron
fuego y lo mataron.

Los disparos seguían cada vez más espaciados. Los
gritos, que al principio parecían lamentos, eran voces,
consignas, insultos. Las carabinas de los artilleros no
se oían hacía un buen rato. Sólo sonaban de vez en
cuando los fusiles de la Infantería con su restallido
seco. Antonete estaba indignado. Mientras en la ciudad todo sucedía tranquilamente, allí, en la misma co-

lumna, corría la sangre. Saltó al andén rodeado del
grupo de voluntarios; ordenó a los sargentos que si-
guieran en su puesto; envió un aviso a Carreras para
que las tropas no salieran de Hellín, y avanzó hacia el
andén en el momento en que el silbido de una locomotora se escuchó vía adelante. Se detuvieron. La locomotora llevaba junto a la chimenea, iluminada por el
resplandor rojo que a intervalos salía de la caldera,
la bandera de la Federación. Era la locomotora de vanguardia. Antonete se acercó a los soldados de Mendigorría, que acudían a la alarma de los disparos.

—Sin novedad en la vía, Antonete.

El jefe les dijo que tampoco sucedía nada en el tren
y que volvieran a su puesto, a la locomotora. Debían
seguir vigilando vía adelante. Si llegaba algún convoy
con fuerzas contrarias debían lanzar la máquina sobre
él a todo vapor, saltando antes a tierra. Si el tren que
avanzaba era el de ellos, el mismo que en aquel momento estaba en la estación, también debían hacer lo
mismo, porque si avanzaba más allá del disco era que
no estaba ya en sus manos, sino en las de los rebeldes. Los soldados, entre blasfemias y vítores, volvieron
a su puesto, y la locomotora avanzó de nuevo bajo
nubes de humo, que junto a la chimenea se deshacían
en haces rojos y chispas.

Antonete, sin tomar precauciones, a cuerpo descu-
bierto, fue recorriendo el andén a tres pasos de los
estribos. Estaba congestionado por el calor de la noche, por el de la locomotora y por su propia pasión.
La lividez del desaliento o del miedo no se veía sino
en algunos de los voluntarios que le acompañaban:

—¡Hermanos federales!—gritaba—. ¡Hijos del Cantón!

Llevaba, sin embargo, el oído atento a las carabinas
de los artilleros, que seguían en silencio. Sólo sonaban de vez en cuando los secos chasquidos de la infantería. Eso le tranquilizaba. A sus voces contestaban
con vítores. Sombras indecisas se desprendían de las
portezuelas abiertas y se incorporaban al grupo. Cuan-

do Antonete llegó a las plataformas de la artillería le rodeaban ya cincuenta voluntarios. Allí gritó:

—¡Hijos del Cantón!

Su voz de barítono llenaba la noche. Por entre los vagones salían los voluntarios que vigilaban el costado opuesto del tren.

—¡No puedo creerlo!—gritaba—. La ciudad nos acoge con entusiasmo. El pueblo de Hellín nos abre sus brazos y, al mismo tiempo, aquí, en nuestra propia entraña, se enciende la lucha.

Al oír la voz de Antonete callaron los fusiles leales. Se veía que el timbre sólo de aquella voz despertaba confianza, aflojaba nervios. El silencio era total. Se oía de vez en cuando el rumor de las culatas rozando las maderas del tren y de algún cuerpo arrastrándose desde la techumbre de los vagones. Antonete afirmó, sin saber nada concreto de la situación:

—Los artilleros se han rendido y se va a comenzar a hacer justicia inmediatamente.

Una voz gritó:

—¡Mueran los traidores!

Otras se le unieron:

—¡A la tapia, a la tapia!

Antonete trató de imponer su voz, pero no lo conseguía. Encima del vagón de al lado se irguió una sombra:

—Si se han rendido, ya no hay nada que hacer. El que lleva plomo en el ala se queda con él, y ya tiene bastante.

Antonete, confortado con estas palabras, gritó:

—¡Así habla el pueblo republicano, el de nuestro glorioso Cantón, en un momento en que todavía gimen sus hermanos heridos! Así habla el generoso corazón de nuestros correligionarios...

Pero la sombra del techo le interrumpió:

—Ya es bastante hablar. Yo lo que digo es que los artilleros no tienen la culpa, y que adonde hay que ir es a la ciudad. ¿Han fusilado al alcalde alfonsino? ¿Han repartido entre los pobres los jamones y las ropas de los conventos?

Un clamor entusiasta acogió esas voces. Antonete veía que las sombras le eran contrarias, que ponían entre las tropas y él crespones turbios. Y era verdad. No podían ver los voluntarios su rostro, su mirada, su gesto, con el que prometía y contenía a un tiempo. Antonete imaginó en un instante a las tropas lanzadas al incendio y al saqueo. Trató de alzar su voz sobre aquel conato de motín:

—¡No puede ser!... ¡Voluntarios!... ¡Voluntarios!...

Pero la sombra del techo agitaba los brazos con el fusil a la espalda:

—¡Los artilleros están encerrados en un vagón! No harán nada. Nuestra obligación es bajar a la ciudad y sacudir estopa. ¿Es que no hay ricos en el mundo? ¿Es que todos los curas se han hecho federales?

Antonete oyó a su lado la voz de Tortosa que preguntaba al improvisado orador:

—¿Están encerrados todos los artilleros?

—Todos—contestó la sombra airada de la techumbre. Tortosa insistió:

—¿Se les han quitado las armas?

La sombra del techo creía que no, aunque no lo sabía a ciencia cierta. Antonete escuchaba aquella voz y trataba de identificarla. Como no lo conseguía le preguntó quién era.

—¿Qué importa quién soy? Las cosas se hacen bien o mal. Lo de menos es que las diga Fulano o Mengano.

Antonete no recordaba entre los voluntarios ningún carácter capaz de oponérsele. Pero la sombra no había terminado:

—Mientras vosotros echáis discursos en el pueblo nosotros nos matamos aquí con los nuestros. Yo lo que digo es que los cartuchos que hemos *quemao* aquí se podían haber *empleao* mejor.

Señalaba la ciudad. Un cabo de Iberia apuntó con su fusil a la sombra, creyendo hacerse grato a Antonete. Este no se dio cuenta, y Tortosa, que lo vio, le hizo

desistir con violentas expresiones. Entre los grupos sonaba un nombre, que, al llegar a los oídos de Antonete, cobró una gran fuerza:

—Paco *el de la Tadea*.

Tortosa desapareció con la orden de Antonete de re-
forzar la vigilancia de los artilleros y tratar de aislar-
los para desarmarlos de uno en uno. En la puerta de
la sala de espera Bonmatí había puesto su banderola
con la cruz roja, y auxiliado por un médico y dos prac-
ticantes atendía a los heridos. En la misma sala había
sido instalado el cadáver del soldado de Iberia. Paco
*el de la Tadea* confirmaba desde su atalaya:

—Sí, soy ése. Y Paco *el de la Tadea* te dice que los
ricos que te han recibido con arcos de flores recibirán
lo mismo a Salcedo mañana o a cualquier otro que les
preserve de nuestra mala sangre.

Todos aprobaban. Se oyeron voces decididas:

—¡A Hellín! ¡A Hellín!

Antonete gritó con todas sus fuerzas:

—¡A Hellín, no! ¡Digo que no! ¿Quiénes sois vosotros
para decidir? ¿No sabéis que en Hellín está el grueso
de la columna, que os recibirá a tiros? ¿Es que queréis
vuestra propia perdición?

Aquello de que la columna los recibiría a tiros inti-
midó a casi todos. Antonete lo aprovechó para decir al
obrero y a los que, «usando de su libre derecho», pensaban como él que acudieran a la sala de espera para
cambiar impresiones. En un rincón estaba el cadáver
cubierto con una manta. Varios heridos aparecían ven-
dados y otros exhibían sus heridas, sobre las que Bonmatí acumulaba finas hilas y limpios vendajes. Con
el pretexto de que dificultaban aquella «sacrosanta labor», Antonete se fue con Paco y seis más al cuarto
del telégrafo. Pero, en realidad, temía Antonete que entre sus palabras y los oídos de los disconformes se in-
terpusieran los lamentos de los heridos y la presencia
de la sangre. Al ir a la sala de espera y después al telégrafo, Antonete se buscaba un aliado poderoso: la luz.
Huía de las sombras que lo traicionaban. Si los volun-

tarios hubieran podido verle al mismo tiempo que le
oían, quizá se hubieran convencido. En el cuarto del
telégrafo encontraron a *don Vete* en un rincón, sen-
-tado en el suelo, sobre su pañuelo blanco desplegado.
Antonete lo apostrofó, lo llamó cobarde y le dijo que
propondría inmediatamente su destitución. Acentuó un
poco más su ira como una concesión a los disconformes. Estos miraron a *don Vete* con la extrañeza con
que se mira a un ser de otra especie metido en los
negocios de la nuestra, y uno de ellos le abrió la puerta y gritó:

—¡Largo!

*Don Vete* salió sin chistar. Antonete comenzó dando
toda la razón a los disconformes y preguntándoles a
continuación qué creían que se podría hacer. Esto los
desconcertó un poco. Luego, sin dejarles tiempo para
ordenar sus ideas, añadió que lo que se estaba haciendo era lo único razonable. «Si tratáis de destruir la
propiedad, la religión, la falsa moral, yo os digo que
por ahora no lo conseguiréis. Buscaréis vuestra propia
ruina y la de vuestros hermanos. Hay que pensar,
ante todo, en caminar por los senderos transitables,
sin tratar de salvar a brincos abismos y barrancos, en
donde forzosamente nos despeñaríamos. Aunque yo, en
el fondo, pienso como vosotros, tengo que atenerme a
la realidad. Si podemos avanzar hoy un metro con toda
seguridad, no tratemos de avanzar una legua temera-
riamente. Me habéis visto ofrecer mi vida por vuestra
libertad. Me habéis visto abrir los brazos a todo el
que quería combatir contra el Gobierno, sin preguntarle quién era, para dignificar en el crisol de la lucha
por un ideal a los más miserables—Antonete se había
abandonado ya a la retórica—. Me habéis oído negar
una vez y otra a los representantes de la tiranía la
más pequeña concesión. Habéis visto cómo yo he obtenido del Gobierno del Cantón pensiones para vuestros
hijos y seguridades para vuestras esposas y vuestros
ancianos padres. Sabéis que he obligado a los patronos
a que suavicen las condiciones del trabajo, haciendo me-

nos cruel la explotación. Todo esto es un camino franco y seguro que yo abro hacia vuestra emancipación total. ¿Vais a ponerme obstáculos en el camino? Vosotros, mis hermanos, a los que quiero más que a mí mismo—y lo decía con una fe contagiosa, con los ojos brillantes, con una mano crispada sobre su pecho (crispada espontáneamente, sin histrionismo)—, ¿váis a impedir que llevemos a cabo nuestra obra?»

Paco *el de la Tadea* esquivaba su mirada. Los otros estaban totalmente rendidos. Antonete, entendiendo que la esquivez de Paco era ciega resistencia, lo agarró de la solapa de su vieja chaqueta y de la correa del fusil que llevaba en bandolera, le hizo levantar los ojos y lo miró, queriéndole entrar en el alma.

—No receles. Soy Antonete. Mírame con franqueza. Antes me dejo yo dar un tiro de vuestro fusil que ponerme una condecoración de manos de Serrano o de Castelar.

Su gesto era violento, pero volvía a asomar a sus ojos algo de la ternura de un padre. Paco respondió:

—Confiamos en usted. Pero yo quisiera que no se olvidara de que esperamos, detrás de sus palabras, la libertad y el pan para todos.

En el andén seguía la inquietud. Tortosa había conseguido desarmar a tres artilleros y los tenía maniatados, al lado. *Don Vete* los insultaba y había querido agredirlos. Uno de ellos dijo que le había dado una patada en el vientre. Sin duda, *don Vete* quería hacer méritos con el caudillo, y sólo se le ocurrían aquellos desdichados procedimientos. Antonete se indignó, ordenó ante los artilleros que *don Vete* fuera maniatado y conducido al furgón, con dos centinelas, y después se puso frente a las ventanillas del vagón que ocupaban los insurrectos, todavía armados. Estos habían oído la orden de detención contra *don Vete*. Antonete los requirió para que entregaran las armas.

—¿Para qué las queréis?—les dijo—. ¿Es que pensáis que yo puedo obligaros a hacer de ellas mal uso, y antes que llegar a ese trance preferís disparar sobre mí?

Si es así, si lo creéis firmemente, podéis hacer fuego.
¡Aquí me tenéis!

Después de un silencio, en el que se oyó el fragor
del grueso de la columna que regresaba de la ciudad,
Antonete volvió a gritar:

—Pero si no es así, entregad los fusiles. Yo os res-
pondo de que no se os castigará.

Los artilleros entregaron los fusiles. Las tropas llegaban. Había vítores, canciones. Algunos gritaban:

—¡A Chinchilla!

Otros preferían ir a Albacete y ocuparlo inmediatamente. Antonete dijo al general:

—Volvemos a Murcia. Así no se puede seguir.

Y las dos locomotoras, con sus penachos rojos de
fuego, maniobraron para pasar al extremo opuesto del
convoy, donde quedaron enganchadas.

Por la mañana estaban en Murcia. Al día siguiente,
Antonete, con muchos de los voluntarios, seguía hasta
Cartagena. El periódico *El Cantón* dio la noticia de la
ocupación de Hellín como un gran triunfo. El general
Carreras se quedó en Murcia, pensando que para las
empresas militares hacía falta espíritu militar, y para
las civiles, espíritu civil. Si se le hubiera escuchado a
él antes de salir de Murcia...

## 10

En agosto los tres balcones de la casa de Mr. Witt
estaban abiertos toda la tarde, sobre «la muralla del
mar». En las tardes plácidas y quietas, como aquellas,
cada balcón repetía la misma acuarela suave de azules, grises y blancos—mar, cielo, rocas y velas desple-
gadas—. El paisaje resultaba de una dulzura y de
una ingenuidad de estampa antigua. Pero si intervenía
Mr. Witt, si estaba por casualidad el ingeniero en el balcón, todo tomaba un aire de grabado al aguafuerte.
Doña Milagritos trabajaba en su cuarto con la vieja
criada y la cocinera. Su cuarto era el tercero, el más
alejado del despacho de Mr. Witt. Entre esta habita-

ción y el dormitorio estaba el comedor. Doña Milagritos preparaba vendas, hilas, gasas, para los heridos.
Había hecho también los vestidos para los niños des-
atendidos de algunas vecinas que trabajaban en la muralla de tierra, y un día preparó treinta y ocho raciones de comida y fue a llevarlas, con dos voluntarios y
tres monjas, a la guardia del fuerte Carvajal. Mr. Witt
protestó al principio de aquel abandono del hogar;
pero luego optó por resignarse, en vista de que Milagritos le contestaba bravamente.

En casa de Mr. Witt no había entrado un hombre
armado; pero en las habitaciones, en los pasillos aparecía constantemente la Infantería de Marina, las *guar-
nisiones*—como llamaba Milagritos a las fuerzas de los
castillos—, la marinería (entre ésta, sobre todo, el contrabandista *Colau*, elevado al rango de capitán de la
fragata *Tetuán)*, la Cruz Roja y la Intendencia. Todos
los problemas, todas las necesidades, todos los heroís-
mos y los peligros del movimiento subversivo, en cualquiera de sus mil aspectos, repercutían en el hogar de
Mr. Witt, a través de doña Milagritos. En los primeros días el inglés trató de hacer comprender a su
mujer que estaban obligados a guardar una neutralidad
escrupulosa. Doña Milagritos le decía:

—¿Es que está mal que dé de comer a los que tienen hambre y cure a los heridos?

Claro es que nada de eso lo hacía ella directamente,
sino por delegación. Lo único que hacía era gastar dinero, viandas, ropas y tiempo para prepararlas. Mr. Witt,
entre dos confidencias del cónsul, paseaba inquieto
por la casa o se encerraba en el despacho. Cualquiera diría que la desmoralización de las primeras semanas había pasado. Mr. Witt seguía, sin embargo, tan
desmoralizado como entonces, pero con el hábito de lo
irregular, de lo extraordinario, ya asimilado. Esto le
producía un desánimo pasivo y frío; la desgana de saber que ya no era el Mr. Witt de siempre y que
aquella personalidad anterior, que era la suya auténtica, no sabía dónde estaba ni si reaparecería alguna vez.

Milagritos no se había enterado de la aventura de
Mr. Witt con las cartas. Estas seguían en montón, fuera del último recinto del barqueño, con la tapa de laca
suelta, pero encerradas en el primer compartimiento,
que se mantenía con la llavecita echada. Cuando Mr. Witt
pensaba que Milagritos podía encontrar las cartas fuera de su sitio y darse cuenta de sus ansiedades, vacilaba un momento, reflexionando sobre los absurdos que
lo envolvían, y acababa encogiéndose de hombros.

Antes se hacía la ilusión de influir en los acontecimientos de la ciudad. No sucedían sino aquellas cosas
que él creía que debían suceder. Ahora no sólo le pre-
sionaba fuera y dentro de su casa la furia de lo espontáneo, sino que ni siquiera era dueño de sus propias ideas. Varias veces se había visto conducido a reflexiones, a las que no hubiera ido nunca conscientemente. A veces se detenía a escuchar un sonido, y lo
repetía dos o tres veces mentalmente, no con un sentido intelectivo, sino como tal sonido, estúpidamente.
Esto le llevó a recordar un caso de degeneración; tenía
que ser un caso importante para compararlo con el
suyo, y pensó en Melbourne, amante y primer ministro de la reina Victoria, que acabó sumido en la idio-
tez, repitiendo palabras vacías, que un día no lejano
habían salido de los labios de la primera reina del mundo. Mr. Witt se recluía en su despacho, pensando
cosas ociosas y atento a la atalaya hogareña de su balcón, tan lleno de acontecimientos. Seguía los de cada
día con un estado de ánimo muy particular. Los triunfos de los cantonales le dejaban impasible: quizá hubiera preferido que perdieran. Los triunfos de Martínez
Campos y de la escuadra adicta al Gobierno le dejaban
igualmente impasible. Pensando mucho quizá hubiera
preferido que fracasaran también. Lo que hería a
Mr. Witt era aquel loco afán del mundo por frivolidades
que a él no le apasionaban; aquel disparatado creci-
miento de una energía que triunfaba hasta en los fracasos. La columna de Carreras había fracasado en Hellín, y su fracaso no podía ser achacado al poder de

un enemigo que no existió. Mr. Witt no se informa-
ba por las hojas impresas de los revolucionarios, sino
por el cónsul, que tenía siempre referencias de buena
tinta. La columna fracasó «sin enemigo». Pero con ella
y con sus jefes volvían a Cartagena varios heridos, un
muerto, que, a través de Milagritos, llenaban de exclamaciones y suspiros la casa. Mr. Witt los oía con
una gran inquietud, y se decía: «Han triunfado.»

Fracasos o triunfos daban corporeidad a una sombra: a Froilán Carvajal. Desde que se proclamó el Cantón, esa sombra había ido saliendo de la urna, despla-
zándose del despacho al pasillo y del pasillo al comedor y a la alcoba. El día que Milagritos estuvo en el
fuerte Carvajal, Mr. Witt tuvo la sensación del adulterio. Por primera vez en la vida matrimonial Mr. Witt
alzó la voz en una discusión agria. A medida que la
sombra de Carvajal ganaba terreno, Mr. Witt se retiraba a su despacho, y entre el barómetro inglés y el
retrato de su tío, Mr. Witt iba dejándole el campo
a Froilán. En el despacho tenía el héroe dos posiciones importantes: la urna y el balcón. El balcón le
pertenecía, con el puerto sublevado, la isla lejana de
Escombreras, donde solían fondear los barcos neutrales, las montañas erizadas de fosos, bloques de piedra
y cañones. Pero entre la urna y el balcón Mr. Witt
prefería el balcón en las horas en que su crisis era
más aguda. En este momento mismo, bajo el sosiego
interior de la siesta, en que todas las casas de la Muralla abrían sus ventanas a la sombra, después de haber sufrido el violento sol de la mañana, Mr. Witt
salió al balcón y se sentó en una silla baja. Las rodillas juntas, mucho más altas que las ingles. Sobre
las rodillas, los gemelos. El rostro, impasible; pero
cada día menos agudo y concreto: con bolsas y con-
tornos variables. El pelo, más blanco. La calva, más
honda y extensa, y la piel, de un blanco amarillento,
de marfil. Mr. Witt no preguntó a Milagritos qué
hacía, como otras veces. La supuso afanada de nuevo
empaquetando gasas, hilas y proyectando el envío de

raciones a los fuertes. Mr. Witt estaba con la sensación del retroceso, de la fuga. Su ruina orgánica se
había acentuado, y quizá Milagritos se hubiera dado
cuenta si no estuviera absorbida en absoluto por la
revolución. Pensando en su decadencia, Mr. Witt sentía una impresión penosa. «Para este caso como para
las agonías están bien las religiones.» El no creía, pero
iba a la capilla de vez en cuando para no desentonar.
¿Y Milagros? ¿Creía ella? No podía asegurarlo. En todo
caso, la religión no la apasionaba como solían apasionarle todas las cosas que merecían algún interés. Entonces Milagritos, sin moral religiosa, sin una fuerza
moral propia, ¿qué iba a hacer de sus fuertes instintos? Esa idea tenía a Mr. Witt varado en la escollera.
«Si mi cuerpo no le sirve y mi espíritu no lo entiende...»
Quizá pensaba que pudo tener un gran valor, pero que
Mr. Witt había sido el primero en malbaratarlo. «Ya
que no me comprende—se había dicho muchas veces—,
busquemos las ventajas de esa incomprensión.» Y había
cometido vilezas; «pequeñas vilezas»—rectificaba—. No
quiso pensar en ellas, «porque no quería despreciarse».

—Si llego a ese trance—se repetía obsesionado—, estoy perdido.

La tarde, mansa, llena de luz, pero de luz de reverbero, que llegaba por detrás de La Unión, le invitaba
a esparcir el ánimo serenamente. Tintas planas del mar,
azul variable, del cielo; azul uniforme, entraban por
sus ojos grises hasta lo hondo.

—¡Qué dulces los colores del mar!

Mr. Witt, que tenía una expresión derrotada—¡oh, si
dejara de afeitarse un solo día, qué catástrofe!—, se
erguía, sin embargo, y mantenía como siempre su vieja dignidad. ¡Pero en casa, con Milagritos, con aquella
mujer que no había pensado nunca en los signos exteriores de la dignidad personal, qué difícil era todo!

Aves marinas volaban sobre Escombreras en legiones blancas. Mr. Witt dirigió hacia allí los gemelos.
Habiendo tantas cosas humanas que investigar en el
puerto, a bordo de la escuadra sublevada, en el paseo

del Muelle, en la rinconada de Santa Lucía, Mr. Witt
prefería mirar a las gaviotas. Necesitaba que le entra-
ran por los ojos imágenes fáciles y claras en las que
descansar. Las gaviotas, palomas encanalladas, tenían
una pureza aparente, magnífica. Volaban en grupos que
de pronto se deshacían, hacia abajo, en racimos alboro-
tados. Y cuando quedaban posadas en el cantil, parecían de madera y tenían el mirar ladeado y turbio.
    A través de la bandada de gaviotas el cielo se obscu-
recía en la comba del horizonte. Mr. Witt vio que se
trataba de barcos de vapor, con la humareada desfle-
cada en largas vedijas. Mr. Witt tardó casi media hora
en advertir que se trataba de tres vapores de guerra. Se distinguían ya netamente. El primero arbolaba
la insignia del alto mando. Mr. Witt se puso en pie.
La escuadra leal. Llegaban las naves del Gobierno. Por
el cielo azul, por el mar quieto como un espejo llegaba la brisa caliente de la angustia. Mr. Witt enfocó
los fuertes, las laderas del puerto, por las que se des-
colgaban desde lo alto trozos de muralla, contrafuer-
tes y bloques de piedra. Luego miró las casas que se
alineaban por la izquierda, hacia Santa Lucía. Blancas,
grises; balcones con toldos y persianas, ventanas de
vidrios recatados. Nada acusaba la alarma. Mr. Witt
se alegró de que dos de los mejores barcos sublevados,
la *Vitoria* y la *Almansa*, estuvieran bajo la influencia
neutral de la armada inglesa. Los había apresado el
*Friedrich Karl*, navío alemán, cuyo capitán, comodoro
Wernell, los intimó a la rendición en nombre de su
Gobierno, ateniéndose a la acusación de piratería lanzada por el de Madrid. Los cañones de los barcos cantonales pudieron echar a pique el barco alemán; pero
Contreras, que iba en el almirante, no quiso provocar
las iras del comodoro, temiendo un conflicto con Alemania. En cambio, Wernell, que invitó a pasar a los
jefes revolucionarios a bordo del *Friedrich Karl*, trató
incorrectamente al general Contreras, y como éste al-
zara la voz y le replicara con energía, el comodoro le
hizo saber que, con arreglo a las leyes internacionales,

era un pirata y podía colgarle de una antena, sin juicio ni trámite alguno. Contreras, resucitando el viejo
estilo caballeresco, retó al comodoro a bajar a tierra
y verse con él a solas. Por fin, los rebeldes fueron libertados; pero la *Vitoria* y la *Almansa* quedaron bajo la
custodia del comodoro Wernell y del capitán del *Swifesure*, honorable Ward. Mr. Witt, que ante el cónsul
defendía a los sublevados y trataba de obtener para
ellos ventajas—en realidad las había conseguido, con la
estricta neutralidad de los barcos de bandera británi-
ca, que no eran sólo el *Swifesure*, sino también el *Lord
Warden Triunphe* y el *Fling Fleet*—, se alegraba ahora
de que la *Almansa* y la *Vitoria*, dos de los mejores
barcos de la base, estuvieran fuera de combate. Mr. Witt
celebraba la posibilidad de que la escuadra leal des-
truyera a los revolucionarios. Veía en ella la autoridad constituída, la inteligencia, la serena razón, que
está por encima de cualquier embriaguez idealista o
mística. Mr. Witt, que al principio creía «amar lo
espontáneo», iba viendo que su naturaleza le empujaba hacia lo complejo, lo artificioso y lo falso, porque
en ellos actuaba más limpiamente la inteligencia. Porque lo intelectual era más puro allí. Mr. Witt quería ayudar a los revolucionarios. Veía en ellos algo
de la hermosura y la sencillez de Milagritos. Pero él,
Mr. Witt, tenía que estar por encima de todo eso, seño-
rearlo con su serenidad, su agudeza, su sentido total
de las cosas.

Mr. Witt, cuando pudo leer con los gemelos los
nombres de los barcos leales al Gobierno—*Cádiz, Le-
panto, Colón*—, advirtió que acortaron la marcha. Estaban entrando en el radio de acción de las baterías
de la plaza. La del fuerte de San Julián había izado
pabellón de combate. En el puerto, la *Numancia* ma-
niobraba lentamente, presentando la proa hacia Levante. El silencio, el aire quieto, el sosiego de la gente por
el paseo de la Muralla no hacían presentir ningún acontecimiento de importancia. Mr. Witt veía los cañones
del *Cádiz* enfocados hacia su mismo balcón. «La bala

que disparen, si disparan, parece que ha de dar en las
lentes de mis gemelos»—se decía, con una emoción ocul-
ta, viéndose a sí mismo en peligro como un espectáculo, como a un extraño—. Los otros dos barcos manio-
braban en busca de la línea de combate. Mr. Witt entró precipitadamente en la habitación, salió a los pasillos y llamó a Milagritos y a las criadas. Les ordenó
que bajaran a los sótanos. Iban a bombardear la población. Las muchachas obedecieron a toda prisa, ar-
mando un verdadero escándalo escaleras abajo. Milagritos entró en el despacho, se asomó al balcón y pidió
los gemelos a Mr. Witt. Miró, graduándolos—necesitaba un foco más cerrado que su marido—, y después
de observar los movimientos de los vapores enemigos,
aseguró, con una graciosa firmeza, que serían puestos
en fuga. Devolvió los gemelos a Mr. Witt, comentando:

—Ese hijo de su madre debía meterse en sus asun-
tos. ¿No te parece? ¿Qué daño le han hecho a él los
cantonales?

Se refería al almirante Lobo, que era el que mandaba la escuadra enemiga. Mr. Witt encontró muy
inconvenientes las palabras de Milagritos, incluso aquello de llamar «hijo de su madre» al almirante. A veces
tenía la impresión de que Milagritos hablaba como un
carretero, aunque nunca—ni en los momentos de mayor indignación, como ahora—le oyó sino frases que
poseyendo quizá la intención del carretero se quedaban, sin embargo, en lo correcto. Mr. Witt le rogó
que se fuera a los sótanos con las muchachas; pero
Milagritos replicó que el sótano era para los trastos
viejos. Mr. Witt admiró el valor de su mujer, de aquella brava «revolucionaria», que seguía, sin embargo,
siendo una muñeca. La miró complacido. Hubiera preferido que dijera: «Quiero correr tu misma suerte.» Pero no lo había sentido, y no sintiéndolo, era pre-
ferible que se callara. Las baterías de los fuertes quedaban en silencio. Los barcos del puerto, también. La
escuadra leal estaba en línea y, sin embargo, el barco

insignia parecía acelerar la marcha. ¿Trataban de entrar a cañonazo limpio en el puerto? Milagritos reía:

—No se ha enterado Colau.

Mrt. Witt seguía mirando con los gemelos. Viendo tan serena a Milagritos, sentía una presión creciente en los latidos de la artería, bajo el pecho. Si ella se hubiera mostrado aterrada entonces, él hubiera mantenido su sangre fría. Los acontecimientos necesitaban encontrar el eco en algún sitio, y encontrando resistencia en el ánimo de Milagritos, turbaban el del inglés. Mr. Witt seguía viendo avanzar al *Cádiz*. ¿Qué pretendía? Al decirlo en voz alta, Milagritos comentó:

—Ese tío está *chalao*.

Se refería al almirante Lobo; y añadió:

—Si Colau se entera, vas tú a ver.

Mr. Witt no acababa de creer en la serenidad de su mujer. No era normal. Quizá la impresión era tan violenta que se rompía el orden interior de las emociones, que no funcionaba el graduador y calibrador de los reflejos. «Quizá sin perder esa serenidad, de pronto se desmaye.» Pero ella parecía comprenderlo y le decía, con su precipitación de siempre, comiéndose la mitad de las sílabas:

—¿Qué me miras? ¿Te extraña verme tan fresca? ¿Es que tú crees que para estar tranquilos hay que tener la sangre de horchata, como tú?

Mr. Witt reía. Si no estuviera allí, tan a la vista, la hubiera abrazado. Milagritos reflejaba en sus grandes ojos, de un verde claro, el azul infinito, el azul espumoso del mar: un día Mr. Witt se dijo, viendo los ojos inmensos de su mujer: «Tiene ojos de yegua.» Y asustado por la dureza de la imagen, rectificó en seguida: «No; de corza.» Ahora se inclinó sobre ella para contemplarlos. En el fondo, estaban los tres navíos en línea. De uno de ellos salió una humareda negra. Mr. Witt volvió la cabeza hacia el mar. Y en aquel instante se oyeron dos estampidos casi juntos. El cañonazo y la explosión de la granada sobre la bocana del puerto. Inmediatamente contestaron los fuertes y el

*Numancia.* El estruendo sacudía una guedeja de Milagritos, rozándole el pabellón de la oreja. Los cañones
del *Cádiz,* enfocados hacia el balcón, dejaban ensorde-
cidos a los dos. Milagritos se retiró hacia adentro, de
espaldas, y quiso cerrar las maderas. Se lo impidió
Mr. Witt, y ella rompió a llorar y a gemir:

—¿Por qué han de ser tan canallas y tan cobardes
en Madrid?

Mr. Witt pensaba que el almirante Lobo no tenía
nada de cobarde, afrontando, con sus tres vapores, los
ataques de la plaza. La artillería del *Numancia* era superior a la de Lobo. Pero todo aquel estruendo tenía
que encontrar en Milagritos un eco de indignación. Milagritos lloraba. ¿Por qué? Las palabras más fuertes
salían de sus hermosos labios. Mr. Witt se quedó ate-
rrado al oír una expresión confusa. ¿No le habrían
engañado sus oídos? ¿Era posible que aquello lo dijera Milagritos, la mujer que presidía su hogar? No. Lo
que había dicho era «ladrones». Nada más que ladrones. Pero fonéticamente sonó a la frase encanallada,
que hubiera sido allí, en su despacho y dicha por ella,
por aquella boca frutal e infantil, más terrible que una
granada del *Cádiz.*

—Sí, ladrones—dijo Mr. Witt, sin estar seguro de
que lo hubiera dicho—. Pero vete adentro, Milagritos.

Milagritos no quería. Balbuceó:

—Contigo.

Mr. Witt se lo agradeció tanto que ya no tuvo interés en que se fuera. Quedarían los dos allí, afrontando el peligro juntos. Desde el fondo de la habitación
Mr. Witt dirigía los gemelos a los navíos que seguían disparando. Restallaron dos bombas en lo alto de San Julián. Sonaba en las explosiones el dolor de la roca cuar-
teada, de la muralla azotada por la metralla. En torno al
Cádiz las granadas caían, alzando conos espumosos de
agua. Milagritos se tapaba los oídos con las manos, y pasado el primer acceso de llanto, hipaba como un niño.
Mr. Witt deseaba el triunfo de la escuadra gubernamen-
tal. No veía el puerto, y se hacía la ilusión de que el *Nu-*

*mancia* ardía ya por los cuatro costados. Los tres barcos eran pequeños, frágiles, limpios de silueta en la limpidez sosegada del mar. Mr. Witt recordaba sus batallas navales, de niño, sobre los atlas también de un azul acuoso y flúido. Faltaba la estrella, la rosa de los vientos en una esquina. Por lo demás, los barquitos eran los mismos que él recortaba en pequeños cartones y hacía navegar y trabar batalla sobre los mares. Milagritos se iba tranquilizando, a pesar de que el fuego arreciaba y de que parecían llevar ventaja los atacantes. Mr. Witt, dándose cuenta de que su mujer estimaría aquella despreocupación como un rasgo viril, se acercó al balcón y se acodó en la barandilla. El puerto estaba intacto. Las granadas de los barcos leales caían en el agua o estallaban en los calveros próximos. Y el *Numancia* seguía maniobrando. El mar cristalino era un mar de fiestas, de conmemoraciones o de acuarelas. El mar que suele agradar a los empleados que tienen su cajita de pastillas de color y su caballete para los domingos. Pero sobre el balcón de Mr. Witt, por encima del tejado, no muy alta, pasó una granada. Estalló en el fuerte de la Concepción, treinta metros encima y detrás de la casa. Milagritos se acercó al balcón con el puño crispado:

—¡Canallas! ¡Canallas! ¡Asesinos de niños y ancianos!

Y luego añadió:

—¡Ya os dará lo vuestro Colau!

Mr. Witt quería preguntarle quién era Colau, pero no era el momento de hacer aclaraciones. Comenzaron a sonar las campanas de las iglesias. Por la calle pasaban patrullas mandando retirar a la gente de los balcones. Tirada por dos caballos, apareció la ambulancia de Bonmatí con la cruz roja en ambos costados. Mr. Witt, a los requerimientos de una patrulla, se hizo hacia adentro, pero se quedó pisando el umbral. Le gustaba la alarma, el miedo de la población, que confirmaban el poder del enemigo. Le gustaba tanto, que olvidaba el riesgo personal. Pero en aquel momento se hacía una tregua. Silencio de angustia, de voces soterradas, con la alarma de las campanas sacudiendo el azul. En un paréntesis, Mr. Witt sintió renacer la necesidad extraña de saber quién era Colau. Su mujer contestó:

—Nadie. Un capitán de barco.

El inglés hubiera vuelto a preguntar de qué barco, pero ella le contestó con un acento que parecía advertir: «A ti no te interesa nada de esto.» Mr. Witt, pensando en la gran verdad que había en aquella observación, no insistió. Debajo mismo de sus balcones—esa fue la impresión, por lo menos—pareció abrirse la tierra. Tres cañonazos casi simultáneos de la *Numancia* fueron como un inmenso crujido de la montaña. Mr. Witt enfocó los barcos atacantes. En medio del *Cádiz* hizo explosión una granada, derrotando jarcias, mástiles y produciendo a bordo una gran confusión. Otra granada entró sobre la línea de flotación, en la banda de babor. Mr. Witt sintió una oleada de despecho. Vio virar al *Cádiz* y romper la línea a los otros dos para retirarse a toda máquina. Todavía tuvo una esperanza:

—Es una maniobra. Se retiran para que salgan en su persecución los cantonales. Detrás de Escombreras debe estar el grueso de la escuadra.

Pero no había tal maniobra. Los barcos enemigos, convencidos de que el rumor de la falta de artilleros en Cartagena era un infundio, salieron a todo vapor. La *Numancia*, que comenzó a maniobrar para seguirles, recibió contraorden y se quedó en el puerto. Era la derrota, la fuga vergonzante, la fuga con miedo, con pánico. Del fuerte Carvajal salió el último disparo, cuyo proyectil pasó gruñendo sobre la flotilla, sin alcanzarla. Milagritos se asomaba al balcón y repetía:

—¡Cobardes, cobardes!

Y luego añadía con una alegría nerviosa, refiriéndose al apellido del almirante:

—¡Un lobo al que hacen escapar los corderos!

Sin abandonar aquella alegría casi infantil, Milagritos se dirigió a su marido:

—¿Ha sido la fragata *Tetuán?*

Y añadió, sin esperar respuesta:

—¡Claro! Habrá sido Colau.

No podía con su alegría y su triunfo. Tanto, que se dirigió al marido, explicándole generosamente:

—Colau es el capitán de la *Tetuán*, ¿sabes?

Pero Mr. Witt no sabía nada. Sentado en su sillón contemplaba el muro del balcón, la ruda desmelenada, el cañamazo bordado por Milagritos en su infancia, al otro lado, con marco y cristal. Debajo, un tarjetero con dos abanicos de Manila desplegados, donde la luz hacía su filigrana. Sentada en el canapé, Milagritos miraba el muro de enfrente. En el centro, el busto de su marido destacando sobre la mesa. Detrás, el barómetro. A un lado, un poco más arriba, el título de ingeniero naval. Al otro, un daguerrotipo con todos los compañeros de promoción de Mr. Witt retratados el día que le dieron en Londres el banquete de despedida. Encima, un largo arcabuz terciado sobre el fondo de damasco negro. Mr. Witt estaba triste. Su tristeza tenía las raíces fuera de él, en los acontecimientos, en las cosas. Por eso era una tristeza irremediable, contra la que no tenía argumentos. La alegría que la contrarrestara tenía que venir de fuera también.

—¿Quién es ese Colau?—preguntó a Milagritos otra vez, con indiferencia.

Pensaba en que todo era allí ultracampechano, familiar y callejero. Esa era la cuestión. La familia cantonal había nacido en la calle, vivía en la calle. Sus caudillos se llamaban Antonete, Colau, nombres casi de germanía. Sus triunfos estaban impregnados de una alegría vulgar y simple. De una alegría que le descomponía a Mr. Witt el gesto, el orden de sus ideas y sus afectos. Milagritos le dijo que «Colau» era un contrabandista valenciano afincado en Argelia, que se había ofrecido a los cantonales y tenía el mando del vapor *Tetuán*. Hablaba un español estropajoso, mezclado de francés. Mr. Witt comentó con aquel gesto de desdén en el que se había especializado:

—¿Con contrabandistas quieren organizar aquí la nueva sociedad?

Milagritos contestó:

—No vayas a creer. Colau es caballero de la Legión de Honor francesa.

Mr. Witt abrió los ojos, sorprendido e incrédulo y Milagritos le contó cómo Colau se había hecho acreedor a aquella distinción. Antes le describió a Colau: «un pirata turco». Grandes bigotes, casi gigantesco, curtido y fuerte. Rico y dadivoso. Con sus faluchos que tenía amarrados en Orán navegaba por todo el Mediterráneo. Se arruinó y volvió a enriquecer varias veces. Se decía, sin que pudiera concretarlo nadie, que no tenía escrúpulos cuando alguien se atravesaba en su camino. Colau tenía un aspecto feroz, pero Milagritos decía que era un bendito en el fondo. Mr. Witt intercaló una pregunta en la descripción; una pregunta de apariencia inocente:

—¿Cómo lo sabes?

Milagritos dijo que lo había conocido el día que subió al fuerte Carvajal. Colau llevó vino a los voluntarios y bebió con ellos caudalosamente, sin llegar a embriagarse. Sobre su camisa sudorosa, con una manga rasgada desde el hombro, lucía el botón rojo de la Legión de Honor.

«¡Ah, vamos!—pensó Mr. Witt—. Fue el día que yo tuve la sensación del adulterio.» Milagritos siguió contando, pero sin espontaneidad, coaccionada por la presión fría de aquella mirada de Mr. Witt:

—La Legión de Honor se la dieron porque salvó él solo, en una lancha, a todo el pasaje de un trasatlántico francés que un día de mar brava estuvo a punto de irse a pique. Había embarrancado y las olas lo estaban haciendo migas. Colau hizo diez viajes, saliendo a alta mar desde el puerto, y los salvó a todos.

—¿Te lo ha contado Colau mismo?

Milagritos pareció ofenderse, pero no por la pregunta en sí, sino por la hipótesis de creer que Colau era un vanidoso.

—¿Quién crees tú que es Colau? No lo cuenta a nadie. A mí me lo dijo Manolo Cárceles.

Mr. Witt torció el gesto. Otra vez aparecía detrás de lo ridículo—Colau mandando el *Tetuán*—«lo sublime»: Colau elevado a una dignidad social por heroísmo auténtico. Pero, además, Milagritos hablaba de Cárceles con una gran familiaridad: Manolo. Manolito, había dicho otras veces. Antonete, Colau, Manolito. ¿Y eran ésos los que querían dar un nuevo rumbo a la Historia? Se quedaron largo rato mirándose en silencio. Milagritos tenía el alma vacía. Mr. Witt lo veía en sus ojos. Había oído decir a su mujer, refiriéndose a otras personas: «Tiene alma de cántaro», o sea: tiene el alma hueca. Pero el alma de cántaro estaba en ella. Cuando llamaba a su alma con una pregunta, con una insinuación, su alma le devolvía un sonido fino y fresco—eso sí—de oquedad, lo mismo que al golpear un cántaro de tierra vacío con los nudillos. Por eso, por tener el alma vacía, Milagritos resistía sin turbación aquella mirada seca y persistente de Mr. Witt, que seguía queriendo taladrarle el alma—el cántaro—con los ojos. Milagritos, cansada de aquel silencio, suspiró sin dejar de contemplar a Mr. Witt. Este, por fin, retiró la mirada y fue a posarla en la urna.

Entonces llamaron a la puerta. Era Mr. Turner.

El cónsul besó la mano a Milagritos (aquella era la única zalema de los ingleses que a ella le gustaba) y se sentó, dejando una cartera de cuero sobre la mesa. Milagritos se fue y cerró la puerta. El cónsul llegaba inquieto, lleno de noticias. El Gobierno inglés había comunicado al almirante la orden de llevar a Gibraltar las fragatas apresadas—la *Almansa* y la *Vitoria*—, y el almirante lo comunicó a las autoridades cantonales a través del cónsul. Este acababa de recibir el siguiente oficio, que mostró a Mr. Witt: «Recibida vuestra comunicación, con la que avisa el almirante inglés se llevará nuestras fragatas *Almansa* y *Vitoria* a Gibraltar a las doce del día de mañana, debemos contestar que protestamos de este hecho de fuerza, dejando la responsabilidad del acto a dicho almirante.—Salud y Federación..., etc.» Mr. Witt preguntó si había transmitido

al almirante ese oficio, y el cónsul le explicó que no
tenía por qué darle cuenta de él, ya que el almirante no
había hecho una consulta a los cantonales, sino que les
había notificado simplemente la adopción de una medida. Aquello de que el almirante no pudiera dar belige-
rancia a los cantonales le gustó a Mr. Witt, pero se
creyó en el caso de protestar:

—Es una temeridad. Esas fragatas deben ser devueltas
a los rebeldes.

Mr. Turner no opinaba, pero se veía que aquella
medida, la primera que tomaba Inglaterra contra los
cantonales, le creaba a él personalmente una situación
compleja y molesta. Mr. Witt explicó:

—Y yo no estoy con los cantonales, quizá porque los
tengo en mi propia casa—señaló con el gesto la puerta
por donde se había ido Milagritos (esto le pareció a
Mr. Turner de un humor muy fino y sonrió)—. Me
parece tan mal Contreras sublevándose por la Federación como Serrano por la Monarquía. Pero no se puede
ignorar que todo esto (indicó el mar, el puerto, los fuertes a través del balcón abierto) representa una fuerza,
un estado popular digno de respeto.

Los dos esperaban que el movimiento se resolviera desde Madrid sin llegar a la desolación de un verdadero blo-
queo, al hambre, a la peste y a los terribles y encarni-
zados «asaltos al arma blanca». Esperaban de un día
para otro el pacto. «Los intransigentes—se decían—ob-
tendrán un estatuto para el Cantón.» Era lo inteligente.
Pero aquella medida de Inglaterra les daba que pensar.
Quizá el Gobierno español estaba resuelto a aniquilarlos
y había hecho la gestión diplomática para que se tomara aquella medida con las fragatas.

—Esto—dijo Mr. Turner con afectada despreocupación—nos va a hacer muy impopulares aquí. Claro está
que las autoridades responden del pueblo; pero alguno
de ellos, y concretamente Barcia, comienzan a ser mal
vistos por los voluntarios...

Mr. Witt pensó: «Tiene miedo.» Pero también Mr. Witt
comprendía ese miedo, por un lado, a las masas sin

control; por otro, al *Foreign Office*. La situación del
cónsul no era muy segura. Mr. Witt veía el oficio de
los cantonales. «Políticamente correcto», se dijo una vez
más. Y fuerte sin insolencia. Toda esa literatura confun-
diría mucho más a la burocracia de Londres, si se enterara de que estaba escrita por unos «Antonetes», unos
«Colaus», unos «Manolitos».

Mr. Turner repitió una pregunta que había hecho
otras veces:

—En caso de que todo esto triunfara, ¿cree usted que
podrían hacer algo serio Contreras, Antonete y Cárceles?

Mr. Witt tardó en responder:

—Ellos, no—dijo por fin—. Pero los que les siguen, sí.

—¡Cómo! ¿Las masas?—preguntó, sorprendido, el cónsul.

—Las masas. Aquí, en España, las masas se embria-
gan en seguida, y no de vino. Si las dejaran hacer, no
dude usted que harían algo. Son embriagueces fecundas.

Mr. Witt no lo creía. Algo le obligaba, como siempre, a discrepar del cónsul.

Mr. Turner lo echaba a broma, pero en la manera
de preguntar se veía que era una broma con reverso de
seriedad. Una broma de las que no hacen reír.

—¿Y qué cree usted que harían?

Mr. Witt respondió sin dudar:

—Una sociedad idílica. Una especie de paraíso terre-
nal antes del pecado.

Los dos pensaron en Butler, cuyo «Erewhon» habían
leído meses antes. Rieron, satisfechos de poder tomar a
broma todo aquello. Pero sin confesarlo, los dos temían
que en el fondo de aquella extraña generosidad, de aquel
raro «idealismo» popular, de aquella «caballerosidad» de
los «Antonetes», los «Colaus» y los «Manolitos» pudiera
haber algo realizable, algo serio, noble y posible.

Siguieron charlando hasta la caída de la tarde. Antes
de anochecer, Mr. Turner se marchó. «Tiene miedo
a la noche—se dijo su amigo—, a pesar de la escolta.»
Cuando se quedó solo paseó a lo largo del despacho con
expresión concentrada, hermética. Se veía que no era

dueño de sus pensamientos. El carácter de Mr. Turner está formado sobre dos obsesiones—se decía—: la de la propiedad privada (tenía dos casitas en Inglaterra: una en la montaña y otra en el mar) y la de la obediencia burocrática. No son dos bases muy nobles, pero por cualquiera de ellas daría, si fuera preciso, la vida. El mío, sobre la jerarquía social de la ciencia. De una ciencia en la que yo he puesto..., ¿qué he puesto yo? Mr. Witt reconocía haber comprometido nada más que su espíritu de asimilación para ordenar una serie de conclusiones empíricas. Y también estaba dando la vida (dedicando toda la vida) a esas conclusiones empíricas. Estuvo contrastando todo aquello con la pujanza bárbara de aquellos caracteres, ebrios de ..., ¿de qué? De humanidad. Esa era la cuestión. Mr. Witt estuvo más a punto que nunca de desdeñarse a sí mismo, pero cerró su imaginación como un diafragma y se dirigió a la urna, la tomó en las manos, la levantó sobre su cabeza y la arrojó al suelo violentamente. Dentro de la casa se oyó un grito, y doña Milagritos acudió presurosa. Mr. Witt seguía paseando indiferente. Lo primero que dijo Milagritos al abrir la puerta fue:

—Sal de ahí, Jorge. Vas en zapatillas y te puedes herir. Espera que quiten los vidrios.

Pero Mr. Witt se había herido ya. Sangraba su pie derecho. Milagritos, sin aludir para nada a la urna—como si aquello lo hubiera previsto mucho tiempo antes—, le obligó a pasar al cuarto de baño, lo descalzó y le encontró un rasguño en la planta del pie. El vidrio no había dejado huella en la zapatilla, que era de tela esponjosa. Lo curó con todo cuidado. Mr. Witt dejaba hacer, pensando en otra cosa (continuando el proceso de aquellas ideas de las que no pudo apartarle la destrucción de la urna), y sólo cuando vio los algodones manchados en sangre sintió un ligero mareo, algo de inconsistencia en el estómago, en el hígado, que enviaba reflejos, como breves relámpagos, al cerebro. Cuando estaban terminando de vendarlo se oyeron uno tras otro, sin interrupción, agrupados a veces en series de tres o cuatro, hasta

veinte cañonazos. Milagros no abandonó su tarea. Las
criadas corrieron desoladas hacia la escalera para volver a los sótanos. Mr. Witt, ya vendado, se puso la zapatilla y se dirigió al balcón. Los cañonazos saludaban
al barco hospital *Buenaventura*, con la enseña de la Cruz
Roja enarbolada. Era el primer barco hospital. Las baterías lo acogieron con los honores que merecía un hecho nuevo en la historia de las guerras navales. Milagritos, que sabía todo esto porque acababa de leerlo en *El
Cantón*—donde había leído también la noticia de la *Almansa* y la *Vitoria*—, no quiso hablar, sin embargo.

Se limitó a ver si en el suelo quedaban cristales de la
urna y a coger dos que habían ido a parar bajo el canapé. El *Buenaventura* estaba en Escombreras y llegaba
a toda marcha. Se vio después, en la media luz del atardecer, cómo transportaban a bordo algunos heridos, desde una lancha.

—Ha debido haber muchos—dijo simplemente Milagritos.

Mr. Witt, sintiendo la venda en el pie—también él
estaba herido—, quiso reanudar sus cábalas. Pero su herida era poco gallarda. Todo seguía empujándole hacia
las mismas conclusiones. No había desplegado los labios,
y Milagritos respetaba su silencio. Tanto, que se marchó
y lo dejó solo, advirtiendo:

—Me voy abajo, a buscar a la cocinera; si no, tendremos que ir a cenar a la cocina de Bonmatí.

Era un servicio de asistencia social que dirigía el dulce
caballero de las finas facciones y la barba lacia. Mr. Witt
se quedó solo. Buscó en vano con los ojos la venda
de Carvajal, que había quedado en el suelo. Pero no
estaba.

—La ha salvado Milagritos—se dijo.

Y volvió al balcón. La noche comenzaba sin luna, espesa y cálida (son más calurosas las noches sin luna),
y el puerto, sembrado de luciérnagas, tenía un sosiego
mayor después de las salvas recientes. Por las laderas
de Santa Lucía sonaban canciones que se oían a veces
a favor de la brisa. Las retretas iban llegando de un lado

y otro. Mr. Witt las conocía y repetía mentalmente:
«Infantería de Marina», «Artillería pesada», «Infantes de
Iberia», «Fragata *Numancia*»... Mr. Witt sentía un gran
vacío interior. Y se encontraba en él a gusto.

Un centinela de infantería de Marina cantaba al pie
de una tronera de la muralla, bajo el balcón:

> Metí la mano en tu pecho
> y me picó un alacrán...

## 11

Cuando acordaron acudir en defensa de los federales
valencianos, sobre cuya ciudad iba una fuerte columna
del Gobierno mandada por Martínez Campos, Antonete
advirtió a Contreras que las tropas del Cantón no pelea-
ban bien. Contreras no se explicaba aquello y Gálvez le
propuso una entrevista con Hozé, el obrero de la Maestranza. Contreras seguía sin explicarse la razón por la
cual un elemento civil, y todavía menos, un obrero de la
Maestranza, podía aclarar esas dudas. Antonete insistía:

—Hay que oír a todo el mundo.

Convinieron la entrevista, pero no dio resultado. Contreras, encerrado en su adustez, no descendió al plano
de la discusión en el que le esperaba Hozé con la gorra
en la mano. El obrero se limitó a decir que para ellos
el cambio de Castelar por Contreras era poca cosa. Querían algo más. Esto ofendía al general y aumentaba la
distancia. Antonete se llevó al obrero antes de que la entrevista tomara caracteres peores. Antonete se dijo:
«Ese Contreras no sabe escuchar.»

Como se estaba organizando la expedición de auxilio
a Valencia, Antonete pulsó a los obreros de la Maestranza a ver si podía formar un par de compañías de voluntarios para distraer menos fuerzas de las que guarnecían
la plaza. Los obreros fraternizaban con los soldados de
infantería de Marina—los más populares, los que el pueblo cartagenero idolatraba—, pero no se avenían a acom-
pañarlos en la expedición a Valencia. Antonete pensaba:
«Irían conmigo, pero con Contreras no van.» Y, sin em-

bargo, había un odio expansivo y activo contra el Gobierno de Madrid y un entusiasmo encendido por el
Cantón. Antonete se consumía entre las contradicciones.
Veía en Hozé y en sus compañeros alguna reserva. «A la
hora de jugarse la vida piensan quizá que no se trata
sino de un pleito entre nosotros. De todas formas, para
la defensa del Cantón darán la sangre si es preciso. Para
lo que no la darán será para proporcionar un triunfo
a Contreras», que era lo que veían en la expedición a
Valencia. Cuando Antonete, en su cuarto del Ayuntamiento (el mismo en el que recibió a Mr. Witt), preguntó a Hozé y a otros tres si no sentían la grandeza
que tenía el hecho de ir a prestar auxilio a los valencianos, Hozé le dijo:

—Mire usted, señor Gálvez, Valencia es más grande
que Cartagena. Allí hay muchos más obreros que aquí.
Si el Cantón valenciano da al pueblo lo que el pueblo
necesita ya sabrán defendérselo ellos solos. Pero si no
se les da es inútil enviar fuerzas.

Antonete entrevió una conclusión absurda: la de separar en cierto modo la idea cantonal del pueblo. ¿Entre
ellos y el pueblo había que tener en cuenta condiciones
y circunstancias? Antonete no lo creía porque se consideraba él mismo pueblo, entraña popular, cogollo de la
calle, del taller y de la fábrica. Antonete se sintió decepcionado.

—¿Pensáis así vosotros?—preguntó a los demás obreros.

—La palabra de Hozé es la nuestra—respondieron.

Antonete los miró de uno en uno a los ojos. «Eso
mismo es lo que piensan todos los trabajadores de la
Maestranza», se dijo. Pero como no le cabía la menor
duda sobre su conducta en relación con la defensa del
Cantón de Cartagena se dio por satisfecho. Después de
despedirlos pensó que quizá los soldados se desentendían
de aquel pleito a la hora de ofrecer la vida porque pensaban lo mismo. «Es decir—rectificó—, porque sentían lo
mismo.» Si no, ¿cómo explicarse que los voluntarios, diri-
gidos en cierto modo por Paco el de *la Tadea,* cuando lo

de Hellín, se mostraran partidarios de no castigar a los artilleros que se indisciplinaron? A la misma causa atribuía aquellas reflexiones disconformes que le hizo el mismo Paco en la sala del telégrafo.

Lo que diferenciaba a Antonete de Contreras era que el caudillo civil aceptaba las dudas y trataba de analizarlas y explicarlas, mientras que Contreras se encerraba en conclusiones fijas no se sabía si por desconocimiento de la realidad o porque la conocía e «iba a lo suyo». Había un ejemplo evidente. Antonete representaba al pueblo enardecido y Roque Barcia representaba la fórmula autoritaria constituída y en cierto modo conservadora. Y cuando había cuestiones de competencia entre Antonete y Barcia el general se inclinaba del lado de este último. Antonete, aleccionado por las reservas de los trabajadores, trató, ya en el tren, camino de Chinchilla, de explicarle a Contreras con ejemplos aquella delicada cuestión.

—No hay que olvidar—decía—que cuando Roque Barcia se conmueve de los pies a la cabeza para hablar de la «felicidad del pueblo», las mujeres pobres lloran, los republicanos de cepa se conmueven, pero muchos centenares de trabajadores se quedan fríos. No entienden qué quiere decirse, en suma, al hablar de la felicidad del pueblo.

El general Contreras no entraba, sin embargo, en la medula de la cuestión:

—Habla bien Roque Barcia—decía separando de los labios el cigarro puro.

Eran las ocho de la mañana. Delante, con tres horas de ventaja, había salido otro tren militar con las siguientes fuerzas: una compañía de guardias de arsenales, dos de voluntarios de Murcia y la compañía de infantería de Marina reforzada y muy bien pertrechada. En el segundo tren, con el grueso de las fuerzas, iba el Estado Mayor, el batallón de cazadores de Mendigorría con sus gorros verdes, mandado por un teniente coronel—Pedro del Real, ferviente republicano—; una sección de caballería y dos piezas de artillería. Detrás de este convoy y con una separación menor (tenía que partir media hora después) saldría otro tren con el regimiento de Iberia y dos compañías de voluntarios. Estas últimas fuerzas se quedaron en Hellín a la expectativa. Tenían confidencias de que Martínez Campos había destacado una fuerte vanguardia entre Chinchilla y Albacete al mando del coronel Salcedo. Sin duda, esas fuerzas les esperaban en campos de Chinchilla. Cuando el convoy segundo, donde iba el Estado Mayor, llegó a la estación y la vieron ocupada por los guardias de arsenales, Contreras consideró ganada la jornada. Las fuerzas del primer tren se habían distribuído así: una parte de los guardias de arsenales se dirigió a la ciudad. Detrás de la estación se alzaba una loma que avanzaba, subiendo y prolongándose, y a su remate se erguían las torres de Chinchilla. Los guardias de arsenal avanzaron por las faldas de la loma y tomaron posiciones, desplegados en alturas inmediatas desde las que se dominaba todo el frente suroeste. Los voluntarios ocuparon las alturas opuestas de la loma, que ofrecía lejano emplazamiento a la ciudad, y la infantería de Marina guardaba las espaldas a los voluntarios.

Al llegar el segundo tren, el brigadier Pozas, que mandaba las fuerzas del primero, salió del cuarto del telégrafo y se acercó a Contreras. Le saludó militarmente y le dijo que acababa de informarse por el telégrafo de cuadrante de la estación de una noticia lamentable. Las tropas del Gobierno habían ocupado Valencia. Los federales valencianos se habían entregado sin luchar. Antonete, Contreras, Pozas y Pedro del Real se reunieron en la sala del jefe de estación. Contreras estaba dispuesto a seguir. En su obstinación había algo napoleónico y fue advertido con sorpresa por Antonete, que tenía una idea del general bien distinta. Antonete propuso regresar con las fuerzas a Cartagena, recogiendo incluso la compañía de voluntarios de Hellín. Antonete no tenía fe en las expediciones militares, y, en cambio, estaba seguro de poder resistir en Cartagena, estimulando al mismo tiempo con el ejemplo a Cádiz, a Barcelona, a los verdaderos focos federales intransigentes, que, si de momento estaban apagados, nadie podía decir lo que sucedería mañana. El general Pozas se puso de parte de Antonete sin otra razón—pensó éste—que llevarle la contraria a Contreras, a quien estimaba poco profesionalmente. Pedro del Real se unió también al caudillo, convencido de que gastar fuerzas lejos de Cartagena sin un plan concreto (después de la rendición de los federales de Valencia) era poco razonable. Contreras mismo acabó por comprender que lo mejor era iniciar el regreso cuanto antes. De acuerdo los cuatro jefes, se ordenó el repliegue de las fuerzas que habían ocupado posiciones y el embarque de dos compañías de Mendigorría que habían echado pie a tierra. Sonaban clarines en la estación, contestaban clarines en lo alto de la loma de Chinchilla. Cuando las fuerzas de la primera expedición estuvieron formadas en los andenes, Contreras y Antonete ocuparon su tren y éste comenzó a maniobrar. Salía, en primer lugar, el Estado Mayor porque había que dejar la vía expedita para que maniobrara la locomotora del otro convoy que estaba haciendo la descubierta vía adelante.

Pero no era por la vía por donde había encaminado sus tropas el coronel Salcedo. Los clarinazos, las largas horas de maniobras entre la estación y la ciudad permitieron a Salcedo localizar las fuerzas rebeldes y emplazar tranquilamente los cañones en la crestería que se alza frente a la estación. Había salido al amanecer de Albacete con objetivos concretos: dar vista desde las alturas del noroeste a Chinchilla y esperar la presencia de los revolucionarios. Llevaba menos fuerzas que Contreras, distribuídas en dos columnas con la artillería en el centro. Algunas secciones de caballería cubrían la retaguardia. En vanguardia el quinto tercio de la Guardia Civil. Paralela a la carretera iba la vía férrea, por donde destacó también Salcedo una locomotora con vigías. Dieron éstos aviso de la llegada del primer tren y las fuerzas de Salcedo cambiaron la ruta, dando un rodeo para emplazarse de manera que pudieran cortar la retirada por ferrocarril. El jefe de la Guardia Civil, con veinte

hombres a caballo, corrió a levantar los raíles cuando
vieron los dos trenes en la estación. Como la maniobra
requería una gran precisión de tiempo, los veintiún jine-
tes partieron al galope y llegaron a la vía once nada más.
Los otros diez quedaron desmontados por haber caído
reventados los caballos. Pero bastaron los once para levantar la vía un largo trecho.

Poco después Salcedo abrió fuego de cañón sobre las
tropas de Contreras. El primer disparo pasó entre dos
vagones del tren que se estaba formando. En aquel momento el convoy que llevaba a Contreras y Antonete llegaba a la aguja. Continuó la marcha. Un cañonazo des-
truyó la caseta del guardaagujas. Las tropas que ocupaban el segundo tren se arrojaron de los vagones descon-
certadas. El general Pozas, que esperaba al extremo del
convoy, logró a duras penas contener a los fugitivos y
emplazar dos cañones, que hicieron algunos disparos
sobre los de Salcedo. Pero las primeras guerrillas de la
vanguardia de Salcedo llegaban y abrían fuego graneado
sobre la estación. Al mismo tiempo, los grupos que huían
presa del pánico se encontraban con la caballería enemiga.

Los cañones de Salcedo dispararon sobre el tren de
Contreras. Una bala atravesó el departamento donde iban
el general y Antonete. Esperaban éstos poder retroceder
y prestar auxilio a sus compañeros, pero el soldado que
se dirigió a la locomotora para dar aviso no llegaba
nunca. En la cortadura de la vía el tren descarriló. Sobre
el convoy cayeron las fuerzas de Salcedo, apostadas cerca de la estación de Pozo-Cañadas, pero el desconcierto
no produjo en aquellas tropas los estragos que hizo en
las de Pozas. Contreras y Gálvez organizaron la resistencia, hicieron desplegar a la infantería y mientras se
tenía a raya a los atacantes pudieron desembarcar y salvar caballos e impedimenta. La columna de Hellín, al oír
el fuego de artillería, avanzó para unirse a las otras dos,
y al divisar las fuerzas, Salcedo se replegó en orden,
llevando consigo, según declaraba después en el parte,
«siete heridos, veintisiete jefes y oficiales y trescientos

veintiséis soldados y voluntarios prisioneros—entre ellos
la compañía de infantería de Marina íntegra—, doce de-
sertores, dos piezas de artillería con municiones y ganado, trescientos treinta y cinco fusiles, gran cantidad
de otras armas y municiones, la bandera del tercer regimiento de infantería de Marina, el carro de este cuerpo
con equipajes, la caja de caudales del mismo, además
de los dos trenes rebeldes con treinta y un vagones.»

El descalabro fue absolutamente injustificado, ya que
las fuerzas de Contreras eran muy superiores en número
y en material de guerra. Las mayores pérdidas corres-
pondieron a la columna de Pozas. Contreras perdió cuarenta hombres, que al entrar en fuego se entregaron a
los adversarios. El general Pozas pudo salvar una cuarta
parte escasa de la columna, replegándose trabajosamen-
te hacia la venta de la Mala Mujer, donde los pocos
fugitivos que se salvaron pudieron concentrarse. Durante toda la tarde y parte de la noche estuvieron llegando
allí soldados derrotados, sin armas, medio muertos de
fatiga. Pozas se mostraba inquieto, nervioso. Culpaba a
Contreras. «Si no nos hubiera ordenado replegarnos...»
Confiaba en la ventaja de las posiciones que ocuparon
al llegar. Pero de todas formas y desoyendo cualquier
otro razonamiento, Pozas sentíase desconcertado ante la
conducta de la tropa. Poca combatividad, deserciones
en grupos, falta de espíritu de lucha. Pozas no había
hablado antes con Antonete; si no, hubiera tenido que
darle la razón.

La venta de la Mala Mujer fue lugar de concentración
de las fuerzas, según la orden que a última hora hizo
circular entre los fugitivos el teniente Ibáñez. En esa
venta se reunieron hasta doscientos hombres. La mayoría sin ningún arma. El teniente Ibáñez se las compuso
de modo que todos restauraron sus fuerzas de algún
modo e hicieron noche allí. Pusieron puestos de vigilancia, pero demasiado sabían que después del triunfo del
día no aventuraría Salcedo sus fuerzas en emboscadas
o exploraciones nocturnas.

El general Pozas no quería ser testigo pasivo de su

propia derrota y había marchado a Hellín aquella misma tarde para continuar desde Hellín a Cartagena. Dio al teniente Ibáñez la orden de que el día siguiente reanudaran la marcha hacia Hellín, donde tomarían un tren que habría ya dispuesto.

Ibáñez se quedó con los grupos de soldados charlando hasta muy entrada la noche. Todos estaban asombrados, sin acabar de comprender lo ocurrido. Una vez más se afirmaba en la tradición de la técnica guerrera el valor de la sorpresa. Ibáñez se acostó seguro de que al día siguiente el número de sus soldados habría disminuído. Pero no fue así. A la hora de emprender la marcha estaban todos los que llegaron y además los alentaba un espíritu jovial y animoso. El teniente Ibáñez, que tenía un carácter extravagante, decía viendo marchar la doble fila por la carretera:

—A éstos no les llegan ni las victorias ni los fracasos. Estos pierden siempre.

Se hubiera guardado mucho de decirlo en voz alta.

Entretanto, al llegar Antonete y Contreras a Cartagena, celebraron varias reuniones con la Comisión de guerra. Hubo motines pidiendo responsabilidades, y el general Pozas tuvo que exculparse ante el pueblo en un largo manifiesto en el que explicaba punto por punto lo sucedido. Contreras le hizo quitar algunas expresiones de las que se podía derivar, aquilatando mucho, cierta responsabilidad para el general en jefe.

La consecuencia de todo aquello fue un acuerdo de estricta defensa. Las pocas fuerzas que había en Murcia fueron evacuadas hacia Cartagena. El elemento civil significado revolucionariamente también se marchó de la capital y se internó en Cartagena.

El grueso del ejército de Martínez Campos iba ya sobre la capital.

Entretanto, los obreros de la Maestranza se amotinaban, exigiendo responsabilidades al alto mando. No le interesaban las cuestiones de competencia entre Pozas y Contreras. La cuestión iba tomando otro rumbo. Los trabajadores desconfiaban de los militares graduados.

De sargento primero para arriba comenzaban a resultarles sospechosos. En cuanto a los soldados, si no combatían era porque los mandaban generales y no hombres del pueblo como Antonete. Este fervor por Antonete producía no sólo a Contreras, sino a algunos de los jefes civiles, celos que encubrían mal que bien.

La mañana del día siguiente a la derrota de Chinchilla amaneció llena de sobresaltos. Los voluntarios formaban banderías sueltas y recorrían la población muy excitados. El grupo más numeroso lo presidía Hozé, y después de vagar por el paseo de la Muralla dando voces, con un número de *El Cantón* clavado en el pico de una bayoneta (era el número donde la Junta trataba de justificar el desastre) fueron ante el Ayuntamiento. Hozé quería hablar con Contreras de nuevo y trasladarle la protesta de los voluntarios. Los doscientos hombres que le acompañaban reflejaban su misma indignación. Llevaban media hora tratando de entrar en el edificio. Un capitán de voluntarios, hombre civil, los contenía en el portal con buenas razones. Cuando el capitán vio que la situación empeoraba envió un recado arriba y los balcones del Ayuntamiento se abrieron. Salió el general Pozas. Lo acogieron con silbidos. No le dejaron hablar. Manolo Cárceles le obligó a retirarse y reclamó silencio.

—Hay traidores—dijo—. Tenéis razón. Nosotros castigaremos a los que efectivamente lo sean. Pero ahora es más necesaria que nunca la serenidad. Hay que encontrar a los traidores. ¿Quién sabe dónde están? ¿Podéis asegurar vosotros que no son traidores disfrazados los que os envían contra nosotros para tratar de dividirnos en un momento en que las tropas de Martínez Campos vienen sobre el Cantón? Poneos la mano en el pecho y contestad.

Se oyeron vivas dispersos a la Federal. Hozé estaba desconcertado, pero un obscuro instinto le decía que tenían razón yendo contra la Junta. A su lado surgieron nuevas voces:

—No queremos hablar contigo, sino con Contreras.

Cárceles, que al oír los vítores consideró vencido el motín, prometió:

—En seguida seréis recibidos. Nombrad una Comisión.

Hozé y otros dos entraron. Salió al encuentro Cárceles, que los condujo a la presencia del general. Pero al lado del general estaba Antonete. Los obreros le hablaban al general y contestaba el caudillo civil. Contreras tenía un aire distraído y hosco. Antonete vio a Hozé en actitud agresiva y le preguntó con aire más confiado que nunca qué querían.

—Que se vea quién ha tenido la culpa y se le castigue.

El general hizo un movimiento de impaciencia. Iba a hablar, pero se le adelantó Antonete.

—Tenemos la culpa todos. Entre nosotros se habían infiltrado traidores. ¿Quién puede impedirlo?

Hozé cogió la correa de la carabina con la mano.

—Sólo puede impedirlo ésta.

Antonete, sin alterarse, preguntó:

—¿Cómo? ¿Qué haríais vosotros para impedirlo?

Sucedió un silencio peligroso. En los legajos del archivo municipal temblaba toda la historia de Cartagena. Antes de que contestara Hozé, Antonete apretó más el cerco:

—Decid qué haríais, qué medidas tomaríais para evitar estos hechos. Estamos dispuestos a tomarlas en consideración.

Hozé sentía cierta turbiedad en sus ideas. Sólo se le ocurría señalar a Contreras con el dedo, o mejor, con el cañón de la carabina. Pero no se atrevía. «Si hubiéramos subido todos—se decía—ya estaría resuelta la cuestión.» Vaciló un momento y dijo secamente:

—Queremos que se haga justicia. Si dependiera de nosotros ya estaría hecha.

Antonete, con la mayor tranquilidad, con su aire afectuoso de siempre, insistió:

—¿Cómo?

Y se dispuso a escuchar. Hozé estalló, agarrotando la

carabina entre los dedos de su mano izquierda y señalando con la derecha la ventana:

—¿Cómo? ¿Es qué no hay carlistas y alfonsinos en la
calle Mayor? ¿Es qué no hay iglesias y curas? ¿Es qué
todos esos no serán traidores en cuanto puedan? Yo lo
arreglaba en seguida echándoles la soga al cuello y qui-
tándoles todo lo que tienen, siquiera para que no pa-
saran hambre los hijos de los que peleamos.

Antonete se levantó. «Igual que Paco el de *la Tadea* en
Hellín»—pensaba—. Le ardía en los ojos la misma luz
que se había encendido súbitamente en los de Hozé.

—¡Esas no son palabras de un federal! Así no habla
un soldado del Cantón.

El general Contreras no disimulaba ya su impaciencia. Miraba a los comisionados gravemente y movía la
cabeza con desdén y compasión. Antonete siguió:

—Con la crueldad no se consigue nada. No harías sino
imitar a la carcunda carlista. ¿No odias tú a los carlistas porque saquean y asesinan? ¿Y vas tú a hacer lo
mismo? Nosotros no somos el odio, sino el amor. No
somos crueles, sino más humanos que los alfonsinos,
los carlistas y los castelarinos. Nos hemos sublevado en
nombre de la Federal, que es fraternidad y humanidad.

En la calle daban vivas a la libertad y al Cantón.
Antonete se apoyó en aquellos vítores para continuar:

—¡Eso, libertad! Somos los soldados de la libertad,
pero no los facinerosos de Madrid y del Norte. ¿Qué
queréis? ¿Ensuciar vuestros ideales con el asesinato y
el robo?

Hozé se debatía en un laberinto de dudas. Los otros,
prendidos por la dialéctica de Antonete, advirtieron que
si el Cantón era la libertad no era razonable que si-
guieran en el penal más de trescientos presidiarios. Antonete, respondiendo con un gesto decidido, sacó un
volante del cajón de la mesa, escribió tres renglones, le
puso con un golpe enérgico el sello de la Junta, lo firmó
y lo entregó a Hozé.

—El Cantón os autoriza para abrir las puertas del

presidio de par en par. Los presos son desde este momento ciudadanos libres.

Hozé quedó perplejo. Uno de los comisionados dio un «¡viva el Cantón!» y los tres marcharon presurosamente escaleras abajo. Antonete quedó satisfecho, conmovido por su propia decisión y por el entusiasmo humanitario de los obreros. El general Contreras paseaba indignado, pero no se atrevía a decir nada a Antonete, porque el fracaso de Chinchilla le había cortado vuelos.

Media hora después bajaban en torrente por detrás del Ayuntamiento los presidiarios. Sus trajes de mahón, sus cabezas rapadas, los hacían inconfundibles. Hozé llevó a los jóvenes al arsenal y les dieron armas. Los viejos y los impedidos se encargaron de la limpieza de las calles. Hozé, que consideraba obra suya aquella liberación, estuvo radiante todo el día. Anduvo con ellos de un lado para otro. Al anochecer marcharon los que habían obtenido armas a las defensas de la Muralla. De los viejos, muchos subieron renqueando al penal a buscar su camastro para dormir. Otros, viejos también y achacosos, prefirieron dormir en tierra, al raso, junto a los diques, arrullados por el mar libre, bajo un cielo sin puertas. A la mañana siguiente retiraron a algunos y los llevaron al hospital. Bajo los balcones de Mr. Witt —donde el inglés observaba, impasible, con los gemelos— decía un viejo presidiario, conducido en brazos por tres voluntarios:

—No es *ná*. Aneblao *ná* más.

Y añadía, queriendo reír en medio de los dolores del reuma:

—La niebla, que no me conoce después de tantos años y me ha calao los huesos.

Entre los libertados estaba Antonio *el Calnegre*, hermano de Paco el de *la Tadea*. Al *Calnegre* le habían «echao la perpetua» por una muerte.

Septiembre

12

Al ver que por tierra no daban resultado las expediciones armadas se trató de organizarlas por mar. Como
primera medida Contreras se dirigió a todos los cónsules acreditados en Cartagena, preguntándoles cuál sería
la actitud de su país si en aguas españolas o internacionales la escuadra cantonal trababa combate con la
del Gobierno. Los cónsules cuyos países habían enviado barcos de guerra a Cartagena transmitieron la pregunta al comandante de la flota respectiva. El de la
flota inglesa contestó: «Observaré una estricta neutralidad con respecto a los acontecimientos de España
mientras los intereses británicos sean respetados; pero
mi deber me obliga a vigilar estos intereses en cualquier parte de la costa donde existen.» Esa respuesta
satisfizo a la Comisión naval de guerra y en especial
a Contreras. En términos parecidos contestó el cónsul
francés. El *Friedrich Karl*, con su impertinente comodoro, había marchado a Alicante con orden de mante-
nerse más al margen de los acontecimientos. El mar
quedaba libre de presiones extranjeras para los cantonales. Estos hicieron en seguida excursiones a Torrevieja y a Aguilas, de las que volvieron con abundantes
víveres, armas y municiones de fusil, además de dinero, recaudado para la Hacienda y no ingresado todavía en las arcas públicas. A Torrevieja fue el *Fernando
el Católico*, mandado en persona por Gálvez. A Aguilas,
donde esperaban que habría resistencia, marcharon, además, la *Numancia* y el *Méndez Núñez*, escoltados por
tres fragatas y una goleta extranjeras, que no habían
de abandonar ya nunca a la escuadra cantonal. Se acercaban días aciagos, y tanto las Comisiones de Abastos
como las de Guerra y Marina exageraban las precauciones.

Martínez Campos había plantado su cuartel en La
Unión, a ocho o diez kilómetros de Cartagena. Desde

allí envió una carta al general Contreras, su antiguo jefe, que decía, entre otras cosas:

«Tranquilizada Andalucía, la resistencia de Cartagena no tiene razón de ser. No hace más que aumentar las huestes carlistas en el Norte, distrayendo fuerzas, que empleadas en su persecución darían grandes resultados. El Gobierno, con el ingreso de mozos de la reserva en caja, puede ya en breve enviar a Cartagena fuerzas numerosas y reunir hoy en día una escuadra potente. Es tiempo de ceder. Es tiempo de evitar los males que luego hemos de deplorar muchos años. Si en usted hay pertinacia, porque yo no niego que Cartagena puede resistir bastante, a la vez diré, y a usted como veterano no puede ocultársele un instante, que bloqueada por mar y por tierra tiene que rendirse irremisiblemente en un plazo más o menos largo, y yo no puedo creer que usted insista en colocar en una situación desgraciada a sus correligionarios, que más por el nombre de usted que por sus convicciones políticas se aprestan a la resistencia.»

Contreras leyó la carta en una solemne reunión de la Junta revolucionaria, y manifestó que estaba dispuesto a resistir hasta vencer o morir. Todos coincidieron en esa actitud, y Contreras contestó a Martínez Campos en los siguientes términos:

«Extraño yo a la política de Madrid, en la que, dicho sea de paso, bien comprendo que hay sólo alfonsinos, monárquicos de varios reyes y republicanos descreídos, que no cumplen con sus deberes; debo, sin embargo, contestarle:

»Convencido como estoy de los grandes elementos que usted dice que tiene para vencer, yo, sin embargo, sin tantos medios y más modestos, tengo hombres valientes, entusiastas republicanos federales que esperan decididos defenderse, confiados en la bondad de su causa y en las simpatías del pueblo español, siempre liberal, siempre democrático, y, por lo tanto, yo no tengo que hacer más que imitar esta noble y leal conducta de los dignos defensores de Cartagena.»

Contreras escribía muy mal. Su estilo era seco, torpe, pronto a la incoherencia. Como orador no tenía condiciones mejores. A partir de esta respuesta, cuya divulgación en *El Cantón* produjo verdadero entusiasmo, se redoblaron las precauciones, tanto en tierra como en el mar. El pueblo contribuía espontáneamente al trabajo de reparación y fortificación en la antigua muralla y para los muchachos no había gloria mayor que llevarle el correaje, cargado de cartuchos, a un paisano o tenerle el fusil a un soldado que momentáneamente debía ocupar sus manos en otra faena. En cuanto al abastecimiento de la población, aunque se había notado la escasez de víveres, no se había hecho todavía angustiosa. La vigilancia en la muralla de tierra produjo algunos incidentes. Por esa razón se dio una orden prohibiendo que la población civil se acercara por la noche a los recintos fortificados. El exceso de celo en la vigilancia dio lugar también a un incidente trágico en el mar. La fragata de guerra francesa *Thetis*, surta en el puerto, envió un bote con cuatro marinos a cumplimentar una orden del comandante. Al pasar frente a las guardias nocturnas de los fuertes Santa Ana y Navidad éstas dieron el alto y la orden de «bote a tierra». Quizá por no comprender el español los tripulantes del bote siguieron remando, y creyendo las guardias que eran gente del Gobierno hicieron fuego y mataron a un marinero. El incidente se resolvió con las explicaciones y las muestras de condolencia de las autoridades cantonales, y quedó satisfactoriamente zanjado con la manifestación de simpatía del pueblo, que acudió en masa, encabezado por la Junta revolucionaria, al entierro. Como todos tenían la íntima convicción de que los barcos franceses simpatizaban con los cantonales, el incidente fue verdaderamente doloroso.

Entre los jefes cantonales se iniciaba una crisis, que por estar demasiado a la vista del pueblo no acabaría por enconarse. Esta era la opinión de Antonete, partidario de dar publicidad a todas las deliberaciones y de no ocultar al pueblo ninguna de las dificultades. Con-

treras, en cambio, temía que toda aquella publicidad
desmoralizara a las masas republicanas y proporciona-
ra al enemigo una información preciosa. Motivaron la
crisis tres hechos que a su vez nacían de las dificultades de la organización interior: la escasez de víveres,
la falta de dinero en metálico y una medida política que
desanimó a algunos jefes: la desaparición del Gobierno de la Federación Española y su substitución por una
Junta de Salud Pública. Una simple substitución nomi-
nal de órganos, al parecer. Los víveres escaseaban desde que la presencia de las tropas de Martínez Campos
impedía a los campesinos de los pueblos próximos ir
con sus productos a la ciudad. Las expediciones de la
escuadra carecían de verdadera eficacia. Después de la
requisa de víveres en Aguilas no realizó ninguna otra
salida verdaderamente provechosa. *Fernando el Cató-*
*lico* logró tomar productos en algunos puntos de la
costa, y Colau, con su *Tetuán,* hizo primores de auda-
cia para obtener unas docenas de reses mayores y de
ovejas; pero el esfuerzo era muy superior a lo que se
lograba. Con motivo de la escasez de víveres hubo discusiones entre los órganos administrativos de cada sector militar, a quienes la falta de dinero había creado
ya el mismo problema anteriormente. La substitución
del Gobierno que presidía Barcia por la Junta de Salud Pública era una concesión al espíritu revolucionario del pueblo, con la que no estaban muy satisfechos
algunos graves varones, entre ellos el mismo Barcia. En
*El Cantón,* y aun sin hablar claramente de esas dificultades interiores, se advertían claramente. Lo que quería
Antonete pidiendo publicidad absoluta para todo menos
para los planes militares de mar o de tierra era que
el pueblo estuviera en antecedentes y diera por sí mismo las soluciones. Antonete creía en el certero instinto
del pueblo. «Eliminará a los elementos dañinos y será
él mismo quien salve el movimiento, si al final se ha
de salvar.» Aquel sistema determinó una ola creciente de impopularidad para algunos elementos del antiguo Gobierno, y concretamente para Barcia. Al ver a

Antonete defender esa posición con insistencia, Contreras se sentía un poco desorientado. No sabía qué pensar, aunque Antonete era uno de los que hablaban no para ocultar o desfigurar su intención, sino para exponerla valiente y desinteresadamente. «Ese—decía—tiene más fe en los presidiarios que ha soltado y en el pueblo de la Maestranza y de Santa Lucía que en mis soldados.» Quizá tuviera razón Contreras. Pero una de las impresiones últimas de Antonete y de las que más influyeron inconscientemente en su actitud era que en la carta de Martínez Campos a Contreras, a «su antiguo jefe», había cierto respeto personal, que representaba para Contreras la garantía de no ser fusilado si caía en sus manos. En cambio, Antonete, que no las tenía todas consigo, buscaba la fusión con el pueblo, que representaba para él una fuerza superior, en la que quizá se pudiera diluir y salvar. Como se ve, y aun sin llegar a planteárselo claramente, desde la zona turbia de la subconsciencia habían presentido ya la posibilidad final del fracaso.

Todo eso trascendía a la calle e incluso al campamento de La Unión. La torpeza política de Salcedo, que había quedado al frente de la línea mientras Martínez Campos se desplazó para combatir a Cabrera en el Maestrazgo, fue la causa de que en aquella oportunidad no se desbaratara el bloque de los cantonales. Pero la debilidad interior, las dudas y los recelos estaban de manifiesto incluso para seres tan poco advertidos en política como Milagritos, que abandonó *El Cantón* sobre una pila de sábanas y se puso a mirar a través del balcón de su cuarto con melancolía. Milagritos creía en la pujanza, la inteligencia y la honradez política de todos los jefes cantonales. «Si es tan fácil de comprender todo esto—se decía—, ¿por qué hay discrepancias? Si el movimiento tiene una base tan firme en la calle y unos jefes como Colau y Antonete, ¿cómo es posible que nadie piense en el fracaso?»

Milagritos, en su cuarto, seguía destruyendo pilas inmensas de ropa blanca y convirtiéndolas en vendas e hilas para la Cruz Roja. Se había convertido poco a poco en uno de los elementos protectores más fuertes de la institución que regían las barbas seráficas de Bonmatí, y éste, en los últimos días, apenas tomaba una medida de importancia sin consultársela a Milagritos. Mr. Witt se asomaba a su cuarto y se quedaba recostado en el aro de la puerta, contemplándola en silencio con aire de tedio. Esa actitud distraída encubría un mar agitado de sentimientos. Desde que presenció el triunfo de las baterías del puerto sobre la escuadra del almirante Lobo, Mr. Witt sentíase hundido en una melancolía, en una tristeza de sí mismo, infinita. Aquel triunfo de los cantonales le había empujado más aún al rincón de su destartalada intimidad, donde ni siquiera se encontraba a sí mismo en relación con Milagritos, porque ella estaba lejos, absorbida enteramente por su papel de providencia del señor Bonmatí. Esa melancolía sacaba a primer plano el despecho por su perdida virilidad no como capacidad sexual agotada, sino como anuncio y llamada a la vejez, en la que se secan todas las fuentes, menos la del recuerdo. Mr. Witt esperaba aquella catástrofe cualquier día. Y sentía que al apagarse el fuego sexual las pasiones se replegaban al espíritu y armaban en él sus complejos laberintos. Había roto la urna, pero con eso no había hecho más que ponerse en evidencia con Milagritos. Desde aquel día Mr. Witt se había replegado a la defensiva. Creía que su propia intemperancia le había delatado con su mujer y que Milagritos sabía quizá a qué atenerse sobre el fusilamiento de Carvajal. Esto le daba un aire inseguro por los pasillos de la casa A veces Milagritos le preguntaba algo de improviso, y Mr. Witt se sobresaltaba.

Milagritos habló esta vez a Mr. Witt después de contemplarle un instante, muy sonriente:

—Bonmatí quiere que me embarque en el *Buenaventura*—le dijo.

Mr. Witt hizo un gesto de extrañeza.

—Sí—añadió ella—. Parece que a bordo todo va manga por hombro. Hace falta una mujer civil que esté al frente de las monjas y de los sanitarios.

Mr. Witt callaba. Milagritos añadió:

—Ya sé que te disgusta a ti la idea de que yo vaya a bordo.

—¿A mí? ¿Por qué?

Lo había preguntado con un aire verdaderamente falso, pero empujado a las concesiones por el recuerdo de la generosidad de ella. Mr. Witt aún no había oído a Milagritos una sola palabra sobre el incidente de la urna. En aquel silencio de Milagritos había una elegancia moral que llenaba de sorpresa y de agradecimiento a su marido. Por eso no dudó un instante de que debía autorizar a Milagritos a ir al *Buenaventura*. Milagritos se vio a sí misma ganando terreno en el hogar y le extrañó: «No es que avance yo. No tengo ningún interés en avanzar. Es él que retrocede.» Lo veía precavido, miedoso; no era él. Quizá influían los acontecimientos demasiado en aquella sensibilidad tan segura, tan ordenada, tan al margen siempre de lo inesperado.

—¿Cómo estamos de víveres?—preguntó.

—Pues como todo el mundo. Muy mal. Pero aquí no faltará lo preciso.

Lo decía por él, por Mr. Witt. A Milagritos no le hubiera importado pasar hambre. Pero tantas eran las responsabilidades, que con un extranjero como Mr. Witt —dijo sonriendo—no quería tenerlas mayores.

Mr. Witt contestó preocupado:

—Creo que veis demasiado frívolamente todo esto.

—¿Yo?—preguntó ella abriendo mucho los ojos.

—Sí; no sabéis todavía lo que os aguarda.

Milagritos, después de una pausa, se hizo la advertida:

—No creas que a mí me engaña la voluntad. Ya me doy cuenta de que estas cosas no llegan de rositas.

«Estas cosas» eran la República federal. Míster Witt advirtió, sintiendo que su propia voz escapaba a su control:

—Esperan días negros, días terribles.

Milagritos lo miraba extrañada por el ímpetu que ponía en sus palabras.

—Mucha hambre—insistió Mr. Witt—. Y epidemias. Mucha sangre estéril y al final todavía el muro de los fusilamientos.

Milagritos callaba y seguía en su trabajo. Veía que a su marido le gustaba decir todo aquello por oírlo simplemente, por escuchar su propia voz. Poco después llegó Bonmatí. Saludó muy ceremonioso y preguntó al mismo tiempo a los dos si estaban dispuestos a seguir colaborando en la misión humanitaria de la Cruz Roja. Mr. Witt, sin contestar, miraba las mejillas de Bonmatí, arreboladas por la fatiga. Le preguntó si había heridos.

—Muchos más de los que se pueden atender. Hasta ahora, gracias a la asistencia de personas como ustedes, no ha faltado lo indispensable, pero todavía tenemos que pedirles más.

Mr. Witt veía en el acento de Bonmatí que consideraba la piedad y la humanidad como cotos propios en los que él plantaba flores históricas. Comprobó que miraba a Milagritos como un símbolo del instinto maternal aplicado al bien de los hombres. Le gustó aquella impresión, aquel hecho de encontrar en Milagritos algo superior y purísimo. Pero a Milagritos no le gustaban las solemnidades.

—Cuando Bonmatí se pone tan grave es que prepara un *sablaso*, ¿verdad?

Bonmatí se quedó confuso. Recordaba que había obtenido de ella más de tres mil pesetas.

—Nuestra causa...—comenzó a explicar con grandilocuencia, pero al percatarse de la presencia de Mr. Witt puntualizó—, nuestra causa, que no es la de los cantonales ni la de los castelarinos, sino la causa universal de la humanidad doliente, tiene mucho que agradecer a ustedes. Y concretamente a usted, doña Milagritos. Pero todavía hace falta más.

Se dirigió a Mr. Witt para pedirle que permitiera a Milagritos ir a bordo. El marido veía a Bonmatí suplicar con un gesto dulce y correcto, comedido, sin hacer de la súplica más que un juego dialéctico, sin abandonarse al humilde sentimiento del que mendiga. «Es un pastor protestante.» El buen Bonmatí era el «reverendo Bonmatí». Mr. Witt estaba encantado con la idea de que Milagritos, a la que no podía negarle ir al *Buenaventura*, estuviera bajo la influencia de Bonmatí.

Milagritos preparó unas tazas de café y unos pasteles. Para Mr. Witt un tazón de té. Bonmatí se resistía a tomar nada, alegando la escasez de víveres y la necesidad de limitar el consumo para que no faltara nada a sus heridos. Mr. Witt lo veía tan imbuido de su piadoso papel que no sabía si tomarlo por un gran farsante o por un ser tocado de santidad. Cuando terminaban de merendar llegó Colau. A través de Milagritos, Mr. Witt había formado de Colau la idea de un bárbaro. Cuando lo vio entrar se encontró con un gigante, de aspecto tremebundo, pero de una suavidad de maneras inesperada. Mr. Witt pensó que para que Milagritos se percatara del carácter terrible de Colau tuvieron que darse una de dos condiciones: que no lo hubiera tratado (que lo hubiera conocido sólo por su facha) o que lo hubiera tratado más de lo que lleva consigo una relación indiferente. Colau fue presentado a Mr. Witt por Milagritos. Saludó correctamente y se sentó, rechazando la taza y las pastas que le ofrecían. Intervino pocas veces en la conversación. Mr. Witt lo trataba con una frialdad calculada, llena de fórmulas correctas. Se veía que quería coaccionarlo. Colau lo miraba a los ojos sin pestañear y las más veces no respondía. Es decir, contestaba lanzando su mirada sobre el puerto a través del balcón. Colau iba en mangas de camisa, pero le habían cosido ya el desgarrón que llevaba en la derecha. Milagritos se preguntó quién se lo habría cosido. Tenía el pecho abombado y robusto, la cintura estrecha; cadera y piernas se perdían hacia abajo dentro de un pantalón basto, fuerte, lleno de oquedades. «Tiene—se dijo ella—el talle y las piernas perdidos, como los gitanos.» Mr. Witt vio que Colau no

quería ir a su terreno. Prefería callar o contestar con
una ancha risa contenida que quizá a él le pareciera
muy conveniente, pero que para Mr. Witt tenía cierta insolencia desdeñosa. Mr. Witt se decía: «¡Qué bestia!» Pero esa no era la impresión exacta. Para com-
pletarla añadió, contemplando la roseta de la Legión de
Honor: «¡Qué *gentleman* más cafre!» Mr. Witt le explicaba con largas razones de economía en qué consistía el bajo *standard* de vida en la. población. Colau
interrumpía de pronto con una simple síntesis y cierto
acento lejano y soñoliento:

—Sí. Se come menos.

Y ya no había nada que añadir. O bien, cuando
Mr. Witt, hablándole de la escuadra inglesa, se detenía
en pormenores de organización técnica, Colau le atajaba:

—Ya, ya. Es claro. Llevan doscientos años echándole
oro al mar.

Mr. Witt veía que después de aquel «echarle oro
al mar» no había ya que insistir. Allí estaba la política
imperial. Toda la política de Victoria, de los *torys* y de
los liberales, de Melbourne y de Disraeli. Colau parecía
estar de vuelta de todas las cosas, dentro de su tos-
quedad de formas, y de vez en cuando sabía apresar-
las directamente en juicios generales y simples. A los
conceptos huidizos, Colau los cogía del rabo y los plantaba sobre la mesa sencillamente. Una vez que Mr. Witt
fue a llamarle por su nombre y le dijo «don Ni-
colás», observó por primera vez que aquel respeto, aquellas fórmulas, le divertían. No pudo o no quiso contener una sonrisa buída que asomaba más a sus ojos
que a sus labios. Mr. Witt preguntó:

—¿No se llama usted así?

Colau hizo un gesto zafio de indiferencia. Bajo la camisa sus hombros eran de madera.

—Es igual. Me llaman Colau.

Milagritos intervino con el ceño graciosamente fruncido:

—¡Capitán Colau, hombre!

Colau soltó a reír completamente satisfecho.

—La patrona—dijo, por Milagritos—me asciende.

Como Colau iba sólo a buscar a Bonmatí se levantaron los dos y se despidieron. Bonmatí suplía con zalemas muy finas el laconismo de Colau. Cuando salieron los dos, después de insistir el jefe de la Cruz Roja en que Milagritos hacía falta a bordo, Mr. Witt volvió pasillos adentro junto a su mujer, a quien le duraba todavía en los labios el eco de la última sonrisa. Mr. Witt sentía la impresión de anonadamiento que solía quedarle de sus entrevistas con los jefes cantonales. Pensaba en Bonmatí, cuyo blando humanitarismo desmenuzaba Mr. Witt en rasgos de humor, cuyas lacias barbas, cuya mirada dulce eran tan propicias para sus juegos de dominio y recordaba en seguida la presencia de Colau como algo silencioso, pero arrollador. «Una vez más lo ridículo me muestra su reverso de grandeza.» También había algo en la atmósfera que identificaba a Colau con Antonete y con Carvajal.

—No queremos hablar contigo, sino con Contreras.

—¿Dónde está la venda?—preguntó de pronto a Milagritos.

Allí donde centenares de vendas estaban preparadas para el *Buenaventura*, la venda, en singular, era sólo una. La de la urna. Milagritos contestó con un acento neutro—ni valiente ni humillado—:

—La tengo yo.

Mr. Witt no se atrevió a añadir nada. Milagritos lo veía con otra expresión muy diferente de la que adoptaba con las visitas. El rostro se le había quedado ceniciento, gris. El gesto, abandonado. Mr. Witt volvió a recostarse en el aro de la puerta. Milagritos se sentó en su silla baja y comenzó a desgarrar una sábana. Comenzaba abriendo mella con la tijera y luego tiraba fuertemente con las manos. A veces resistía la tela, y en el ímpetu recomenzado y contenido le temblaban los senos. Mr. Witt la veía en plena sazón, con la risa fresca y los dientes blancos como sábanas

de boda, como las sábanas de boda que estaba haciendo
trizas para los heridos.

13

Alrededor de las guardias se convocaban en la hora del
rancho docenas de niños andrajosos, sucios, comidos de
las moscas. No había en sus caritas el menor dramatismo. La mugre no era en sí misma dramática. Con el
mendrugo o la cabeza de un pez entre los dientes corre-
teaban y se perseguían. A veces un grupo cantaba, llevando el compás con el pie desnudo:

> Agüil, agüil,
> que vienen los moros
> con el candil.
> A matar escarabajos
> con trompetas y caballos.
> Agüil, agüil,
> que vienen los moros
> con el candil.

Al principio la vida de murallas adentro era variada
y pintoresca. Había un sector dramático y sombrío; otro,
divertido; otro aún, simplemente severo. El general Pozas, pasados los incidentes de la derrota de Chinchilla,
recobró el mando y estaban a sus órdenes las tropas regulares. Antonete mandaba los voluntarios. Las escenas
pintorescas de algazara entre paisanos y militares, las
escenas sombrías y dramáticas del hospitalillo de urgencia—desde donde eran trasladados luego los heridos
a la Maestranza o al hospital de la Caridad—, la severidad del cuartel general y la guardia principal con los
uniformes de los jefes, las órdenes apresuradas, las parejas de vigilancia que llegaban a caballo y daban el
parte mañanero o llevaban por la tarde el santo y seña
a los fuertes, toda esa actividad que al principio resultaba tan pintoresca y se había creado alrededor una atmósfera popular bulliciosa, iba quedando poco a poco en-
sombrecida por el hambre. Unos la padecían. Otros la
veían llegar con inquietud. Se hicieron algunas salidas
provechosas por tierra. Una columna de voluntarios vol-

vió con las vituallas que encontró en tres caseríos. Pero ahora estaba desmantelado todo el sector que separaba la plaza de las fuerzas sitiadoras, y además los pocos cañones que tenía Salcedo habían afinado la puntería y era mucho más peligroso el campo. Por lo menos así lo había dicho el cuartel general, decretando de paso que los voluntarios no darían un paso sin contar con las autoridades militares. Esa inacción daba al hambre un matiz sombrío de fatalismo.

Junto a la Puerta de San José estaba el cuerpo de guardia de los Voluntarios. La falta de una disciplina rígida—como la había entre los infantes y los artilleros— hacía más visibles las dificultades. Si antes se aplaudía y vitoreaba a Antonete, ahora tenía mucho más éxito la presencia de Bonmatí, de su «cocina ambulante», que iba con las dos calderas repletas de guisos bullentes más o menos sabrosos. Había hambre. Y en la calle era menos cruel que en los interiores de algunas casas de pequeña burguesía alfonsina y católica. Careciendo de dinero para ir al mercado y pagar lo que pidieran por un kilo de patatas, les faltaba también despreocupación y desembarazo para ir a las colas del rancho o de la cocina de Bonmatí. En una situación algo mejor se encontraba el médico don Eladio, movilizado a la fuerza para prestar servicios facultativos en los hospitalillos y en la misma calle. Don Eladio, después de tener que entregar la mayor parte de los víveres que poseía—muchos campesinos le pagaban con medio cahiz de trigo al año o tres arrobas de tomates—, andaba de un lado a otro poseído por un pánico que no era sólo el miedo al peligro, sino algo más complejo. Si una granada destrozaba la cabeza de un marinero o de un trabajador, los dos perdían una vida, que les era muy estimable; pero no perdían, como don Eladio, la herencia del millón de pesetas que le esperaba. El pobre médico lo decía a todo el que quería escucharle. Don Eladio simpatizaba con algunos aspectos de la revolución y rechazaba, enfurecido, otros. Le parecía bien el anticlericalismo de los jefes, porque don Eladio sabía a qué atenerse sobre los sentimientos que inspiraba a los curas. La «gente de sotana» estaba segura de que si don Eladio moría antes que su padre, la herencia iría directa a sus instituciones. Don Eladio odiaba a los curas, pero iba a misa porque se sentía más débil por el momento y no había que «provocarles». Lo que le parecía mal en la revolución era que nombraran capitanes y tenientes a algunos tipos de quienes don Eladio decía que eran «unos tiraos».

Don Eladio tenía algunos clientes de clase media, religiosos, monárquicos, que se encerraban con sus hambres y no querían salir a la calle. Eran pocos. Se podían contar con los dedos de una mano, pero entre ellos estaba doña Lupita, una vieja pariente de aristócratas carlistas arruinados en la guerra del Norte. Doña Lupita llamaba al médico de vez en cuando. Se encontraba mal, pero no sabía lo que tenía. Un día la vio don Eladio tan extenuada, que le preguntó:

—¿Usted come?

¡Oh, era una pregunta bien impertinente! Resultó que doña Lupita no tenía que comer. Pero sólo se decidió a decirlo en aquel caso, preguntada por el médico, que era una especie de confesor. Don Eladio le envió la mitad de su comida los primeros días. Ella se acostumbró a esa ayuda y salía al balcón de muy buen talante; se aventuraba a ir a la iglesia de la Caridad—vivía cerca, en la entrada de la calle de San Fernando—, puesta de mil alfileres, y daba a entender a sus relaciones que no tenía problemas en su casa, porque había quien velaba «desde arriba» por ella. Como nadie pensaba que pudiera tener trato especial de la Junta Revolucionaria, cada cual hacía sus cábalas. Doña Lupita se encontraba muy a gusto con la hipótesis de que pudiera haber quien creyera que el general Contreras le estaba pagando los favores que recibió de su tío en tiempos de grandeza. Pero don Eladio se plantó con aquella especie de irritación consigo mismo con que tomaba las medidas enérgicas:

—No puede ser, doña Lupita. ¡Apenas tengo para mí!

Le dijo, como sin querer, que cuando sonaba una trompeta con un toque especial hacia la Puerta de San

José era que la cocina de Bonmatí repartía rancho. Doña Lupita se deshizo en remilgos y no se atrevió a decir nada. No podía tolerar la idea de que nadie la considerara hambrienta. Otro cliente le dijo a Bonmatí al saberlo:

—Pobre mujer. Se dejará morir de hambre en un rincón.

Aquel día don Eladio comió con los voluntarios del fuerte Carvajal. Había ido a curar a un herido que llevaba esquirlas de granada en un brazo. Don Eladio estaba más flaco que nunca.

—Necesita usted algún *cuido*, don Eladio—le dijo alguien.

El médico lo miró de reojo:

—Yo lo que necesito son los doscientos mil duros de mi padre.

El que le había aconsejado comentó:

—Por mí...

El médico entendió el resto de la frase. «Por mí, puede morirse el viejo cuando quiera.» Y por si había alguna duda, recalcó:

—*Pa* luego es tarde.

Mientras vendaba al herido, don Eladio contestó con otra pregunta:

—¿Quiere usted decirme qué hace en el mundo un hombre a sus años?

Como nadie decía nada, se replicó a sí mismo:

—Incordiar.

Sonó un cañonazo lejano. Don Eladio abandonó su trabajo y se ocultó en las defensas de una batería. Desde allí llamó al herido.

—Yo no me expongo a un mal golpe. La vida puede ser para mí algo todavía, ¿eh?

El herido se acercó al médico y éste acabó de vendarlo en su escondite. Miraba el campo por una tronera. Veía las llanadas de huerta raquítica, el campo seco, las chumberas, las moles negras de La Unión y, más atrás todavía, la cresta azul de una sierra lejana. Salió de allí para comer con los jefes una especie de olla podrida

donde había diversas viandas y ninguna identificable.
Entre ellas aparecían mendrugos de pan tostados y luego hervidos.

—¡Con la vida que me iba a dar yo ahora en Madrid!
—solía repetir don Eladio, refiriéndose a la herencia.
Esa expresión solía tener una gran fuerza cuando el
médico la soltaba después de rechazar alguna parte demasiado sospechosa de la comida.

El cañoneo se intensificaría a media tarde. El general
Ferrer se lo advirtió con tiempo para que bajara y se
pusiera a salvo. Las baterías de Salcedo sentían una pre-
dilección especial por los fuertes, sobre todo por aquél.
Esta advertencia fue suficiente para que don Eladio se
fuera a toda prisa. Antes de llegar a su casa subió al
Molinete a ver a un enfermo. A casi todos les recetaba
lo mismo: «Un buen estofado.» «No hay que traer nada
de la farmacia—solía decir—, sino de la tienda de co-
mestibles.» En el Molinete se detuvo un par de horas.
Estuvo en «La Turquesa» mientras duró la primera serie de cañonazos del atardecer. Las granadas iban bien
dirigidas casi siempre. Sólo había memoria de que hubiera caído una en la ciudad—precisamente en el Molinete—, pero no llegó a estallar. Sin embargo, en todas
partes se hablaba de un ultimátum dirigido a la Junta
Revolucionaria por el cuartel general adicto al Gobierno. Se decía en él, según la referencia callejera, que, habiendo sido reconstruído el Cuerpo de Artillería sobre
las mismas bases que tenía antes de ser disuelto por
Amadeo, iban sobre Cartagena dieciocho baterías dispuestas a acabar en veinticuatro horas con la resistencia. El ultimátum advertía que la Junta Revolucionaria
tenía el deber de impedir los sacrificios que produciría
el bombardeo de la ciudad. Se hablaba incluso de una
fecha concreta; pero, no habiéndola dado la Junta Revolucionaria, nadie creía en ella. La Turquesa, mientras le
preparaba a don Eladio un ponche para ir «estirándole
los días», no fuera a quedar demasiado rezagado con relación a su padre, murmuraba por lo bajo:

—No hay hombres. Se han acabado los hombres.

Don Eladio no comprendía bien. Estaba viendo el heroísmo de la gente a cada paso.

—Le digo a usted que no hay hombres—insistía ella—. ¿Usted comprende que nos tengan embotellados aquí tres docenas de blancos alfonsinos? ¿Por qué no salen de una vez y vendimian a toda esa gente de Salcedo?

El médico no se explicaba aquella iracundia. Creía que, tanto las tropas como los voluntarios, hacían lo que podían. *La Turquesa* bajó más la voz para decirle:

—Aquí lo que hay es mucho traidor; pero arriba, arriba. En lo alto.

La mujer veía una distancia mayor entre el pueblo y la Junta Revolucionaria y la explicaba a su manera. Don Eladio, al oír aquellas acusaciones, miró a los grupos que en el fondo de la taberna bebían y discutían. ¿Los habrían oído? Don Eladio tenía miedo a los cañones de Salcedo, al dedo índice de los revolucionarios, que podían señalarlo como enemigo del Cantón, y al pueblo, que podía adherirles a *la Turquesa* y a él en sus sospechas de traición. Tenía miedo a la conciencia colectiva, a la sensibilidad en carne viva de la población. Don Eladio desvió la conversación, diciendo a *la Turquesa* que iba a ver a su padre.

—¿Está fuerte?—preguntó ella, no se sabe si interesándose por su salud o por las esperanzas de don Eladio.

El médico, dándose cuenta de que su drama interior se tomaba demasiado a chacota, no le contestó. Pagó y se fue.

Descendió por tortuosas callejas hacia el muro de la Maestranza. Luego subió por San Fernando a la Puerta de Murcia. En una esquina dos hombres freían aladroques, ordenándolos antes en pequeños abanicos, como los boquerones de Málaga. De la enorme sartén, que apoyaban en dos banquillos de piedra sobre unos leños encendidos, subía el asfixiante humo del aceite. Por cinco céntimos daban un abanico de cuatro pececillos. Don Eladio se escandalizó. Aquello era carísimo. Además, rechazaban los «cuartos» y «cuadernas» de algunos compradores. Con este motivo hubo un pequeño motín que terminó imponiéndose los hambrientos, haciendo aceptar las viejas monedas. Esto obligó al vendedor a una contabilidad minuciosa y a partir en dos o tres cada haz de aladroques. Había quien obtenía un solo minúsculo pececillo y se iba con la cabeza baja, masticando estoicamente.

Don Eladio subió por la calle Mayor. Era temprano, y se llegó hasta la plaza del Rey, que era entonces la plaza del Cantón. No quería llegar antes que otros días para no encontrarse con hombres ensotanados. Desde que la situación se había agravado, don Eladio cumplía con su deber de buen hijo, visitando diariamente a su padre. Volvió a bajar a la calle Mayor y subió a la casa. Encontró a su padre optimista y feliz, jugando a las cartas con el despensero de las monjas. Tenía unas mejillas sonrosadas sobre la barbita blanca y bajo el gorro verde, de tafetán, rameado de negro. Llevaba una larga bata de panilla azul obscuro. Cuando vio al hijo lo señaló con la mano al despensero:

—Ahí está. ¿No le dije que vendría?

Don Eladio le besó la mano y se sentó a la mesa. Vió que el despensero le había ganado sus quince pesetas largas. El despensero, que debía hacerle trampas, se mostraba un poco turbado por la mirada inquisitiva de don Eladio.

—Es un pillastre—dijo el viejo al despensero, indicando al médico—. Un pillastre, aquí donde le ve.

Por si no lo había oído, insistió por tercera vez:

—Hablo del niño, de éste.

El niño tenía cincuenta años. El viejo parecía más vigoroso que él. A don Eladio se le alargaba la cara sobre sus propias manos. Toda ella era pesadumbre, tristeza, desesperación. El viejo, pequeño, sonrosado, con sus ojitos chispeantes, parecía más dotado de vitalidad.

—Aquí donde le ve, viene por dinero.

El hijo callaba. El anciano le dijo:

—Saluda aquí, al señor, hombre.

Se refería al despensero, a quien don Eladio había saludado al entrar con un movimiento de cabeza. El des-

pensero se apresuró a asegurar que había cumplido *el
niño* sus deberes de cortesía. El viejo los miró a los dos.

—Viene por dinero, como si lo viera.

Don Eladio lo miraba inexpresivamente. «Tal como
está puede conservarse veinte años más—se decía—. Y yo
no es seguro que llegue a los setenta.» Para romper la
rigidez que había entre él y el despensero (no quería
incidentes con amigos de su padre) habló de los acontecimientos del día. Pero ni le interesaban al despensero
ni al viejo. El lego estaba en su despensa como el ratón
dentro del queso. Lo había nombrado antes de los sucesos el obispo, que quiso tener controlada la vida económica de las monjas. Y allí seguía, orondo y pacífico. Al
viejo tampoco le interesaba lo que sucedía fuera de su
casa.

—Muchas veces he oído sonar los cañones en mi vida
—decía—, y el que tenía, nunca ha dejado de tener. ¿Eh?
¿Qué te parece?

El hijo afirmaba. El padre guiñó el ojo:

—Que si Cabrera, que si don Carlos, que si Narváez
—el viejo confundía en su memoria caudillos y movimientos—. Al hombre honrado y ahorrativo lo mismo
le da.

Con los balcones cerrados, resguardados por dobles
cortinas, los cañonazos llegaban debilitados y acababan
por extinguirse en los oídos descompuestos del anciano.
Se reía de Contreras, se interesaba por los discursos
de Antonete—a quien conoció, niño—como si fueran graciosas travesuras. No tomó en serio nunca aquello del
Cantón ni se detuvo a pensar en lo que significaba. Ante
un discurso o una proclama de Antonete, por muy de-
magógica que fuera, el viejo sonreía con indulgencia y
decía:

—¡Qué mala cabeza!

Cuando su hijo afirmó que el Cantón estaba constituído y que las autoridades mayores eran Contreras y
Antonete, el viejo se echó a reír, guiñó un ojo al despensero y volvió a su tema:

—Este viene por dinero. Para eso sirven los hijos:
para sacarle a uno los forros de los bolsillos.

Y como quien hace una gran picardía, lanzó desde su
falda, sin asomar las manos sobre la mesa, una moneda
cantonal de cinco pesetas, que fue a caer al lado de
la mano derecha de don Eladio. El viejo le espiaba los
ojos a su hijo con una alegría infantil. La moneda—de
las acuñadas recientemente en Cartagena—tenía por un
lado la siguiente inscripción: «Revolución cantonal. Cinco pesetas», y por el otro: «Cartagena sitiada por los
centralistas. Septiembre 1873.» La moneda era poco estimada por las gentes, a pesar de que representaba en
plata su propio valor. Don Eladio la miró, sin tomarla,
y la rechazó con el dorso de la mano, dejándola en el
centro de la mesa. El viejo soltó la carcajada. Rió mucho tiempo; le dio un acceso de tos, y cuando se repuso
volvió a reír a mandíbula batiente. Los otros dos esperaban con distinto talante. El despensero, con una actitud complaciente y servil. El hijo, con aquel aire reseco
y ausente que a primera vista recordaba a los ulcera-
dos de estómago. Cuando el viejecillo acabó de reír recogió la moneda y volvió a guiñar el ojo:

—No la quiere. Tampoco éste—por el despensero—las
toma. No hay como las «isabelinas» y los «amadeos»,
¿verdad? Por algo será.

Repitió la picardía con el despensero, arrojándole la
moneda de improviso entre las manos, como si arroja-
ra un cacahuete a un mono y esperando a ver lo que
hacía con ella. El despensero la apartó también hasta
dejarla en el centro de la mesa. El viejo volvió a reír,
hasta congestionarse. Luego, con un aire de triunfo, se
la guardó en el bolsillo y se burló de los cantonales,
cuya moneda desdeñaban las personas decentes. Don
Eladio esperaba que se marchara el despensero; pero
éste no se iba, sin duda advertido por el viejo, que no
quería quedarse a solas con el hijo, temiendo que le
pidiera dinero. Don Eladio pensaba: «Aún no me ha
preguntado si consigo víveres, si como todos los días.»
En cambio, él se preocupaba del aprovisionamiento de

su padre, aunque sabía que las monjas no lo olvidarían un instante. El viejo le propuso entrar en la partida, pero don Eladio renunció, porque cuando le ganaba más de una peseta a su padre éste se la reclamaba, advirtiéndole que entre padre e hijo no estaba bien aquello. En cambio, si el padre ganaba se guardaba el dinero.

Estuvo viéndolos jugar más de una hora. De pronto llamaron a la puerta de la casa con violencia. El viejo se asustó, pero al oír la voz de la criada, que respondía valientemente desde el vestíbulo, volvió a tranquilizarse. Poco después entraba la sirvienta:

—Dos hombres con escopetas, que preguntan por don Eladio.

El viejo se levantó iracundo y se encaró con su hijo. Con la voz rota, pero animada de una furia senil, le gritó:

—¡Que no vengan más a avisarte aquí! ¿Qué manera es ésa de llamar? Esta es una casa honrada.

Don Eladio se disculpó y se fue con el reconcomio de dejar frente a su padre al despensero con los naipes en la mano. Aquellas quince pesetas que le había ganado se las robaba no al viejo (¿para qué le iban a servir ya al octogenario?), sino a él.

En la puerta, la pareja de voluntarios le dijo que la noche se presentaba mal y que era necesario que se quedara de guardia en el puesto sanitario de la muralla para relevar a otros dos médicos que llevaban tres noches sin dormir. Don Eladio protestó, dejándose llevar. Preguntó si habían fortificado la techumbre del hospitalillo, y al saber que seguía lo mismo, con sus viguetas y sus cañizos enyesados, volvió a protestar, esta vez con más fuerza:

—¡Cae allí una bomba y nos vamos todos al carajo!

Que murieran los demás, era cosa de poco más o menos; pero don Eladio, el heredero, tenía mucho que disfrutar en el mundo. Lo decía ante la sorpresa un poco irónica de los otros. Uno de ellos le propuso, al cruzar de nuevo la plaza del Rey:

—Parece que esta noche van a cantar los cañones de

firme. ¿Qué·le parecería una bomba en la alcoba de su padre?

Don Eladio se detuvo. El otro voluntario soltó a reír con un acento de asombro por la brutalidad de su compañero. Don Eladio no se ofendía, pero declaraba con una mano en el pecho, conteniendo al deslenguado:

—No, eso no. Seré lo que se quiera menos un asesino. Que se lo lleve Dios cuando sea su hora.

En la muralla de los infantes de Mendigorría repartían el rancho a la luz de, un candil de aceite. Al final de la fila de soldados se alineaban hombres de pueblo, algunos niños, sombras hambrientas. Repartían un líquido indefinible, con destellos verdes y azules de una pureza metálica. En el cazo asomaban manojos de espinas de algunos pescados, a los que no les habían quitado la cabeza. Al lado del rancho otro soldado, con un saco, iba dando media ración de pan a cada uno. Cuando llegó la vez a la población civil algunos individuos bien portados y envueltos en paletós y capas, aunque la noche de septiembre no era fría, sacaban su plato blanco de loza o su cuenca de hierro esmaltado, y ocultando el rostro bajo las alas del sombrero, alargaban el brazo. Por la noche había doble concurrencia que al mediodía, sin duda porque no querían exhibir su hambre a plena luz.

En el sector de los voluntarios había hecho su aparición por primera vez doña Lupita. Se cuidó mucho de que no la pudieran identificar. Llevaba tres días sin comer. No estaba dispuesta a dejarse morir de hambre. En eso se equivocó don Eladio. Pero la pobre mujer esperó y resistió bastante. El hambre se hizo insufrible el segundo día. Oía la trompeta de la cocina ambulante de Bonmatí, pero siempre sonaba de día. A veces estuvo a punto de salir; pero, al consultar por la ventana la atmósfera de la calle, se hacía atrás. La rechazaba aquella cruda e impertinente claridad que la haría visible a sus vecinas y pondría de manifiesto—y de una vez para siempre—que no tenía protección nin-

guna de Contreras y que quizá fuera mentira que al
general le hubiera ayudado tiempos atrás su tío.

Fue un grave problema la elección del recipiente que
habría de llevar. Por fin, llevó una gran salsera con
sus pajaritos azules alrededor sosteniendo una guirnalda
con el pico. Esperó que fuera completamente de noche,
se envolvió en un mantón negro y fue al sector más
próximo, al de los voluntarios. Como había muchos im-
pacientes, a doña Lupita la empujaron muchas veces con
el codo o con la cadera. La pobre fue cediendo siempre,
advirtiendo al principio:

—¡Caray, que encontronazo!

Y sonriendo. Después se acabaron las sonrisas y suplicaba:

—¡Un poco de consideración para una dama!

Así pudo llegar cerca de los rancheros. Pero todavía
faltaban cuatro mujeres y un señor de gran volumen,
con sotabarba y barriga. Doña Lupita vio que la gran
dificultad estaba todavía por vencer. Consistía en alar-
gar el brazo y esperar que le llenaran la linda salsera.
El ranchero era un bárbaro, despreocupado, que alzaba
el cazo y gruñía:

—Otro.

O bien:

—Ya basta. No hay más. Si sobra, se reengancha luego.

Además, detrás del ranchero había algunos mirones
esperando sin duda ese momento de distribuir el sobrante. Y tendría que pasar bajo sus ojos.

Se agotó la olla antes de llegarle la vez y tuvo que
esperar casi media hora hasta que los rancheros acudieron con otra. Durante esa angustiosa dilación doña
Lupita creía que toda Cartagena, enterada del caso, estaba comentándolo y disponiéndose a acudir allí para
verla. Por fin le llegó la vez. Temblaba la salsera en
sus manos. No era caldo de sardinas, sino otra cosa.
Se extrañó de lo fácil que resultó aquéllo. Puso en un
aprieto al ranchero con sus finezas:

—Gracias. No se moleste. Tengo poco apetito.

Doña Lupita pensó que llena como estaba la salsera

no podía ocultarla dentro del mantón y eso era indispensable para volver a casa. Decidió comer allí mismo la mitad. Llevaba un cuchara y probó. Eran judías. Hizo dengues y remilgos. Dos voluntarios la observaban. Uno de ellos le gritó con una voz bárbara y cordial:

—Ande usted, ciudadana, que están güenas.

Se asustó al saberse observada, pero no dejó de encontrarle algo grato a aquel vozarrón. Lo que le molestaba era lo de «ciudadana». Le parecía que eso de llamar ciudadana a una mujer era cosa de las costumbres relajadas de *El Molinete*.

Los rumores alarmantes se confirmaron una hora después. Salcedo tenía nuevas baterías. Quizá hubiera regresado del Maestrazgo Martínez Campos a tomar el mando del asedio. El bombardeo de la plaza comenzó seriamente aquella noche. La gente se ocultó en los sótanos, en las cuevas. Nadie durmió. En la obscuridad las bombas pasaban gimiendo, zumbando, gruñendo, según la altura y el calibre. Y cuando estallaban se estaban oyendo luego, durante algunos segundos, ruidos de lata, madera y, sobre todo, cristales. Las baterías de los fuertes comenzaron a contestar hacia la media noche.

Al mismo tiempo llegaban noticias sobre los movimientos de la escuadra del Gobierno, que aparecía ahora reforzada con los barcos rebeldes apresados por Alemania e Inglaterra y, además, por otras dos unidades—una goleta y una fragata blindada—que estaban en Palos y en Lisboa, respectivamente, y que habían acudido a toda máquina la una y a todo trapo la otra.

En las guardias de la muralla de tierra se comentaban con pasión estos acontecimientos. Dentro de lo que permitía la alarma de la noche había algún optimismo ante la idea de haber hecho fracasar a Martínez Campos. En la guardia de San José, el presidiario *Calnegre*, el hermano de Paco el de *la Tadea*, cantaba copla tras copla. Había obtenido el grado de cabo en una salida nocturna hasta los caseríos de las afueras de Canteras y lo celebraba con un aire satisfecho y obstinado. Los voluntarios que acompañaron al *Calnegre* eran hombres maduros, como él. Para las salidas peligrosas rechazaba a los jóvenes. Todos creían que prefería a los viejos por prudencia; pero su hermano Paco el de *la Tadea* conocía las verdaderas razones, que eran de carácter sentimental. Cuando condenaron a Antonio *el Calnegre* hacía tres años que se había casado y tenía un hijo. Llevaba quince años en el penal. Años atrás se enteró de que su mujer vivía con otro y había tenido nuevos hijos. *El Calnegre* lo comprobó no porque se lo dijera su hermano, sino porque éste se calló cuando le hizo una insinuación.

—Se corre en el penal que mi mujer...

Paco no dijo nada y el preso vio que todo era verdad. Cuando entró en el presidio sentía en sus brazos y en su sangre el ímpetu del marzal. Pero tantos años de soledad encaminaron todo aquel vigor a una conclusión escéptica. Su escepticismo no era, sin embargo, de negación y acabamiento. Era un escepticismo poderoso y fuerte. No lo aniquiló, sino que desvió su fuerza. Nada quiso saber de su mujer ni de su hijo. Seguramente en el nuevo hogar había fantasmas todas las noches, desde que abrieron las puertas del penal. Quizá el amante de su mujer había engrasado la pistola o afilado la faca. Pero *el Calnegre* no iría. Cuando Paco quiso decirle algo en relación con su mujer o su hijo le atajaba y le hacía callar.

Parecía odiar o desdeñar a la gente joven; pero Paco sabía que un día hablaron del hijo y que *el Calnegre* preguntó:

—¿Sabe que soy yo su padre?

Paco negó. Desde entonces no quiso averiguar nada más. Pero el hijo era un voluntario como el padre. Peleaba, quizá, cerca de él. Y *el Calnegre* temblaba cuando caía herido un voluntario joven. Y rechazaba los jóvenes cuando pedía compañeros para una temeridad.

Más abajo, en la guardia de la Maestranza, abundaban los del Hondón y Santa Lucía. Fracasados los jefes militares en la ofensiva, los voluntarios, con Antonete, llevaban la iniciativa de la defensa, y en las murallas había alfareros, campesinos, vidrieros y metalúrgicos. Allí estaban *el Ladrillero* y el que hizo el *tío Marín* en la cruz de la Media Legua. Las fuerzas regulares tenían una misión de tipo semiadministrativo e incluso cuando se organizaba alguna columna de ataque para salir a campo raso los voluntarios eran la fuerza de choque. Daban el pecho con más firmeza a medida que la situación era más grave. Paco el de *la Tadea*, Hozé y otros obreros voluntarios de la Maestranza, de Santa Lucía, de Escombreras y de La Unión habían ordenado por sí mismos a los voluntarios y resuelto, en la medida en que era posible, los problemas de abastecimientos y provisión de municiones. Se contaba con ellos tanto como con cualquier jefe militar.

Aquella noche, bajo el cañoneo, mientras los generales pensaban que su responsabilidad personal aumentaba y que en Madrid estaban dispuestos a aniquilarlos —rechazando cualquier posibilidad de pacto—, Paco, Hozé y los demás jefes de voluntarios trataban de calcular cómo aumentarían el rendimiento de las fuerzas de defensa. Cómo podrían emplearse mejor y más a fondo. No tenían ya ninguna confianza en el Estado Mayor. Sólo esperaban el triunfo de su propio esfuerzo y de la Marina de guerra, que no había puesto en acción todavía todo su poder.


Octubre

14

Doña Milagritos pisó la cubierta del *Buenaventura* aquel día a las tres de la tarde. El barco era un vapor de ruedas. Lo mandaba el capitán Vicente Galán y servía de remolcador en las Obras del Puerto. Desplazaba ciento diez toneladas y era ligero y gracioso, con su proa levantada, la cruz roja pintada sobre blanco en cada banda. Un vaporcito femenino para día de regatas o de conmemoraciones. Mr. Witt había navegado muchas veces en él desde el muelle hasta los arsenales. Estaba bastante descuidado, pero lo limpiaron y pulieron de tal modo que a Milagritos le pareció un yate de recreo.

Milagritos llevó consigo material sanitario abundante. Las dos muchachas hicieron tres viajes cargadas con bandejas de ropa y canastos. Allí fueron a parar las vendas que salieron de las dos sábanas nupciales, aquellas sábanas que Mr. Witt hubiera distinguido entre mil. El capitán, Vicente Galán, dispuso las cosas como si hubiera de visitar el barco un almirante. Todo el material de curaciones—menos el quirúrgico—estaba expuesto. Milagritos no pasó revista, sin embargo, como un almirante, sino como un ama de casa. Preguntó, investigó, puso sus manos en los rimeros de vendas, sábanas, toallas, balas de algodón. Todo lo vio, todo quedó archivado en su memoria. En cuanto a las personas, comprobó en el primer vistazo que ninguno de los tripulantes tenía nada de extraordinario. El capitán mostraba un carácter de una gravedad afectada. «Pone toda su alma—se dijo ella—en adaptarse a su cargo, que está, sin embargo, por encima de él.» Milagritos se había vestido muy recatadamente. La falda, no muy abultada por el polisón, era de un tono gris claro, el color más general en el puerto, el mismo color del *Buenaventura*. El cuerpecillo, de seda clara, apenas llevaba descote. Al llegar a bordo se puso una bata blanca abrochada atrás, de enfermero. La bata se hinchaba sobre los pechos y se retiraba algo más arriba, dejando asomar por el cuello bajo, sin vueltas, la garganta de laca y la cabeza, más aguda y breve, sobre tanta holgada blancura. Milagritos, cuando estuvo todo dispuesto, buscó a Bonmatí, pero se había marchado ya. Tenía que atender a su cocina, a las galeras del servicio sanitario de la Muralla, a la organización de nuevas colectas. Pensó que tendría que esperarlo. Pero la sensación de haber quedado sola a bordo le produjo alguna extrañeza. Dio la vuelta al puente y pidió unos gemelos. Enfocó el paseo de la Muralla, los balcones altos, los su-

yos, el de su marido... Allí estaba Mr. Witt con los
gemelos en la mano también. Milagritos recordaba que
había insistido mucho para que la acompañara, pero no
quiso, pretextando que tenía que estudiar unos informes. Era mentira. Hacía meses que Mr. Witt no hacía sino vagar por los pasillos, nervioso y ausente. Milagritos le había dicho varias veces que parecía un
«alma en pena». El vagabundaje de caminos es el auténtico, según las gentes, pero para ella aquella sensación
que su marido le daba en la calle los últimos tiempos
(sensación de despistado) se convertía en los pasillos
de la casa en otra, en la del auténtico vagabundo doliente, dramático. Quizá Milagritos no cayó en lo exacta que resultaba aquella frase, aquello del «alma en
pena».

Era una jornada decisiva para la revolución. Muy temprano había salido la escuadra, mandada por el propio
Contreras. La noche anterior se habían enterado de que
las naves del almirante Lobo acababan de dejar el puerto de Almería en dirección a Cartagena. La Junta de
comandantes se reunió a bordo de la *Numancia*. Se
acordó el siguiente plan de combate: la escuadra cantonal saldría en busca del enemigo desplegada, formando un romboide parecido al de la Osa Menor. La *Numancia*, como nave capitana, iría en vanguardia. A su
derecha, cubriendo la aleta de estribor, se situaría la
*Tetuán*, mandada por Colau. A su izquierda, la *Méndez
Núñez*, salvando la de babor. El *Fernando el Católico*
iría a retaguardia. Dispuestas las naves de este modo
se podían prevenir fácilmente contra las maniobras de
Lobo. Si atacaban por uno de los flancos, la *Numancia*
maniobraría en combinación con una de las fragatas
—la del lado por donde atacaban—, quedando de reserva los otros dos buques. Si atacaban de frente, la
*Numancia* cortaría vapor y esperaría a las otras dos
para formar una línea de ataque, dejando detrás al *Fernando el Católico*.

Terminada la Junta embarcaron las fuerzas auxiliares
y se dispusieron las calderas para hacerse a la mar al

primer aviso. El día amaneció poco propicio para navegar. Había marejada, el cielo estaba cubierto y la niebla baja dificultaba las maniobras. Hacia las ocho comenzó a abrirse alguna claraboya amarilla y a levantarse la niebla. El mar seguía agitado. Algunos chubascos recordaron a los marineros que estaban entrando en el otoño. Contreras esperó que escampara y en cuanto cedió la lluvia convocó bajo el puente de la *Numancia* a tripulantes, infantes y artilleros, y les arengó entre vítores y hurras. Cerca de las nueve levaron anclas los cuatro buques, bajaron masteleros y se hicieron a la mar con la bandera española de combate izada.

Al llegar a Escombreras salieron de la bahía hasta seis barcos de guerra franceses, ingleses e italianos que seguían a la escuadra cantonal «de observadores». Con esa escolta, verdaderamente lucida, y después de hacer la descubierta en dirección Este sin resultado, viraron hacia el Sur y bajaron a distancia de la costa, conservando posiciones que en caso de ataque inesperado les permitieran aprovechar el barlovento. A bordo había un gran espíritu. Todos pensaban en las esperanzas que dejaban detrás, en Cartagena. A la altura del cabo de Palos el vigía de la *Numancia* anunció la presencia de la flota enemiga. Llevaba seis unidades. La *Vitoria*—que arbolaba la insignia en el palo mayor— y las *Navas de Tolosa*, *Almansa* y *Carmen*, más los vapores *Colón* y *Ciudad de Cádiz*.

Cuando vieron la escuadra del almirante Lobo la *Numancia* se había adelantado mucho y los cantonales no conservaban la formación. Quedaban demasiado a retaguardia la *Tetuán* y la *Méndez*. Por el telégrafo de señales Contreras dio órdenes para que se le incorporaran inmediatamente. Pero Lobo, que advirtió la maniobra y vio cómo la *Numancia* seguía, sin embargo, avanzando imprudentemente—ahí los esperaba Lobo, en la imprudencia y la temeridad—, lanzó sobre ella la escuadra en perfecto orden. Las primeras andanadas partieron de la *Numancia*, entre gritos de júbilo. La escuadra de Lobo trató de cercarla, y lo consiguió, destruyendo ya por la base el plan de combate de los cantonales. Sobre la *Numancia* hacían fuego a placer los cañones de Lobo. Contreras veía que las naves cantonales forzaban la marcha; pero dudaba de que su auxilio pudiera ser eficaz. La *Numancia* disparaba a un tiempo sus baterías de babor y estribor, y en el estruendo quedaban todavía intervalos en los que se oía la algazara de la tripulación y las cornetas tocando zafarrancho de combate. Contreras, que se hallaba al pie de una torre blindada cambiando impresiones con el miembro de la Junta revolucionaria Miguel Moya, se negaba a ponerse a cubierto para dar ejemplo de serenidad. Una granada de la *Vitoria* estalló sobre sus cabezas, y Moya cayó sin vida contra el cordaje arrollado del mastelero. Contreras salió ileso increíblemente por uno de esos azares de la guerra.

La situación no podía ser más crítica. La *Numancia* tomó una determinación desesperada. Buscó el punto más débil del cerco. Lo constituían los vapores de pequeño tonelaje *Colón* y *Ciudad de Cádiz*. Dirigió sobre ellos sus cañones de proa y avanzó a toda máquina. Algunos proyectiles alcanzaron al *Cádiz* y le produjeron averías visibles, aunque no lo dejaron fuera de combate. La *Numancia* abrió brecha entre los dos barcos, disparando por ambas bandas, y logró romper el cerco. Castigó con dureza a los vapores y huyó, perseguida de cerca por la *Vitoria*, que la cañoneaba implacablemente. Puesta al fin la *Numancia* fuera de los fuegos del almirante Lobo, dio un rodeo para incorporarse al resto de la escuadra cantonal. La *Tetuán* combatía con la *Carmen* y la *Almansa*, a las que llevaba ventaja. Trató de abordarlas dos veces, sin lograrlo por la pericia de los barcos enemigos. Abandonada la *Numancia* por la nave capitana de Lobo, ésta se lanzó sobre el *Tetuán*, y Colau, viéndola llegar y a menos de una milla de distancia dio la orden de «proa a la *Vitoria*», y marchó sobre ella a toda presión. El choque parecía inevitable y hubiera echado a pique a la *Vitoria*, cuya quilla carecía de blindajes, pero escapó a la embestida, y las dos naves pasaron rozándose, mientras los cañones vomitaban metralla y los fusileros se cambiaban descargas cerradas. Los barcos no obedecían bien las maniobras. El mar había seguido agitándose por momentos. La *Tetuán* metía la proa en el agua, y densas masas azules, verdes, barrían la cubierta. En medio del fragor del mar, centenares de cañones, empeñados en la lucha y disparando sin cesar, tenían una grandeza sobrecogedora. Esa tormenta de los hombres—pensaba Contreras—era muy superior en su estruendo, en sus cóleras, a las tormentas de Dios.

Sobre las tres de la tarde la *Numancia* se resintió de averías en el timón y acordó la retirada. Estaban transmitiendo la orden por el telégrafo de banderas cuando una granada de la *Vitoria* estalló a bordo, destruyendo el aparato de señales y matando a tres marineros que lo accionaban. La *Numancia* reanudó el combate, y al advertir que sus compañeras eran atacadas por las naves de Lobo, en una superioridad de condiciones manifiesta, quiso intentar una maniobra desesperada. En aquel momento, viéndose perdida la escuadra cantonal, sucedió algo inesperado, que había de dar motivo a protestas y reclamaciones diplomáticas: la fragata francesa *Semíramis* se interpuso y la escuadra de Lobo tuvo que interrumpir las hostilidades, mientras la cantonal se ponía a salvo. Por cierto, que al entrar en la línea de fuego la *Semíramis*, una granada de la *Tetuán* estalló a bordo y mató tres marineros neutrales. Este incidente no motivó reclamación ninguna de los franceses. La generosidad de los republicanos de París y la gratitud de los cantonales crearon entre ellos nuevos lazos de simpatía. Quien reclamó en vano fue el Gobierno de Castelar.

A media tarde entraba la escuadra en Cartagena. El vapor *Buenaventura* estaba rodeado de lanchas. La bandera de la Cruz Roja ondeaba en la popa. Lloviznaba bajo el cielo gris y una multitud se agolpaba en los muelles, ávida de saber noticias de la expedición y de los familiares que tenían a bordo. Del *Numancia* desembarcaron ocho muertos y diecisiete heridos. Del *Tetuán*, tres muertos y diecisiete heridos. La fragata *Méndez Núñez* sólo tuvo un muerto y cuatro heridos. El público esperaba en los muelles con ansiedad; contaban el número de muertos que desembarcaban, y una ola de angustia agitó a la muchedumbre en sollozos, exclamaciones y clamores de impaciencia, hasta que los muertos y heridos fueron identificados y sus nombres puestos en unas listas de honor en las puertas de la Comandancia, del Ayuntamiento y de la Aduana.

Milagritos había esperado hasta que la escuadra apareció a lo lejos, en el Sureste, entre Escombreras y el arsenal. Entonces dejó el *Buenaventura* y subió muelle arriba, hacia su casa. Se encontró a Bonmatí, que iba al barco, apresuradamente, como siempre.

—¿Se marcha usted ahora, que entra la escuadra? —preguntó, entre dolido y extrañado.

Milagritos se limitó a hacer un gesto de contrariedad todo lo vago que convenía para que Bonmatí lo echara a timidez y miedo.

—¿No se atreve usted con las heridas y la sangre?

Milagritos le dijo que quedaba todo muy bien dispuesto. Había alcohol, gasas, vendas y también algunos víveres, entre ellos cuatro kilos de café. Las cocinas, al rojo. Los depósitos de agua, repletos. Bonmatí inclinó la cabeza a un lado y suspiró despidiéndose:

—Todo dispuesto para recibir a la tragedia.

Milagritos encontró aquella frase teatral y falsa, más por el gesto de Bonmatí que por sí misma. Se le veía por dentro confortado, a pesar de todo, por la sensación de «la victoria». Todo el mundo tenía noticias fidedignas sobre «el descalabro de Lobo». Sobre «el triunfo de los cantonales».

Cuando Milagritos llegó a casa se encontró a su marido en un estado de ruina moral lamentable. Hasta él habían llegado los rumores del «triunfo» cantonal. Con Milagritos, sofocada, nerviosa, juvenil, entraba aquel triunfo por las puertas de su casa. Mr. Witt pensa-

ba que las categorías que mayor firmeza y solidez habían adquirido, dentro de su conciencia, a lo largo de
toda la vida, se desmoronaban bajo aquella turbia marejada de instintos. «La vida se está desdiciendo a sí
misma», se decía. Era una idea suicida. Hacia la noche llegaron las noticias oficiales, en las que, a duras
penas, se contenía la impresión del descalabro. Entonces Mr. Witt se animó, y en la sobremesa, a la que
acudió el cónsul Turner, con el texto del ultimátum de
Martínez Campos, hizo juegos de humor con Milagritos, con los cantonales y consigo mismo. Lo que le extrañaba era la impasibilidad de Milagritos. Ella no re-
gistraba en su ánimo aquellos cambios bruscos de la
situación. Siempre estaba igualmente esperanzada, igualmente tranquila, con un entusiasmo que no llegaba de
fuera, sino que estaba identificado con su sangre y sus
vísceras y era todo su temperamento natural. Mr. Witt,
dado de pronto a la generosidad, llegó a decir a Milagritos:

—¿Por qué no te quedaste en el *Buenaventura* para
curar a los heridos?

Milagritos le cogió la palabra para el día siguiente.
Mr. Turner estaba visiblemente alarmado. El ultimátum de Martínez Campos amenazaba a la ciudad con
un bombardeo implacable. El que se inició dos noches
antes no fue sino una muestra de lo que podía ser si
no capitulaban. Esperaba sólo tres días, al cabo de los
cuales no se detendría ante ninguna consideración de
humanidad. La Junta revolucionaria se haría responsable de todo. Turner terminó de exponer la situación
con estas palabras, que a Mr. Witt le sonaron como
una ratificación de gozos amargos ya conocidos:

—Hoy ha habido tres casos de fallecimiento por
hambre.

Sin embargo, Mr. Witt insistió en que la posición
del Consulado debía seguir siendo de neutralidad y de
respeto por los cantonales. Mr. Turner no comprendía a su compatriota. «Parece obstinado—se decía—en

que los rebeldes lleguen a consumirse en su propia impotencia, a destruirse solos, a llegar en la ruina a lo más hondo, a lo más terrible.» Porque Mr. Turner, sin saber por qué, no creía ya en las simpatías de Mr. Witt por el movimiento.

## Libro tercero

## 15

Las mujeres que salieron temprano hacia la plaza de Abastos se encontraron en medio de la calle del Salitre un hombre muerto. Se había aplastado las narices y roto los dientes contra el empedrado. Su cabeza descansaba sobre un charco de sangre. Lo identificaron en seguida, aunque nadie sabía su nombre. Era un aljecero de San Antón, ya viejo, que fue separado del servicio de la defensa cantonal porque su miopía le incapacitaba para usar el fusil. Desde entonces se había dedicado a componer coplas alusivas a la deslealtad de unos jefes y a la cobardía de otros, y las recitaba o cantaba a quienes querían escucharle. Al principio la gente se indignaba, pero como no tardaban en advertir por cualquier detalle que el viejo no estaba en su juicio, lo dejaban en paz con sus manías. El aljecero fue observando que a medida que arreciaba en sus coplas el hambre se hacía más dura. La gente, que difícilmente encontraba alimentos, no quería compartirlos con aquel viejo deslenguado. Los últimos días

había abandonado sus coplas mordaces y componía
otras. El hambre rechazaba la ironía. Con una voz tenue, que apenas salía de los dientes, hacía un relato
de comidas espléndidas. En su fantasía se permitía
ciertos sibaritismos como el de

> ... buen vino de Campo Nubla
> en jarrico del Hondón.

Hacía sus diminutivos en «ico» porque procedía del
campo murciano. Aquella madrugada fue hallado muerto en la calle vieja del Salitre, estrecha y obscura como
un ataúd. Las mujeres formaron corro. Al principio
creían que estaba borracho:

—*Aljesero*, levántate y hasme un trovo.

Para el trovo—la glosa clásica de Castilla—le daban
la copla ya hecha. Con cada verso tenía que componer
una nueva copla. Pero el aljecero no se levantaba, y al
darse cuenta de que estaba muerto, las mujeres comenzaron a lamentarse espantadas: «Ha muerto de
hambre el *pobresillo*.» Otras iban y venían sin objeto.
¿A quién habría que avisar? «Ha muerto en la calle,
como un gorrión.» No decían «como un perro», porque
resultaba ofensivo para aquella carne yerta con figura
humana.

La calle era estrecha y pina, negra abajo y gris claro
arriba, donde la primera luz del mar arbolaba los des-
conchados. Al aljecero lo rehabilitaba su muerte miserable. Comenzaban a recordar sus mordacidades sin
protesta y a veces le concedían cierta justicia:

—Tenía razón. Ese Contreras es un blanco.

Caían denuestos e insultos sobre Contreras. Fracasos en tierra, derrotas en el mar. Y entretanto la tierra «se comía» a los pobres voluntarios, y los que so-
brevivían seguían hambrientos al pie de las murallas.
Como todas las mujeres tenían hambre—no la suya
sola, sino también la de sus hijos—, el aljecero, más
que un muerto cualquiera era la bandera de un enemigo invisible que les acechaba en la calle, en la muralla,
dentro de sus casas.

En Galeras hicieron la salva al amanecer. El cañón saludaba al sol. El estampido reclamaba a la población decaída, hambrienta, decepcionada, para la disciplina. Todo cartagenero tenía y tiene en los ojos la sombra de una aventura fracasada. A unos les dobla el ánimo. A otros les fuerza a erguirlo más, a erguirlo demasiado. En el carácter del cartagenero hay, por esa razón, algo dislocado. El hambre de aquellos días los empujaba hacia abajo y la miseria era en las calles un pregón de ignominia, desolador. Las mujeres, con los ojos enrojecidos y siempre llorosos—¿llanto?, ¿tracoma?, ¿la desolación de los días sin pan, de la carreta de los muertos?, ¿o simplemente el aire salino y la tierra seca?—; las mujeres relevadas de una cocina sin fuego, de un hogar sin base, referían en los corros callejeros, en los patios, su desesperación más con silencios que con palabras. A veces trataban de encontrar soluciones también desesperadas. Sabían dónde había dinero y víveres. Conocían la despensa de un convento de monjas, adonde una de ellas había ido a lavar. También sabían de algunas casas particulares, donde sobraba todo. Pero a la hora de tensar el ánimo y determinarse se oían trompetas; quizá sacudía el aire otro cañonazo. Era el Ejército, y les coaccionaba hoy tanto como ayer; con el Cantón lo mismo que con la Monarquía. No eran reflexiones serenas lo que les llevaba a permanecer quietas, con su hambre, sino la superstición de la fuerza armada y empeñada en una lucha en la que el pan de las mujerucas de ojos salinos y de sus hijos no contaba para nada. Los chicos parecían darse cuenta y resignarse mejor que sus padres. Contaban con el hambre desde que nacieron. Sin tristeza, sin sentirla apenas; como un atavismo; o quizá como un hábito orgánico tan natural y arraigado como en los demás el de la nutrición. Los chicos se nutrían como podían: con el sol, el aire y con la alegría de sus juegos, que seguían siendo—dramática lección de serenidad—juegos de paz bajo los cañones:

¿Dónde va la cojita?
Píu, píu, píu pa.

Pero ahora, alrededor del cadáver del aljecero, las mujeres, los viejos iban resucitando sus pasiones, vivas en las coplas. Odiaba a los que

le quitan lo suyo al pobre
para darle al rico más.

Y cuando sus trovos iban por ese camino, la gente le escuchaba, olvidando sus manías. Pero de pronto arremetía contra el general Contreras:

*Quié* cobrarse en Cartagena
los *despresios* de Madrid.

La gente dudaba. No faltaba alguno que se ofendiera por cuenta del Cantón, y entonces todos lo insultaban y lo dejaban solo. No llegaron a pegarle, quizá por respeto a los años, a las greñas de plata. El caso era que aisladamente casi todos compartían la opinión del viejo; pero había un lazo firme, que ligaba al pueblo con el Estado Mayor. Un lazo popular: los voluntarios. La presencia de uno solo de ellos—un campesino o un obrero, con la carabina en la mano—les hacía cambiar de opinión. Y ciegamente se iban con ellos, compartían su disciplina, y el que no podía ponerse a su lado con un arma aportaba sus hambres silenciosas.

Hacia el mediodía se acercó el carro de la limpieza y quisieron recoger al aljecero para llevarlo al cementerio, pero se opusieron los vecinos: «Un hombre no era basura, sino un hombre.» Enviaron recado a Bonmatí, y éste mandó una camilla y fue él mismo detrás. Aunque no interviniera prácticamente, en la mayoría de los casos le gustaba estar delante. Se daba cuenta de que su presencia de hombre bien vestido y fino de maneras confortaba a la gente, la hacía sentirse protegida. Bonmatí se indignó al saber lo ocurrido con el carro de la basura e hilvanó unos párrafos retóricos sobre la piedad humana. Después marchó confundido con los grupos de mujeres y chiquillos tras el carro fúnebre. El pobre aljecero, tendido en la camilla, con sus pies descalzos y sucios y los ojos abiertos sobre la barba gris de dos semanas, no acababa de adaptarse a la solemnidad de la muerte. Debajo de la pelambre cenicienta de los labios parecía ocultar una sonrisa con el último trovo, donde llamaba irrespetuosamente «calandria» a Roque Barcia.

Los cañonazos que llegaban de la parte de la Algameca—estaban disparando en la Atalaya—eran las salvas al espíritu popular, que a veces parecía locura en el gesto extenuado del aljecero. Cruzaron la calle de Cuatro Santos, donde el color obscuro de la ciudad se hacía gris claro. Casas bajas, de dos plantas, con balcones cerrados tras los herrajes curvos. El escalofrío de una mañana sin esperanza agitaba a veces un brazo reseco de ruda que colgaba de un tiesto. En los quicios había viejos o mujeres sentados con indolencia, inmovibles, sin ánimos para ir a buscar el sol al paseo de la Muralla o a las laderas de la Concepción. La mayor parte de las calles, otras veces vivaces y animadas, eran las calles de las ciudades medievales azotadas por la peste, como se las ve en los viejos grabados.

Al sector de población que caía fuera de lo militar y de lo político le interesaban sólo de una manera secundaria los acontecimientos del mar. La primera noticia que tuvieron del combate del día anterior—la del triunfo—renovó la confianza, que no era ya una confianza sencilla, sino delirante. Los que tenían parientes entre los voluntarios embarcados se atribuían una parte del triunfo. Pero al saber la verdad volvieron a su muda angustia. Los muertos se habían apilado en el muelle, cubiertos por las lonas con que se solían preservar las mercancías. Regresaron del puerto los voluntarios y la población civil con aquella imagen viva en las retinas y volvieron a enmudecer, esta vez en lo más hondo de sus casas. Volvían a poner sus esperanzas en «la muralla de tierra».

Del Molinete bajaban, sin embargo, rumores disconformes, que comenzaron a agitar la mañana. Marine-

ros de la *Numancia* y voluntarios discutían la conducta
del mando. En la taberna de *la Turquesa* se vociferaba
contra algunas cosas e instituciones que hasta entonces habían sido intangibles. Entre los que más gritaban
había dos voluntarios, con su carabina de cierres bruñidos, grabada en fuego la culata con una fecha histó-
rica: 12 de julio de 1873. Molinete arriba, por los claros del monte sin urbanizar—crecían los tomillos y las
aliagas entre las chozas—, asomaban las «niñas» su gesto quebrado por el insomnio. Algunas, después de escuchar desde la ventana, se cubrían los pechos con un
mantoncillo y bajaban cortando callejuelas, resbalando
a veces sobre la gravilla. Acostumbradas al cañoneo,
que todavía respetaba en cierto modo a la población
civil, les resultaba mucho más impresionante una discusión política donde gentes con armas protestaban y
amenazaban.

Poco a poco, en la puerta de «La Turquesa» se formó
un grupo numeroso. El hambre, el alcohol aumentaban
la vaguedad de los rasgos en todos los rostros. La lividez era mayor sobre la colina calcárea, bajo la luz cruda que llegaba del mar, vidriada de azul.

—¡Contreras iba en la *Numancia!*—gritaba alguien—.
¡Lo vi yo! ¡Y nadie más que él tiene la culpa!

Dentro habría unos treinta voluntarios, entre ellos el
cabo *Calnegre*, que se distinguía demasiado en sus cen-
suras contra los jefes. En cuanto salieron a la calle se
formó la manifestación. Por todas partes acudían y se
les sumaban hombres, mujeres, chiquillos. Al llegar a
la calle vieja del Salitre, a los Cuatro Santos, las mujeres más vencidas, los viejos más resignados se irguie-
ron y corrieron al lado de los manifestantes. No acababan de creer que los voluntarios, armados, les dieran
la razón. La costumbre de verlos siempre al lado del
Estado Mayor invalidaba sus secretos impulsos de protesta. Al frente de la manifestación iban dos voluntarios con banderas rojas. En el aire había otra vez una
pujanza nueva. Optimismo, fiebre en la sangre y hasta
cartageneras. Hasta una variante de la copla de las

Galeras, que nadie cantaba, pero que estaba en los
oídos de muchas mujeres:

> Cañones de las Galeras
> callarse y no tiréis más,
> que pasan los voluntarios;
> que pasan los voluntarios
> con banderas *encarnás*.

Y los cañones callaban en aquel momento, como si
lo supieran. En la plaza de la Aurora se detuvieron. *El
Calnegre* se subió a una ventana y arengó a la multitud. Quería meter en la cárcel a la mitad de los que
formaron parte del Gobierno provisional. Como *el Calnegre* acababa de salir del presidio, subrayaba mucho
con el gesto y la voz las palabras ásperas de la prisión. «Hay que enviar al *calaboso* a todos los que se
ponen entre el pueblo y los que mandan. Hay que ama-
rrarlos 'en blanca'. Porque ¿sabéis quiénes son?» *El
Calnegre* se perdió en divagaciones, acuciado por los
apremios del fuego interior. Por fin volvió a coger el
hilo: «No creáis que los que mandan son los cantonales. Sobre los jefes cantonales mandan los ricos de la
calle Mayor. Por eso pasan tantas *desgrasia* al ejército
*revolusionario*.» Y terminó:

—O nos dan la cabeza de los que les mandan a ellos
o nos dan la suya Contreras, Pozas y toda la Cámara.

Se refería a la escasa oficialidad de Marina que tenía todavía responsabilidad de mando. La manifestación descendió hasta entrar en la calle Mayor. A su
paso levantaba el entusiasmo y encendía la adhesión
en todas partes. Algunos de los que se les incorporaban eran estampas vivas de dolor, de pobreza física,
de miseria; pero en cuanto alguien lanzaba un «muera», se transformaban, y al contestar sacudían sus cuer-
pos como si sacaran la voz de los talones.

Las ventanas se cerraban apresuradamente, con escándalo de fallebas y golpes de maderas. Las puertas
estaban cerradas ya. *El Calnegre* gritaba con todas sus
fuerzas para que la voz penetrara a través de persianas y cortinas:

—¡Mueran los explotadores del pueblo!

Subían hacia la Comandancia de Marina. Al verla al final del repecho que desembocaba en el puerto, muchos echaron a correr. Llevaban la carabina suspendida en la mano. Alguien había dado aviso, y la verja de la Comandancia se cerró. Como algunos trataron de trepar por ella, se cerraron también las puertas y las ventanas bajas del edificio. Al mismo tiempo apareció en la calle, cubriendo los dos flancos de la manifestación —dos secciones por cada lado—, una compañía de voluntarios. La mandaba el capitán Cobacho, y llevaban todos la bayoneta calada.

Los manifestantes esperaban encontrarse en todo caso con tropas regulares, pero no con voluntarios, como ellos. Eso los dejó un instante indecisos. Cobacho—un hombre fuerte, espeso de cejas y barbas, ceceante—lo aprovechó para arengarles. Debían retirarse, irse a sus puestos. La Junta estaba haciendo justicia en aquel momento. *El Calnegre* y un fuerte grupo avanzaron sin escucharle. Los contuvieron las puntas de las bayonetas de Cobacho. *Calnegre* gritó:

—¿Y sois vosotros? ¿Sois vosotros los que nos *serráis* el paso?

Cobacho tuvo una ocurrencia desdichada:

—Sí, nosotros. Vuestros hermanos. —Y añadió cínicamente—: Haremos fuego si dais un paso más.

Se alzó un aullido detrás de *Calnegre,* entre las mujeres y los viejos inermes. Cobacho reclamó silencio y trató de explicar:

—Hay que dar la vida peleando contra el Gobierno de Madrid. Pero también hay que darla por el orden del Cantón; si no, estamos perdidos.

*Calnegre* insistió en su tema:

—¡A la cárcel con los traidores!

Cobacho afirmó:

—A la cárcel irán. A la cárcel irán si deben ir. La Junta está tomando acuerdo sobre esa cuestión.

Cobacho hablaba a voz en grito. Espumeaban sus labios y sudaba:

—Calma. El Cantón hace justicia. No necesita que vosotros os la toméis por vuestra mano. Antes de una hora irán a la cárcel los culpables.

Aquello desconcertó más a los voluntarios. No pocos se entusiasmaron con la idea de que la justicia se hacía por encima de todas las consideraciones jerárquicas. *El Calnegre* no se fiaba. Tenía que ser delante de ellos.

La manifestación siguió allí más de media hora, al cabo de la cual, rodeados de una triple fila de soldados y de voluntarios, salieron Roque Barcia y tres más de los que intervinieron en funciones preeminentes con la primera Junta. La manifestación siguió a los presos hasta ver que quedaban encerrados en la prisión. Se acusaba a Barcia y a sus compañeros de haber defendido reiteradamente la necesidad de pactar con las tropas del Gobierno central. Llevando más lejos las cosas, el pueblo decía que Barcia y los de su tendencia veían con gusto los fracasos militares porque ese camino iba fatalmente a desembocar en el pacto. Y de esta complacencia a la ayuda directa al enemigo había sólo un paso.

Antes de disolverse la manifestación Cobacho hizo repartir profusamente un manifiesto de la Junta exculpando a Contreras. A la tarde nadie se acordaba de las responsabilidades del desastre. Se hablaba con pasión de las deslealtades sancionadas por la mañana y había cierta fruición en el recuerdo de un Barcia, primer presidente del Gobierno cantonal metido en la cárcel como un delincuente vulgar. El único que seguía con su tema de los ricos de la calle Mayor era *el Calnegre*. Pero lo vigilaban los jefes.

La población volvió a la miseria de sus hogares apagados, de su decepción, de su desesperanza. Al obscurecer arreció el cañoneo.

16

El secreto de la cobardía de la *Numancia* lo poseía el
maquinista Vila, capitán del barco al iniciarse el movimiento cantonal y después segundo de a bordo a las órdenes del capitán Solano. El maquinista Vila mandaba
la maniobra en el momento en que se ordenó la retirada.
Ya en el puerto, la noche anterior pudo salir a cenar a
tierra, según su costumbre. En «La Turquesa» lo esperaba la curiosidad ávida de los parroquianos; pero el maquinista Vila llevaba dos días a bordo. No quería salir.
Recorría el buque despacio, revisando la averías, y le
producían tal emoción la escalera del puente destruída,
la chimenea rota y el boquete de estribor junto a la bor-
da, que sólo le faltaba llorar. Recordaba los incidentes
del combate. Cuando la *Numancia* rompió el cerco y salió huyendo perseguida a cañonazos por la *Vitoria*, el
segundo Vila sufría personalmente cada andanada, cada
balazo como si los recibiera en las entrañas. Hasta entonces sólo había peleado con las tormentas, pero en
aquel momento al cuidado de la mar brava se unía el
de la persecución. Crujía el barco entre las olas; temblaba al recibir las balas en las bandas, al despedirlas
por las bocas de sus propios cañones. Llovía fuego sobre la pobre *Numancia*, que huía a toda máquina sin
dejar de ser castigada. Y el segundo Vila, para quien la
*Numancia* era una prolongación de su mismo cuerpo,
sufría todos los dolores del blindaje roto, de la madera
astillada.

—¡Arriba, *Numancia*!

Gritaba con los ojos húmedos de rabia y de pena. Pero
sólo podía salvarla la fuga, y mandó la maniobra para
huir hasta que salió del fuego. Después viró e hizo como
que se aproximaba al *Tetuán* para defenderle; pero mucho antes había llegado la nave capitana enemiga, que
cubría de metralla a las gentes de Colau. Cuando pudo
acercarse, el *Tetuán* llevaba encima media tonelada de
plomo caliente. Y además la *Numancia* no hizo sino disparar algunos cañonazos desde lejos y dar en seguida

—casi proa a la base—la orden de retirada. Todos coincidían en que la conducta de la *Numancia* había sido indigna. Pero si había algún responsable directo era Vila, el viejo enamorado de la nave. Se lamentaba tan a lo vivo, descuidaba de tal modo la prudencia en unos momentos tan apasionados, que el mismo capitán Solano le tuvo que advertir que tuviera más cuidado con lo que decía. Se estaba delatando.

—Porque todavía si esto fuera guerra—explicaba—el que recibe la bala con ella se queda, y más querría ver la *Numancia* acabada en un bajo que sana, pero deshonrada. Ahora bien, mi capitán, esto no es guerra.

Y añadía:

—¡Que haya sido la *Vitoria* la que nos lo ha hecho—y mostraba con la mano parte de la obra muerta resquebrajada—, cuando ha salido de descubierta con nuestro barco cien veces en Santiago de Cuba y en Mindanao!

El desconsuelo del pobre viejo era de una sinceridad desgarradora. En otro caso—si la presión de las masas hubiera persistido—los jefes no hubieran tenido más remedio que sacrificar a alguien, y era seguro que toda la responsabilidad habría caído sobre él. Y Vila hubiera ido a la cárcel y quizá a la muerte satisfecho, pensando que moría por la *Numancia*. Pero, afortunadamente, nada de eso fue necesario. Aunque ninguno se atrevía a declararlo, los jefes estaban satisfechos de aquella retirada, convencidos de que era disparatado sostenerse. Hacia media noche todo el mundo hablaba de una nueva expedición de venganza. «Si salimos—se decían los jefes—, no puede ir Contreras de comandante.»

Dos días después el mar amaneció tranquilo, el horizonte despejado, el aire quieto. Con el sol todavía en Levante los barcos salieron y formaron frente a Escombreras. Había dos grandes novedades. No mandaba Contreras, sino Colau. Y con la escuadra, a retaguardia, iba el *Buenaventura*. En el *Buenaventura* iba doña Milagritos.

Aquel día se cumplía el plazo dado por Martínez Campos para iniciar el bombardeo a fondo. El hambre, la sensación de peligro cada vez mayor, la presión de las fuerzas del Gobierno, impregnadas de un fuerte espíritu combativo, y, finalmente, la derrota de la escuadra, produjeron un efecto desmoralizador enorme en algunas zonas de población, en los servicios oficiales de sanidad e incluso entre las hermanas de la Caridad, que hasta entonces se habían mantenido fieles a la misión que les asignaron. Aunque vendían a veces el pan y la ropa limpia a los enfermos descreídos y ateos a cambio de oraciones y profesiones de fe, de ahí no habían pasado. Llevaban algunos días haciendo bajo mano una labor francamente derrotista, y comenzaron a escurrir el bulto. El Cantón era pobre; sus monedas no podían ser tomadas en serio. Llevaban la de perder y se aproximaba el bombardeo, el ataque sin tregua, la guerra sin cuartel. Las monjitas fueron desertando poco a poco, con la disculpa de la enfermedad, la vejez; la madre que estaba muriéndose en Alicante, el hermano paralítico en Málaga, y, finalmente, las órdenes de sus superioras generales. Cuando más falta hacían se marcharon casi todas. Otras mujeres, como Milagritos, las substituyeron a medias.

Mr. Witt sabía que el *Buenaventura* se haría a la mar, y no le preocupó grandemente que Milagritos se quedara a bordo. Lo que no supo hasta que la escuadra dobló Punta de Aguas era que ésta iba mandada por Colau. Hubo instantes en los que volvió a tener la misma impresión que el día de la visita al fuerte Carvajal. La sensación del adulterio. Era—se decía—una sensación agria, de un dramatismo seco y sin ese fin «en sí mismo» que suele tener el drama sentimental. Una sensación, además, de «desfonde» en lo social, de perder pie y bajar para afianzarse a medias en un suelo blando, barrizoso. Aquella sensación no la había tenido Mr. Witt nunca hasta entonces. Sin embargo, en la conducta de Milagritos no había nada nuevo. ¿Dependía de él, de su estado interior, todo aquello? Hasta que entró por primera vez en el mes de abril sin sentirse joven—sin notar por lo menos alguna vez y más o menos profundamente la misma «situación orgánica» de la adolescen-

cia—, hasta que se sintió por primera vez irremisiblemente viejo, no dudó nunca de Milagritos. Ahora tampoco dudaba de ella, pero sus preocupaciones morales
contra la duda, el sobresalto por lo desguarnecida que
veía su vida ante los asedios de la duda, eran peores que
la duda misma. Mr. Witt veía el mar, alcanzando con
los gemelos el horizonte.

—Hermoso mar para navegar con ella.

Ella navegaba con Colau. «Los separan por lo menos
dos millas—se decía Mr. Witt—; pero tampoco es el
adulterio físico el que me turba.» Era otra cosa, en la
que intervenía mucho la creciente falta de fe de Mr. Witt
en sus fundamentos morales. ¡Qué importancia estaba adquiriendo de pronto en su vida Colau! ¡Y qué
juntos iban ahora Colau y Carvajal! En aquel momento
Milagritos pensaba también en su primo Froilán, dejando flotar el borde de su bata blanca y un gracioso rizo
de la sien, al viento, en la cubierta del *Buenaventura*.
Milagritos, en cuanto salió del puerto, se olvidó de Cartagena, de su casa e incluso de los cantonales. Iba por
un mar quieto hacia la guerra. «Buscando la muerte»,
como decía Carvajal en aquellos versos que hizo una
vez para ella y que no imprimió nunca:

Por el camino de una mar tranquila,
¡cuántas veredas hacia ti!
Por el desierto de una noche obscura,
¡cuántas estrellas donde ir!
Por la eterna fluencia de los tiempos,
¡cuántos instantes para partir!
En el mar nuestro de cada primavera,
en el desierto de la noche inmensa,
en el tiempo que al albur nos lleva,
¿cuál el camino bajo el cielo?,
¿cuál es la estrella o el lucero?;
para partir, ¿cuál el momento?
Por el camino de una mar tranquila,
¡cuántas veredas hacia ti!

Luego se explicaba apresuradamente a sí misma, como
para no dejar a su vanidad tiempo para engañarse, que
«hacia ti» no quería decir «hacia Milagritos», sino hacia
la muerte. A Carvajal le preocupaba la muerte. «Es her-

moso—pensaba Milagritos—ir a la muerte en esta mañana, por esta mar.» El azul entraba en los pulmones fresco y húmedo bajo un sol que no hería aún. Azul arriba
con vedijas blancas que avanzaban subiendo y bajando
casi imperceptiblemente, a compás. Azul más denso abajo, pero con escapadas flúidas al aire en los saltos del
delfín, también azul, cuya comba tenía un instante, al
sol, como un espinazo de plata. En medio de aquellos
azules el rojo de la cruz sanitaria tremolaba en la bandera alegremente.

Milagritos tenía quince enfermeras a sus órdenes. El
capitán había llevado dos médicos, uno de ellos don Eladio, que no había cesado de demostrar a todo el que
quería oírle, desde que salió del puerto, que no le correspondía a él embarcar y que tenía en tierra enfermos
graves. El otro era un médico del Hospital Militar, que
no ocultaba su desdén al compañero, al que pensaba
emplear en oficios de practicante, aunque le estaba ya
viendo protestar:

—Mi título vale tanto como el de usted.

Pero no hubo ocasión. La escuadra cantonal no tuvo
una sola baja, aunque estuvo a punto de haberla en el
mismo *Buenaventura*, pues don Eladio perdió pie dos
veces, y las dos en los momentos en que reiteraba su
protesta por haberle hecho embarcar. La culpa la tuvo
la cera de la cubierta, bajo el puente, y el movimiento
del remolcador, que brincaba como un galgo sobre las
aguas.

Milagritos veía enfrente los cuatro barcos. Llevaban
la formación romboidal que habían tratado de guardar
el día del desastre y conservaban, como precaución, la
cara al barlovento. Avanzaban serenos y seguros, dejando una cuádruple estela de espuma que señalaba la ruta
del *Buenaventura*. Milagritos, en la cubierta, cerca del
timonel, se sentía muy feliz. No era sólo el mar, el cielo
ni la estela de los barcos. Era la noción de la utilidad
de su vida al lado de una gran misión y de un gran
hombre como Colau. Pero, además, la mañana era tan
ligera, tan fina; el aire que cortaban con la proa y res-

balaba sobre las orejas de Milagritos, produciendo a veces un rumor de caracoleo, era tan nuevo, tan recién sacado de los cristales del mar, que morir mismo sería un hermoso acontecer. Cuando una mujer como Milagritos piensa en la dulzura de la muerte, es un hambre entrañable lo que la inspira, una voracidad caliente y una sed helada en otros cristales salinos como los del mar; pero no fuera de ella, sino en ella misma, en sus ojos. Milagritos se sentía tan enamorada como en las tardes de Lorca junto al aro de la ventana labriega:

> Por el camino de una mar tranquila,
> ¡cuántas veredas hacia ti!

Navegaron toda la mañana con rumbo SE., sin encontrar a la escuadra enemiga. Sobre la una el vigía de la *Tetuán*, que arbolaba la insignia capitana, dio vista a los barcos del almirante Lobo. Izado el pabellón de guerra y doblados los masteleros, reforzaron la marcha, y al encontrarse a cuatro millas de la escuadra adicta, se tocó a bordo zafarrancho. Milagritos oyó la alegre trompeta que ordenaba despejar las cubiertas. El capitán del *Buenaventura* frenó la marcha y se situó fuera del radio de los fuegos sobre la aleta derecha del *Tetuán*. El mar seguían en calma, y Milagritos quería verlo y oírlo todo. El azul de la superficie, el verde obscuro del fondo, tejían en su alma canciones alegres. Milagritos, contenta, no con una alegría sosegada y quieta, sino con una confusión de colores claros y sentimientos inefables que la empujaban hacia un contento delirante, vio el peligro, lo calculó, y al llegar a la conclusión de la granada perdida estallando a su lado, encontró la idea casi agradable. No le importaría nada morir en aquel instante. Morir en el mar no era agonizar y descomponerse entre sábanas sucias, sino desaparecer, dejando, como los barcos, una estela blanca. ¿Dónde quedaría esa estela de Milagritos? ¿En el alma de Mr. Witt? No era demasiada gloria aquélla. Pero quizá quedara en la pasión de las multitudes y en otra turbulenta y magnífica: en la de Colau.

Los primeros disparos partieron de la nave capitana, de la *Tetuán*. Se vio estallar una granada entre los palos de la *Vitoria*. Milagritos había corrido hacia el cabrestante y allí se quedó, espantada, sin acertar a enfocar los barcos enemigos con los gemelos. A simple vista veía las bandas de la *Tetuán* y del *Fernando el Católico* rodeadas de humo. Las tres naves avanzaban bajo el cielo despejado, en línea de combate. Seguía a retaguardia la *Méndez Núñez*. Milagritos pensaba que los hombres sabían quitar la vida y entregar la propia con grandeza. «No sólo hay miseria y dolor en la sangre», se decía.

La escuadra de Lobo contestó débilmente y viró evitando el barlovento. Milagritos no comprendía la maniobra, y el capitán le explicó:

—Se retiran. Se preparan a huir.

Milagritos ardía en un entusiasmo de raíces nuevas.

—¿Qué hacen? ¿Por qué no avanzamos a toda máquina?

El capitán le advirtió que avanzaban y que se dirigían sobre la escuadra enemiga. El capitán añadió que no había visto nunca tanta pericia marinera en un paisano. El caso de Colau le producía asombro. El telégrafo de banderas ordenaba desde la nave capitana el ataque a toda marcha, y los barcos de Lobo, virando hacia SW., favorecían la maniobra, porque se desviaban de la presión del barlovento, en la que estaban metidas las dos escuadras. El capitán del *Buenaventura*, sin separar los gemelos de los ojos, decía:

—Ahora. Ahora va a encerrarse Lobo contra la costa.

Las naves de Colau volaban, soltando cañonazos. Milagritos hubiera querido volar también con cada proyectil, situarlo en el mejor blanco y hacerlo estallar. Por una escotilla asomó el rostro denegrido de un fogonero. También estaban contentos.

—Patrona, ¿no tiene miedo?—dijo muy jovial.

Milagritos se volvió sorprendida.

—¡Lástima—contestó—no tener aquí una batería!

El fogonero sacó el brazo desnudo, con la mano abierta:

—¡Viva el Cantón!—gritó.

Le entusiasmaba el valor de aquella fina mujer. Luego desapareció hacia abajo. Milagritos se sentía diluída en el barco, entre la gente. Pero no quitaba la mirada del *Tetuán*. Los gemelos le permitieron ver a bordo a Colau. Llevaba las mangas arrolladas sobre el codo, la camisa abierta. El vello de los brazos, del pecho, tenía brillos de bronce. Su rostro atezado, sus bigotes bárbaros, le daban el aire de los piratas de los cuentos infantiles. Milagritos lo admiraba desde lo hondo de su vida insignificante. Llegó a pensar sexualmente en él, pero como podía pensar «una mujer honrada»: «Me gustaría tener un hijo de Colau.» Ser fecundada por aquel bárbaro caballero de los mares que hacía retroceder a la escuadra de Lobo.

Persiguieron a los barcos del Gobierno durante más de dos horas, bombardeándolos sin cesar. Contestaban soltando por la popa ándanadas aturdidamente. Hacia las cuatro de la tarde lograron ponerse fuera de los fuegos de la *Tetuán* y la *Numancia,* y la escuadra cantonal viró hacia Cartagena, adonde llegaron al obscurecer. Pero el *Tetuán* fondeó en la ensenada de la Algameca. Milagritos hubiera querido quedarse allí también. ¡Quién sabe si habría música, canciones, quizá baile!

La idea de que delante de Colau contorsionarían sus brazos y doblarían el talle otras mujeres llenó a Milagritos de un sordo despecho. Sólo se rehizo al poner los pies en el muelle, entre la barahunda de voces entusiastas, de aclamaciones a Colau y a los demás comandantes.

A Milagritos la rodeaban anhelantes, haciéndole preguntas. Bonmatí contestaba a su lado:

—¡Ni un herido! ¡Ya lo sabéis! ¡Ni un solo herido!

Y después de comprobar por Milagritos el rumor que circulaba por el muelle, lo confirmó a grandes voces:

—Colau ha desbaratado la escuadra enemiga y la ha puesto en fuga.

Los vítores se sucedían. Milagritos, embriagada por todo aquel estruendo, no olvidaba, sin embargo, que Colau se había quedado en la Algameca. Volvió los ojos,

esperando ver entrar en el puerto al *Tetuán*, pero sólo
se advertían las luminarias de los buques extranjeros
en el mismo lugar que habían quedado, junto a Escombreras.

Se abrió paso. Entre tantas cabezas enloquecidas había una impasible, con el aire severo y torvo y una pá-
tina gris de aburrimiento. Era Mr. Witt. Milagritos
fue hacia él y se colgó de su brazo. Un grupo los advirtió, y como tenían necesidad de seguir gritando, se oyó
un vítor inesperado:

—¡Viva Mr. Güi!

Contestaron sólo tres o cuatro, pero Mr. Witt se
quitó el sombrero y siguió adelante, con su aire correcto y frío.


## 17

En cuanto la población se dio cuenta de la dirección
de los proyectiles que llegaban por tierra, fue buscando
el amparo en las faldas contrarias de San José, Despeñaperros, El Molinete, la Concepción y Monte Sacro.
Como el bombardeo aumentaba por momentos, estas precauciones se hacían más necesarias cada día y determi-
naron en menos de una semana que cambiara la fisonomía de Cartagena por completo. Alterada la vida del
hogar por la guerra, quedó totalmente destruída después
del ultimátum del ejercito sitiador. En los lugares indi-
cados—a resguardo de las balas—se vivía al aire libre
día y noche, en campamentos improvisados. Los enfermos se ponían a cubierto en cualquier parte, y las mujeres guisaban en la calle, utilizando como combustible
todo lo que caía a su alcance, desde las boñigas secas
que recogían en la muralla hasta las puertas que arran-
caban de las casas abandonadas. Estaban ocupadas todas las plazas en la Misericordia, en el Hospital de la
Caridad y en el Militar. Se habían aumentado las camas,
hasta duplicarlas, en los tres establecimientos. Las pocas
monjas que quedaban y algunos vocales de la Herman-
dad de la Caridad mendigaban todo el día para esos dos

centros. Volvían con mendrugos secos, aceite, ropas y algún dinero.

El bombardeo producía víctimas constantemente, y las ambulancias de la Cruz Roja las transportaban a la iglesia de la Caridad y al Arsenal. Faltaban hilas, vendas, algodón y, sobre todo, víveres. En esas condiciones, sin embargo, la posibilidad de rendirse o de pactar era recibida por el pueblo con indignación. La protesta de los voluntarios había determinado que la vigilancia se estrechara sobre algunos jefes sospechosos, y acababa de ser descubierta una maniobra encaminada al soborno de algunos de ellos. Después de comprobarse su responsabilidad fueron encarcelados. La moral del pueblo, a pesar de lo grave de la situación, había mejorado mucho con el triunfo de Colau. El improvisado almirante había pasado al primer plano de la popularidad, y como era por sus modales, por su traje, por su origen social, el que estaba más cerca de los humildes, el entusiasmo por Colau rayaba en el delirio. Colau se daba cuenta y le gustaba salir a la calle y recorrer la muralla, detenerse en los «campamentos» más miserables—viejos y mujeres, sucios, enfermos, hambrientos— y charlar con todos amigablemente. No administraba su creciente importancia ni se había forjado idea ninguna sobre su propia personalidad. Bebía con cualquier buena pieza de El Molinete, iba «en *ca la Turquesa*» y gastaba bromas con los cabos y los soldados de Infantería. Pero le acompañaba en todo aquello su aire inseparable de gran turco. Las mujeres le adoraban. Su fuerte masculinidad parecía capaz de fecundarlas a todas sin tocarlas. Aunque el peligro de las explosiones de granadas en las calles, con muertos y heridos, podía comprobarse trágicamente con frecuencia, Colau no iba solamente por las calles desenfiladas, como los demás, sino por todas, como si no sucediera nada. Esto determinaba que la fama de hombre valiente de Colau alcanzara ya la zona de lo indecible. Era algo así como la fama de la misericordia del Señor entre los creyentes. Lo que había de superstición en el valor de Colau era precisamente lo que levantaba la moral del pueblo. Es curioso que una superstición les inspire a veces más confianza y más seguridad que una convicción. La fe de las madres, de las abuelas, se repartía desde hacía cuarenta y ocho horas entre la Virgen de la Caridad y Colau. Nunca pareció más fácil resistir. Todos estaban—junto a la miseria, a la enfermedad, a la sangre vertida—satisfechos de realizar su aventura (esa eterna aventura frustrada de los cartageneros) al lado de hombres del pueblo como Colau, que desbarataban y ponían en fuga nada menos que al almirante Lobo.

Colau, después de repartir sus últimas monedas entre las mujeres del Rastrillo y de Santa Florencia, que le salían al paso desgreñadas, los ojos enrojecidos por el tracoma—aquello de que el llanto no fuera un dulce o un amargo sentimiento, sino morbo fatal, era muy de Cartagena—, se dirigió a la muralla por la plaza del Parque de Artillería. Los voluntarios de la guardia quisieron rendirle honores; pero Colau hizo un gesto de fastidio. Paco el de *la Tadea* se le acercó:

—Salud y Federación.

Lo acompañó largo trecho, hasta que entró en la jurisdicción de la guardia siguiente. En la muralla la tropa estaba también más confortada y los voluntarios no cesaban, bajo el cañoneo, en sus canciones y sus vítores. Habían hecho un muñeco, que representaba al almirante Lobo. Días antes habían quemado otro del general Martínez Campos. Antes de quemar el de Lobo lo cubrieron de injurias. Comenzaban con el «¡Que baile!, ¡que baile!», cuyos efectos habían sentido dentro de los cuarteles la mayoría de los coroneles desde el advenimiento de la República. El muñeco, suspendido por el cuello con una cuerda de esparto y colgado del remate de una viga junto al cuerpo de guardia, bailaba efectivamente. Luego injuriaron, de una en una, a casi todas sus vísceras. Se habló también de sus glándulas seminales. Los voluntarios interrumpían a veces su inocente fiesta para comprobar, por la dirección que traían los estampidos de la artillería, que todo seguía igual.

Algunos, tumbados boca arriba, al resguardo de los con-
trafuertes de la muralla, trataban de ver inútilmente en
el aire los proyectiles de San Julián. En cambio, cuando disparaba algún cañón de la *Numancia* hacia tierra,
como tiraban por elevación y el proyectil hacía su viraje sobre la muralla, se le podía seguir unos segundos
con la mirada. Los tiros de Galeras y San Julián pasaban zumbando. Los del Atalaya, que estaba emplazado
fuera de la muralla, no se oían al pasar. Sólo llegaba el
trueno sostenido y variable de los disparos.

El *Calnegre* seguía con su tema. Tenía puesta la mirada en las casas de la calle Mayor. Había prometido
a sus jefes que no incitaría al pueblo a asaltarlas; pero
así y todo lo vigilaban. Por su parte, el *Calnegre* se había propuesto cumplir su palabra; pero si veía que la
muchedumbre, hambrienta, iba sobre ellas, el *Calnegre*
se pondría a su lado y les ayudaría. Cumpliría, pues,
su palabra, sin dejar de satisfacer al mismo tiempo su
instinto. Pero todos esos propósitos fueron estériles,
porque una granada lo mató en el amanecer de uno
de los días últimos de octubre. Su agonía fue rápida.
Dio, sin embargo, tiempo a Paco para buscar a un muchacho que estaba dos guardias más abajo y llevarlo
a su lado. El *Calnegre* ya no se daba cuenta de nada,
y Paco pensó que era mejor, porque las explicaciones
al hijo hubieran sido difíciles y la emoción del presidiario demasiado fuerte. Por la tarde, el cuerpo del
*Calnegre* fue trasladado, con otros dos de soldados de
Iberia y uno de un hospitalizado en la Caridad, al cementerio. Después de la última paletada de tierra, los
cañones seguían agitando la atmósfera de Cartagena lo
mismo que antes. Y, sin embargo, el *Calnegre* creía que
su vida estaba identificada con todo aquello y que al
faltar él debía faltar algo. Dos de los presidiarios que
llevaron su cuerpo al depósito de la guardia Norte comentaban:

—*Pa* lo que le ha valido al *Calnegre* salir de la cárcel...

—Bien estaba allá arriba.

Los dos eran viejos; uno, lleno de achaques. En sus
rostros había toda una historia de angustias y fracasos.
Pero amaban la vida, aunque fuera entre los muros del
penal. La amaban tanto como don Eladio, con todas
sus esperanzas. Y para ellos la vida apenas representaba otra cosa que la corta brisa que les llegaba al corazón cada vez que respiraban. Pero en el alma del más
miserable hay muchas viejas epopeyas muertas, muchos
poemas siempre vivos. En cualquiera de aquellos viejos aletaban todas las pasiones, los recuerdos, las ilusiones, los temores glosados por poetas y novelistas y
almacenados, por ejemplo, en la biblioteca nacional bri-
tánica. Esta idea hubiera sido muy difícil que la acep-
tara Mr. Witt.

En la muerte del *Calnegre* se dio una circunstancia
curiosa. Dos días antes había estado a buscar rancho
la *tía Olesana*, vieja mendiga que se había escapado dos
veces del asilo de la Misericordia porque, según decía,
tenía que ir a Orihuela a matar al obispo. Al parecer,
ese prelado era pariente lejano de ella y la tenía abandonada. *La Olesana* daba mal agüero a muchos soldados supersticiosos. Habló con *el Calnegre* y le preguntó:

—¿*Pa* qué salisteis del penal? ¿*Pa* que os maten aquí?

*Calnegre* le dijo, muy jovial, que antes de que los
mataran tendrían que suceder muchas cosas en la ciudad y en España entera. La vieja lo miró y dijo burles-
ca y sentenciosamente:

—Bien *pué* ser. Hasta puede que salga el sol tres
veces antes de que caigas tú.

Y se fue, moviendo la cabeza, lamentando la vanidad
de los hombres. No creía en ellos desde el momento en
que no había uno capaz de matar al obispo de Orihuela.

El azar quiso que *el Calnegre* muriera tres días después, con lo que el prestigio de bruja de *la Olesana*
creció bastante. Solía soltar sentencias sin mirar al interlocutor o mirándole de medio lado, como los pájaros. El día que Colau estuvo recorriendo la muralla se
encontró con la vieja. Colau trató de reírse de sus bru-

jerías y le hizo dos o tres preguntas. La vieja no le
contestó. Dijo como para sí misma, rehuyéndolo:

—Mucha fachada, mucho ruido, y los que hacen las
cosas son otros. A Lobo no le hiciste escapar tú, sino
los paleros y los fogoneros de la *Numancia*. Mucho ruido. Muchas hechuras. ¿Sabes qué te digo?—añadió sin
mirarle—. Que las máquinas que andan bien son las que
hacen menos ruido.

Colau le dio tabaco—la vieja no fumaba, pero lo mas-
caba—y le preguntó:

—Tú que sabes cuándo se muere la gente, dime si
sabes cuándo te vas a morir tú.

*La Olesana* lo miró—fue un relámpago brevísimo su
mirada—con recelo y contestó con una reflexión entre
dientes:

—El camino que yo ando no es el vuestro. Mi camino
llega a la muerte y no se acaba allí, sino que sigue. Yo
ando otro camino.

Sonaban los cañones del asedio. Al resguardo de la
muralla se estaba bien. Colau soltó a reír; pero había en
la vieja algo que le hacía reflexionar. Sus palabras tenían un acento lleno de insinuaciones raras. Seguía mo-
nologando con rencor.

—Mucha fachada. Tu país, el mejor del mundo; tu ribera, la mejor de tu país; tu casa, la mejor de la ribera;
tu persona, la mejor de tu casa. Eso no lo piensas tú
solo. Lo piensa cada uno. Y yo masco el tabaco de cada
uno y me río.

Se veía que a la vieja le ofendía lo que había en Colau
de pujante y avasallador. Se marchó porque, a pesar de
la jovialidad del caudillo, ella no las tenía todas consigo. Cuando llevaban presos a los traidores días antes,
alguien le preguntó a la vieja qué le parecía aquello. *La
Olesana* masculló, con su aire distraído y como ofendido:

—¿Para qué? El peor malvado, el que más mal te quiera no tardará en andar por la calle dormido y con ruedas.

Otra ocurrencia, además de la afortunada observación
con *el Calnegre*, confirmó su fama. El mismo día que
encarcelaron a Barcia pasaba la vieja por la plaza del

Ayuntamiento y oyó a dos oficiales voluntarios lamentarse, con un miembro de la Junta de Salud Pública, de la existencia de traidores en el Cantón y condenar apasionadamente la traición en sí misma, cualquiera que fueran las circunstancias. La vieja se detuvo, miró al grupo y soltó a reír. Reía tan escandalosamente que uno de los oficiales le preguntó qué le sucedía. La vieja siguió andando y dejó caer estas palabras, cantándolas con una musiquilla absurda:

—No le mientes al cojo la renquera. Cuando hables con el cojo llórale por los mancos, y cuando hables con los mancos, llórales por los sordos. Pero a ninguno por su defecto.

Los tres se quedaron estupefactos e hicieron lo que pudieron por echarlo a broma. Pero aquel miembro de la Junta de Salud Pública fue encarcelado después por habérsele hallado unos papeles en los que aparecía como mediador para la entrega del castillo Atalaya por una fuerte suma. Uno de los oficiales recordó las palabras de *la Olesana*, y durante dos o tres días circularon por la muralla.

Al obscurecer, la vieja se iba todos los días al cementerio, rezaba a través del ventanuco de la puerta y bajaba otra vez a las faldas del Molinete, que era su barrio. Tenía alquilado un camastro y debajo de él guardaba un cajón sin tapa, cubierto con una estera vieja y claveteada. Conservaba allí 17 camisas en buen uso. Cuando le preguntaban por qué se preocupaba tanto de las camisas, yendo, sin embargo, descalza de pie y pierna y cubierta de harapos, decía:

—¿Qué sabéis vosotros, pobretes? La pariente de un obispo tiene que tener muchas camisas.

Pero era, quizá, una vieja obsesión de soltería. Lo que le quedaba de la esperanza nupcial.

No faltaba quien le recordara sus propios juicios sobre el obispo de Orihuela, y entonces ella sellaba el diálogo ásperamente:

—Esa cuestión es mía y de él. Pero *pa* ti, mi pariente el obispo es su ilustrísima.

Y seguía su camino.

Aquella noche, al regresar del cementerio, se fue apresuradamente a su cuchitril, porque le había dicho don Eladio que iría a hablarle y la vieja sentía un gran respeto por la poderosa familia de los Binefar. Además, en cuanto obscureció, las baterías del asedio comenzaron a disparar sin intervalos. Se veía que estaban dispuestos a convertir la ciudad en un montón de escombros. Entre las explosiones, los fogonazos, las llamas de algún pequeño incendio que generalmente era sofocado sin grandes esfuerzos, los rostros angustiados de las gentes que huían de las casas por miedo a morir sepultados, los gritos que salían de los campamentos de viejos y niños llenaban de alarma y de dolor la ciudad. Las explosiones se sucedían, y aunque se sabía cuáles eran las calles desenfiladas y cuáles las peligrosas, en la obscuridad y bajo el estruendo la gente carecía de serenidad para trazar itinerarios.

Don Eladio llegó ante *la Olesana* con el rostro cubierto por un pañuelo negro de seda y las solapas de un fuerte paletó. Iba más febril, más lívido que nunca. Se sentó en una barrica vacía, y dejándose observar por la vieja—se veía que habían hablado muchas veces de aquello—, esperó en silencio. Como la vieja seguía callando, don Eladio suplicó:

—Estoy como un alma en el purgatorio, *tía Olesana*. Me llaman aquí y allá. Tengo que ir todos los días entre los tiros y las bombas. Esta mañana ha estallado una a menos de diez metros. Créalo. Me ha *dao* una bofetada de aire en la cara—hizo una pausa—. ¿Ve usted algo, *tía Olesana*?

La vieja seguía escrutándole los ojos, el color de la piel, las manos; unas manos ausentes, que parecían de otro.

—No veo nada, señorito Eladio.

La angustia crecía:

—Dígame la verdad. Yo no soy un niño. Nada me espanta.

—Yo se la diría. La digo siempre. Pero no veo nada.

Puede ser que cuando no vea nada esté la negra aguar-
dándole al hombre. Por si acaso, no vaya nunca por las
enfiladas.

—¿Y mi padre? ¿Qué vida le queda?

La vieja hizo un gesto muy franco y decidido:

—Hay para años. No ha *entrao* en el camino *atravesao
entoavía*. El viejo marcha por el camino real.

Era verdad. Don Eladio lo sentía; su impresión era
ésa. La vieja seguía mirándole, tratando de averiguar
algo. Don Eladio le preguntó tembloroso:

—¿Estoy yo todavía en el camino real?

La vieja negó; pero dijo que tampoco había entrado
en los senderos, en los caminejos de través. «Va al lado
del camino real, pero fuera de él.» Don Eladio afirmaba
consternado. Claro. El riesgo del asedio. Por sí mismo
estaba aún muy lejos de la muerte, pero no tenía más
remedio que andar fuera del camino real. Lo ponían al
margen de ese camino los sobresaltos del bombardeo
y las exigencias de su profesión.

Se fue con la misma angustia que había ido. Pero
como el cañoneo arreciaba y oyó en la calle del Adarve
varias explosiones seguidas, se acurrucó en una ventana
baja de la calle de la Tronera y allí permaneció más de
tres horas.

Cuando amainó el fuego salió y trató de alcanzar la
casa de su padre, dando rodeos para evitar las calles
y las casas donde algún herido se quejaba.


## 18

A fines de octubre Cartagena era la ciudad asediada,
herida, hambrienta, bajando los últimos tramos de la
desesperación. La casa de Milagritos se conservaba a un
tiempo influída por los acontecimientos y respetada por
el hambre, por el terror y por las granadas también.
Mr. Witt había sacado fuerzas de su desaliento para
trazar algunos planos y convencerse de que si algún lugar había en la ciudad a salvo de los fuegos de las baterías de tierra era su casa. En cambio, los ataques por

mar hubieran destruído la casa, incluso contando con que no dirigieran sobre ella la puntería. El azar mismo era, en aquel caso, una segura amenaza. Pero no había por el momento—pensó Mr. Witt— en España barcos que pudieran acercarse a la plaza. Los fuegos de los castillos los obligaban a mantener una distancia desde la cual los buques del Gobierno eran totalmente inofensivos.

Mr. Witt, terminado el pleno en el que se demostraba que la curva de proyección de las baterías de tierra pasaba 22 metros por encima de la casa, se levantó y se asomó a los cristales cerrados del balcón. La ciudad tenía un color amarillento. Las aguas quietas del puerto se rizaban a veces bajo el viento, que debía ser —pensó Mr. Witt—bastante frío. Los barcos cantonales seguían con las calderas encendidas. Mr. Witt, acostumbrado ya a lo anómalo y extraordinario, volvía a sentirse seguro en su intimidad. También había lucha dentro de su casa. Y había conquistado nuevas posiciones contra el recuerdo de Carvajal, cuya urna había desaparecido, cuya venda... ¿Dónde estaría la venda de Carvajal? Todavía el muerto conservaba un reducto en el hogar de Mr. Witt. Y las cartas. También las cartas.

Salió al pasillo. En la casa no había nadie. Había salido Milagritos con la muchacha. Llevaban material sanitario y de paso unos vales para sacar víveres de Intendencia. La otra criada había salido antes. ¿Adónde? Mr. Witt se acercó al bargueño. Buscó las cartas de Carvajal, sin encontrarlas. Milagritos las había sacado de allí al darse cuenta de que manos y ojos extraños habían investigado en ellas. Y, sin embargo, Milagritos nada le había preguntado. Era su secreto. Había entre ellos pasos y gestos evasivos. Mr. Witt recorrió la casa con un ansia febril de encontrar las cartas, la venda. Por fin aparecieron en el pequeño joyero, cuya cerradura de plata rompió, haciendo palanca en las junturas con un destornillador. Aparecieron las cartas de Carvajal y la venda y con ellas otro papel que no vio Mr. Witt hasta que comenzó a arder en el fogón de la coci-

na. Había ido apresuradamente—con el temor de que
las mujeres regresaran—, y arrojó todos aquellos objetos a las brasas. La venda producía un humo asfixiante
y se quemaba lentamente. En cambio, las cartas se pren-
dieron alegremente, y sólo cuando ardían, bajo las llamas advirtió Mr. Witt que entre aquellos papeles había uno escrito con una letra que no era la de Carvajal. Metió sus manos en el fuego y·trató de rescatarlo.
Cuando lo consiguió sólo quedaba un pequeño trozo sin
quemar. Las llamas se habían detenido en el último ren-
glón. Se veía el final de una palabra que debía comenzar en la línea anterior. El resto de esa palabra era
«...gameca». Debajo aparecía la firma con toda claridad: «Colau.» Mr. Witt—que era otra vez el Mr. Güí
de lo desairado—, con aquella gratuidad que los indicios le toleraban generosamente, pensó que era una
cita de Colau para su mujer en la bahía de la Algameca.
Pero no había manera de comprobar nada, por el momento. En la carta no había podido ver la fecha. Le parecía muy natural que Colau fuera quien la citara a ella,
que «le ordenara» más bien acudir a un lugar en un
momento determinado. Milagritos era una mujer muy
femenina y en cuestiones amorosas completamente pa-
siva. «Espera que le ordenen y le gusta que le ordenen»
—se decía—. Aquello·de Colau no le sorprendía. Colau
encarnaba el mismo espíritu de Carvajal. En él vivía
por lo menos el recuerdo de Carvajal, y así debía de
verlo ella, Milagritos. Cuando comprobó que no quedaba
una brizna de tela sin quemar, volvió a su despacho y se
quedó otra vez contemplando el puerto. Aumentaba el
bombardeo. Las granadas estallaban más o menos cerca, con estruendo seco o blando, según estallaran en el
aire o en tierra. Mr. Witt advirtió en el muelle un
movimiento de alarma—voces, carreras, llantos—, que
agitaba a una multitud en la que no había reparado
hasta entonces. Antes había visto junto a los embarcaderos una sombra confusa, inmóvil, silenciosa, que se
extendía a lo largo de las escalinatas. Había pensado
que serían fardos de ropa o de víveres. Pero se trataba

de seres humanos. Con los gemelos fue identificando
toda la miseria de aquellos 200 ó 300 viejos y niños,
que esperaban el embarque para ser llevados fuera
del alcance de las granadas, fuera del término de Cartagena. La mayoría parecían enfermos, pero no de verdaderos morbos, sino de vejez, de hambre. Algunos se
cubrían cabeza y hombros con una manta sucia. Las
mujeres hacían grandes extremos de dolor a cada es-
tallido y protegían la cabeza de sus nietos con las manos o en el regazo. Aparecieron dos voluntarios con el
fusil en la mano. Les ordenaron que se retiraran para
quedar al abrigo de la muralla hasta que llegara el barco. Aquella masa doliente y miserable obedecía con la
satisfacción de ver que había alguien que mandaba, que
existían resortes poderosos de voluntad, bajo los cuales
podían cobijarse. Mr. Witt los veía asustados, corriendo de un lado a otro, con el mismo miedo contagioso de los rebaños. Mr. Witt—que volvía a ser, aunque ahora no se dieran cuenta, «Mr. Güí»—pensaba
que aquellas vidas en ruina, aquellas existencias casi
acabadas no habían conocido nunca ninguna de las
«verdades afirmativas», que tanto gustaban a Emerson.
«Se ve en sus rostros, en sus gestos.» Mr. Güí creía
que la dignidad humana no estaba al alcance de todo el
mundo, que era el producto de una cultura y una educación lentas, sistematizadas, completas. Que sólo un
país avanzado, con su tradición popular estratificada en
las bibliotecas y las academias, con sus grandes mitos
de autoridad, podía poseer en sus ciudadanos de primera, de segunda e incluso de última categoría, hombres con un sentido acusado de la propia dignidad.
Mr. Güí se sentía lejos de aquellos seres. La imaginación
de Mr. Güí no era muy ágil. De otro modo podría haber
advertido que con sólo bañarlos, afeitarlos, vestirlos con
decoro y darles de comer, todos aquellos viejos hubieran adquirido una expresión bien diferente. Quizá Mr.
Witt hubiera encontrado en unos los rasgos distingui-
dos de su abuelo, en otros un aire aristocrático, en los
más cierta gracia popular de maneras y una agudeza

especial de palabras. Sus ojos hubieran ofrecido la seguridad interior que ahora les faltaba. Pero Mr. Güí
los veía encenagados en la miseria y no pensaba sino
que eran seres de otra casta, de otra especie. Esa misma falta de agilidad en la imaginación le impedía comprender otra circunstancia más sutil: que una gran parte del desprecio que proyectaba sobre ellos era el desprecio venenoso que le llenaba el alma y que tenía que
arrojar fuera de sí de cualquier modo.

El bombardeo continuaba. Las ambulancias de Bonmatí pasaron precipitadamente. Las campanas tocaron
otra vez a rebato. Cuando Mr. Witt oía las campanas
en un momento dramático de su propia intimidad recordaba aquel toque de agonía del campanario de Ibi,
la mañana en que fusilaron a Carvajal. Le rebosaba el
desdén a Mr. Witt, sobre todo al recordar al muerto
y relacionarlo con Milagritos y Colau. ¿El desdén? ¿Contra quiénes? No encontraba objeto concreto. Por eso
cuando algo como la muchedumbre hambrienta del muelle le ponía ante los ojos lo vil, lo sucio, lo deforme, el
espíritu de Mr. Witt sentía cierto desahogo. Porque
Mr. Witt, después de quemar las cartas, después de
destruir la venda, se estaba desdeñando a sí mismo. Había llegado al último peldaño, allí donde se acaban las
escaleras y comienza la rampa resbaladiza del caos.
Mr. Witt comenzaba a ser Mr. Güí para siempre, sin
remedio. Sentía que en el desdén de sí mismo acabaría
por fundirse con todo aquello tan primario y tan des-
preciado, que llegaría a quedar entre «todo aquello»
como eso: como Mr. Güí, o sea más abajo, más hondo
que lo primario y lo elemental.

Pensó en Milagritos. Las granadas seguían estallando
sobre la ciudad. Pensó en el peligro que su mujer corría,
y la idea de que ese peligro podía ser grave no le sacó
de su indiferencia.

Cuando llegó Milagritos explicando precipitadamente
la angustia de las calles, el dolor de los hospitales, la
reacción creciente del pueblo contra los jefes militares,
Mr. Witt, que la oía, le interrumpió con una pregunta:

—¿Cuándo va Colau a la Algameca?

Milagritos calló. Vaciló un momento. Iba a contestar con la misma precipitación, con el mismo fuego, pero calló. Miró a su marido a los ojos, tratando de averiguar. Pero en sus ojos no había nada, como en los ojos de los muertos. En vista de esto, Milagritos se fue a su cuarto, a comprobar sus sospechas. Mr. Witt se metió en su despacho, todo esplendente de marcos bruñidos, cristales y metales. Milagritos abrió el joyero, y al verlo vacío salió al pasillo, dudó y se fue mecánicamente a la cocina, tratando de reunir sus ideas. Con aquella pregunta de su marido se había acabado la revolución, el fragor del bombardeo, la angustia de los heridos y el hambre de la calle. Milagritos vio la ceniza de la venda, sintió el olor a tejidos quemados, las cartas abarquilladas, hechas carbón.

Mr. Witt, en su despacho, tenía la impresión de lo irremediable: «Estoy en la pendiente y ya no me detendré», se decía. El desdén de sí mismo le llevaba a aquellas agresiones, a aquella defensa disparatada. Contemplaba, sin verlo, el gráfico, cuando alguien llamó a la puerta. Era la muchacha:

—La señora, que haga el favor de ir.

Mr. Witt contestó, por primera vez en su larga vida de matrimonio, con una incorrección:

—Dígale que no quiero.

Inmediatamente después de irse la muchacha entró Milagritos, muy decidida. Se sentó en el canapé, y de pronto le espetó:

—Tú no eres sincero conmigo. Tú, Jorge, no has sido nunca leal conmigo.

Mr. Witt pensó: «Toma la ofensiva. Es natural. Luego me dirá que la engaño.» Pero no contestó. Miró distraídamente el gráfico y después afrontó la mirada de ella. Milagritos insistió:

—Tú no me has dicho nunca la verdad en lo de Froilán. ¿Por qué?

Mr. Witt no quiso seguir callando, porque con su silencio ella tendría derecho a entender lo que quisiera.

—¿Qué quieres decir?—le preguntó con cierto aire de
reto.

Milagritos le explicó, sin que en su acento pudiera mos-
trarse la menor violencia—no era un acento humilde ni
soberbio—que tenía la evidencia de que le ocultaba algo
en relación con Carvajal. Mr. Witt no pensó que esas
mismas palabras eran las que se habían formado en su
propia conciencia y habían llegado muchas veces hasta
los labios para quedarse en ellos, sin embargo. Para no
ser pronunciadas nunca contra Milagritos. Ahora era el
momento de decirlas, pero le gustaba el papel de acusado. Aquello modificaba la situación, dándole un giro inesperado. Sin embargo, dejó caer de nuevo las palabras
primeras:

—¿Cuándo va Colau a la Algameca?

Milagritos frunció el entrecejo. No quiso hacerse la
enterada e insistió:

—¿Por qué murió Carvajal? ¿Por qué no llegó a tiempo el indulto?

Mr. Witt sintió que perdía el dominio de sí mismo.
Aquello estaba resuelto. Milagritos no negaba, sino que
se limitaba a dar a su deslealtad el carácter de una venganza. ¿Era así? Pero antes de hablar, Mr. Witt sintió que el relámpago de la ira había pasado. Pudo hablar serenamente, pero no quiso:

—¡Yo te lo diré! ¡Nadie puede decírtelo mejor que
yo! Pero contéstame antes. ¿Qué significa esa carta de
Colau?

Milagritos respondió esta vez congruentemente:

—Entonces, si la has leído, ¿por qué me preguntas?

Su acento seguía siendo confiado y tranquilo. Mr. Witt
pensó que la carta no debía decir nada comprome-
tedor cuando Milagritos no se sobresaltaba.

—Estás engañándome hace años, Jorge. Yo no tengo
nada que ocultarte, y, sin embargo, tú...

Y volvió a preguntar:

—¿Qué ocurrió en Ibi?

Se veía que Milagritos no había pensado en aquello

hasta que observó la conducta de Mr. Witt con las cartas, con la urna, con la venda.

—En Ibi sucedió lo que tenía que suceder.

—¿Por qué no llegó el indulto?

Milagritos preguntaba eso como pudo haber preguntado otra cosa cualquiera. Se veía que la pregunta era demasiado dramática para subrayarla, y Milagritos lo hacía simplemente. Quizá Mr. Witt deseaba dar salida a su resentimiento o quizá el desdén de sí mismo le abrumaba y quería que alguien le ayudara a sentirlo. El caso es que en cuatro palabras lo dijo todo:

—Tienes razón. Fui yo. No quise pedir que se aplazara la ejecución y además impedí que el indulto llegara a tiempo.

Mr. Witt se había puesto de pie. Añadió:

—Ya lo sabes. Fui yo. ¿Es eso lo que querías? ¿Necesitabas saberlo así, por mí mismo? Pues ya lo sabes. Yo. Yo mismo fui.

Hablaba demasiado. Repetía una y otra vez su confesión. Milagritos ya no oía nada. Palabras y más palabras sin valor. Milagritos rompió a llorar silenciosamente, se levantó y se fue, cerrando la puerta sin violencia.

Sobre las calles desiertas seguían estallando las granadas. Mr. Witt, después de aquella confesión, sintióse más tranquilo. Suponía a Milagritos en su cuarto, llorando. Estuvo varias veces con el pie en el umbral del despacho, dispuesto a ir en busca de ella, porque necesitaba verla llorar, recoger las frases, las palabras entrecortadas y responder. Necesitaba el diálogo. Quería, sobre todo, intercalar en el diálogo un nombre: Colau. Pero se quedó entre el barómetro y el cuadro de su abuelo Aldous, entre el tiesto de ruda y las cornucopias. El mundo estallaba fuera de aquella habitación, con cada uno de cuyos objetos estaba tan familiarizado; pero allí dentro había sucedido a la violencia del incidente una calma blanca, reseca y densa con impresiones morales bastante parecidas a la impresión física del algodón. Su estado moral se parecía al estado de destemple nervioso que la vista y el tacto del algodón le pro-

ducían. No llegaba a ser la irritación del filo del cuchillo
arrastrado sobre el cristal, pero era una sensación semejante, aunque más tenue. Mr. Witt contenía el aliento, tratando de oír los sollozos de Milagritos, pero
no oía nada. Tenía la serenidad del criminal que ha hecho una confesión cínica.

Volvió a asomarse a los cristales del balcón. Embar-
caba la fila parda de miseria y vejez en una enorme lancha. Mr. Witt no se atrevió ahora a insistir en las
reflexiones sobre la indignidad humana. Volvió a la mesa
y se sentó en una esquina, contemplando el cuadro de
su abuelo. «Quizá a él —se dijo— no le hubiera parecido
mal mi conducta en Ibi.» Aunque quizá los aventureros
de altura como su abuelo no tuvieron jamás móviles de
carácter sentimental en ninguno de los actos de su vida.
Quizá su abuelo hubiera desaprobado aquello. «De todas
formas —se dijo Mr. Witt cerrando sus reflexiones—,
lo hice espontáneamente, respondiendo a un impulso
libre de mi naturaleza.»

Mr. Witt se distrajo escuchando las explosiones de
las granadas. Pero el tema le reclamaba desde lo más
vivo de su conciencia. «Si creo estar libre de culpa porque mi conducta en Ibi era resultado de mi naturaleza
en libertad, de lo más puro y virgen de mi subconsciencia, entonces yo también caigo en lo elemental, en lo
primario, y además lo consagro por reflexión, por un
hecho complejo de mi inteligencia, como lo mejor.» Lo
pongo en la zona de lo más alto. De lo «indiscutible».
En Ibi, Mr. Witt se condujo, según creía, como cualquiera de aquellos seres a quienes en el fondo desdeñaba, como cualquiera de los que no alcanzaron aún la
noción de la dignidad humana.

Siguió desmenuzando esas reflexiones hasta el mediodía, sin encontrarles el fondo contradictorio que buscaba. Al final tuvo que convenir que también Mr. Witt,
en uno de los momentos culminantes de su vida, cayó
en lo primario, en lo bárbaro: en la indignidad. ¿Qué
diferencia podía haber entre aquel caso suyo y los otros?
Quizá sólo una:

—Mi indignidad era consciente y la de ellos no lo es. Pero esa ventaja sólo lo era desde un punto de vista: el de la inteligencia. En el plano de la moral esa diferencia acusaba a Mr. Witt de algo más.

—Quizá soy un canalla.

Y como para sus adentros esa idea la había aceptado ya horas antes, trató de superarla:

—Prefiero la vileza a esa honrada inconsciencia.

Y miraba a los viejos del muelle.

De quien no había vuelto a acordarse era de Colau. La imaginación de Mr. Witt se quedaba en la reflexión, en las zonas morales. De ahí no solía pasar. Por eso quizá no pudo explicarse que hubiera dejado de preocuparle Colau desde que se planteó tan crudamente el recuerdo del fusilamiento. Por eso no comprendió que todo partía de allí, incluso la sugestión de Colau.

A la hora de comer, las muchachas le sirvieron la comida a él solo. Cuando Mr. Witt preguntó por «la señorita», le dijeron que había salido, advirtiendo que no volvería hasta la noche. Mr. Witt corrió a ver si estaba en el puerto el *Buenaventura*. Desde el balcón, con los gemelos en la mano, estuvo recorriendo la cubierta, sin hallar el menor indicio de su mujer. La chimenea despedía humo en abundancia. Poco después salieron la fragata *Tetuán* y el *Católico*. Detrás de ellos salió el *Buenaventura* con la bandera de la Cruz Roja arbolada.

Mr. Witt vio a los navíos torcer hacia la Algameca, mientras la *Numancia* disparaba dos cañonazos en comba, por encima de la ciudad, contra las baterías de Salcedo. Mr. Witt comió solo, sin enterarse de lo que hacía. No quiso hacer preguntas a las muchachas porque se veía en una situación muy desairada, que podía agravarse con un gesto, con una palabra.

Diciembre

19

Los cañones del asedio habían modificado sus posiciones y la situación de la ciudad se había agravado. Salcedo logró escalar la altura del Calvario, desde donde se enfilaba casi toda la parte de la ciudad que antes estaba a cubierto. Por si eso no bastaba, un buen día se vio que las baterías del Atalaya disparaban contra la ciudad. La traición se había consumado, a pesar de que la Junta creía tener a los responsables en la cárcel. Las faldas del Monte Sacro, de Despeñaperros, no resguardaban ya a la población contra el bombardeo. La gente volvió a sus casas, a sus chozas, con espanto. En la muralla se sentían ya flanqueados por el enemigo, y entre las tropas cundía la desmoralización. Pero los voluntarios se mantenían firmes. Algunos de sus jefes habían muerto; otros se sentían en cierto modo desligados de la Junta y combatían sin otra disciplina que la de su instinto de protesta. Estos eran las mejores defensas que tenía el Cantón en tierra. Los castillos habían perdido una gran parte de su eficacia, porque el de Galeras estaba casi dominado por los fuegos del Atalaya, y el de San Julián tenía en retaguardia y casi a su misma altura las cotas del Calvario, en poder de Salcedo.

Los asaltos a las casas de la calle Mayor, que constituían la obsesión de *el Calnegre*, se iniciaron una noche. Las turbas iban capitaneadas por Hozé. A los primeros disparos hechos desde los balcones contestaron varios voluntarios con fuego cerrado. Saltaban los cristales hechos añicos. Al tener noticia la Junta quiso ir Antonete en persona a contenerlos, pero se lo prohibieron, y en su lugar fue Cobacho, con fuerzas mixtas de voluntarios e Infantería de Iberia. No tuvieron que disparar. A los toques de atención de la corneta las turbas cedieron. Hozé fue detenido, y aunque Contreras quería fusilarlo, la intervención de Antonete y de Cárceles le salvó la vida. El lugarteniente de Antonete, un muchacho joven, de grandes condiciones políticas, que se llamaba Puig—y que era, por su cultura y su tacto en el trato de gentes, el brazo derecho del caudillo—, fue elemento de primera fuerza en aquellas gestiones. Antonete no quería derramar una gota de sangre dentro del Cantón. «El Cantón era amor, fraternidad.» Le pareció muy bien la blandura de las sanciones contra Roque Barcia y le sublevó la idea de fusilar a un trabajador de la Maestranza que había arriesgado cien veces la vida por el Cantón. Todas las gestiones las llevó personalmente Puig y salieron a la medida de los sentimientos de Antonete. Hozé salvó la vida, aunque por su conducta «antisocial» hubiera que recluirle en la cárcel. Aquel episodio de la calle Mayor sembró el espanto en todos los hogares acomodados. El padre de don Eladio Binefar se llenó de una indignación terrible. Tan terrible que resultaba ya cómica. Y tan cómica que a fuerza de comicidad desprendía una extraña y confusa poesía. El pequeño viejo, con sus mejillas sonrosadas y su bata de panilla azul, era un monstruo pintoresco e infantil de cólera, que sólo adquiría gravedad ante los demás cuando éstos pensaban en el arca de las onzas de oro y del papel del Estado. Tan indignado estaba que rechazó de plano la proposición que tímidamente acababa de hacerle su hijo. Don Eladio vivía en una casa vieja, con el piso de las habitaciones muy desnivelado. Por los pasillos se alzaban las baldosas en combas y promontorios. Por añadidura, las baterías del Calvario la enfilaban de tal modo que sólo el deseo expreso de un buen artillero —un artificiero verdaderamente experto—podía evitar que cualquiera de las granadas diera con ella en tierra. Don Eladio corrió a casa de su padre y le pidió que le dejara alojarse entre aquellos muros, que estaban a cubierto de la batería del Calvario por los bastiones de la Concepción y a resguardo del Atalaya por las casas que se levantaban entre la calle Mayor y la Maestranza.

El viejo le escuchaba con escama. No creía nunca en
sus palabras ni en las de nadie. A través de ellas solía
buscar lejanas intenciones:

—Tú lo que quieres es estar cerca de los cuartos, je,
je, je—reía—. Para eso servís los hijos.

Don Eladio suplicaba. Dos granadas habían caído en
la esquina de su calle aquella misma mañana. El viejo seguía sin oírle:

—¿Qué quieres? ¿Que aguante yo aquí a los *tiraos*
de Cobacho? ¿A esos piojosos que vendrán a buscarte
cada dos por tres con la carabina en la mano?—y añadía, paseando con desesperación—: ¡Dios mío, qué prueba me has enviado con este hijo!

Don Eladio veía al viejo encastillado entre aquellos
muros y firme en su increíble salud. Se veía a sí mismo débil, viejo, hambriento, encerrado en una casa vieja también y endeble, bajo las baterías del asedio. Tenía razón *la Olesana*. El viejo estaba todavía en la carretera real. Fueron inútiles sus súplicas. Tuvo que volver a su casa y seguir afrontando por la calle, en el
hospitalillo de la muralla y en su misma alcoba, el riesgo que le había confirmado *la Olesana*. Al día siguiente presenció una escena escalofriante, de las que más
temía, de las que huía despierto, al oír alaridos en la
calle o en la casa próxima; de las que huía dormido,
en sueños. Cuatro voluntarios marchaban delante, conduciendo a un obrero maniatado. Al parecer iban a la
cárcel. Una granada cayó junto al grupo. La explosión
volvió a hacerle sentir a don Eladio por segunda vez
aquella «bofetada de aire» que era como el aliento
mismo de la muerte. Quedó clavado en el pavimento,
inmóvil, incapaz de huir ni de gritar. Dos de los voluntarios cayeron a tierra. Otro se apoyó en su fusil como
en un bastón y anduvo con dificultad hasta la pared,
por la que resbaló lentamente hasta quedar sentado
en la tierra. Le salía sangre de una pierna y del vientre. Al parecer, estaban ilesos el preso y otro voluntario. Los dos acudieron en socorro de las víctimas y el

preso se acercó a don Eladio y le mostró las manos atadas.

—Corte las ligarzas.

Don Eladio, turbado, miraba al cielo buscando el camino por donde podría llegar la nueva granada. El preso le insistía:

—Corte usted.

—Yo no me meto en nada—suspiró don Eladio—. Soy Binefar, el médico.

El preso le dio con el codo en el costado:

—Vamos, corte usted. Y si es médico, atienda a estos compañeros.

Don Eladio, turbado por la firmeza serena de aquellas palabras, sacó un cortaplumas y libró las muñecas del preso. Este volvió al lado de las víctimas, se arrodilló y comenzó a soltarles correas y a revisarles las heridas. Don Eladio se acercó también. No hizo más que inclinarse y comprobar que dos de ellos habían muerto. Se acercó a reconocer al otro. Cuando terminó la cura de urgencia, el preso pidió al guardián que había resultado ileso el volante con la orden de encarcelamiento. El otro dudaba:

—¿Para qué?

El preso dijo con una indignación seca y tajante, arrancándole el papel de la mano:

—Me entrego yo mismo a la prisión. Tú cuida de éste—por el herido—, y vas después a *desirle* a la Junta que Paco el de *la Tadea* se marcha por su pie a la *carse pa* evitarse el matar a Contreras.

Se alejó con una sencillez llena de dignidad. Don Eladio protestaba boquiabierto:

—¡Yo no he oído nada, eh! Yo no soy más que un facultativo en cumplimiento de su misión.

El guardián se quedó al lado del herido, viendo marchar a Paco y moviendo la cabeza con una compasión en la que había cierta solidaridad.

Don Eladio indicó, por el herido:

—Llevarlo al Hospital Militar. Que le ayude a usted cualquiera—volvía el rostro a su alrededor, buscando, en vano, a alguien—, porque a mí me esperan en la Caridad.

Era mentira; pero así pudo zafarse y correr a su casa, en cuya bodega se encerró esperando que amainara el cañoneo. Aquel mismo día don Eladio hizo el propósito de huir.

No tenía nada de fácil. Toda la noche estuvo planeando la fuga. Por el puerto era imposible, porque en los embarcaderos había demasiada vigilancia. Por tierra, absolutamente descabellado; es decir, por la carretera de Madrid o por el frente donde las tropas de Martínez Campos tenían sus trincheras. Por fin recordó que el Arsenal estaba cerrado en el frente Sur por la misma muralla de la ciudad. Por ella se podía salir a la falda del monte de Galeras. Y una vez allí, aprovechando las sombras densas que separaban a Galeras del Atalaya en una barrancada de más de medio kilómetro, no era nada difícil avanzar hacia la Algameca, donde podría embarcar sin dificultad, siempre que hubiera un pesquero o una simple lancha. Esto tenía que disponerlo antes con dinero en la mano.

Pasó el día siguiente huyendo de las granadas. Como llevaba varias noches sin dormir, el pánico le daba un aire más ingrávido y fantasmal que nunca. Después de varios intentos para ponerse al habla con un pescador que solía ir diariamente a Punta de Aguas o a Escombreras—un alicantino poco entusiasta del Cantón—, se le presentó él mismo en su casa. Don Eladio le planteó la cuestión como si no fuera él quien quería huir. Así dejaba en el aire la duda de que pudiera ser su padre, lo que facilitaría mucho—pensaba el médico— las cosas. El pescador le dijo que de llevar a alguien lo llevaría gratis; pero no podía hacer nada porque las lanchas pesqueras no eran de él solo. Le insistió el médico, y el pescador prometió hablarle a otro que estaba en las condiciones apetecidas y contestarle aquel mismo día. La respuesta fue afirmativa, pero pedía mucho dinero. Don Eladio le ofreció un pagaré en regla para cuando heredara, pero el pescador le aseguró que

su amigo no aceptaría sino dinero contante y sonante.
Don Eladio rebañó su flaco bolsillo, su menguado cré-
dito, y pudo alcanzar hasta mil ochocientos reales, que
entregó al pescador. Al día siguiente el alicantino se hizo
el encontradizo con don Eladio en «La Turquesa» y le
dijo que todo estaría dispuesto en la Algameca aquella
noche, a partir de las once.

El médico anduvo todo el día más febril, con la impaciencia del que se sabe emplazado para la salvación,
para la seguridad. En la Junta se habían dado cuenta
de sus evasivas, de sus disculpas, de su miedo, y los
voluntarios habían llegado a sacarlo de su casa dos noches antes con palabras que se parecían mucho a la
amenaza. Las horas que faltaban para las diez de la
noche le parecían interminables y más llenas de peligros que nunca. La vieja *Olesana*, mascando tabaco,
aparecía siempre detrás de cada riesgo, advirtiendo:

—No ha entrado usted en la encrucijada, pero tampoco está en el camino real.

Don Eladio se fue a las nueve y media hacia la Maestranza. Había allí dos naves habilitadas para hospital,
y el médico entraba y salía como en su casa. La cuestión era desviarse desde la misma puerta, pasar por
detrás de los pabellones hacia la muralla que quedaba
junto al Arsenal y salir por allí al campo. Seguramente
no había centinelas, porque aquel sector lo vigilaban
desde la guardia de la puerta del Parque, a más de
trescientos metros. Cuando se vio en la Maestranza
consideró ya cumplida una parte importante de su aventura. Había salido en cierto modo de la ciudad, del
riesgo no sólo de las granadas, sino de las chimeneas
que se derrumbaban y de las curaciones al raso, bajo el
bombardeo. Pero no pudo salir hasta cerca de la media noche. Estuvo dos horas agachado en la sombra de
un contrafuerte de la muralla, sobresaltado por los rumores de la ronda nocturna, que se alejaban o acercaban, sin darle lugar a orientarse. Por fin, cuando se
creyó completamente solo, subió gateando hasta las almenas. Aquello era fácil. Lo difícil iba a ser bajar por

el lado contrario, aunque llevaba una cuerda y la muralla no bajaba perpendicularmente, sino con un alabeo bastante acusado.

Aseguró la cuerda y fue descolgándose. Raspaban los botones de su chaqueta sobre la piedra, se le alzaban los tubos de sus pantalones, se desgarraba ya el calzoncillo y la rodilla desnuda sobre las aristas, y llegó un momento en que se acabó la cuerda y sus pies no habían llegado al suelo. Pero cerró los ojos y soltó las manos. Resbaló sobre el muro violentamente y cayó de pie. En aquel momento disparaban de la Atalaya. Don Eladio se agachó. Oyó el zumbido en lo alto y estuvo aguardando en vano la explosión. Al levantarse sintió un dolor agudo en el tobillo. «Una luxación», pensó. Pero como el trayecto hasta la Algameca era corto, no le dio importancia. Además, se encontraba ya fuera de Cartagena, y la noche era tan densa que a cinco pasos no se veía la muralla.

Echó a andar. Le dolía el pie. Recordando el arca de su padre, las escrituras que le aguardaban en casa del notario y los peligros que le señaló *la Olesana*, se sentía feliz monte arriba. Conocía bien el terreno y subía hacia la Algameca, seguro de llegar en menos de media hora. Pero, sin duda, se desvió dos veces, porque de pronto oyó a su derecha tiros de fusil. Se arrojó a tierra, pensando:

—Es la avanzadilla de la Atalaya.

Tenía que desviarse hacia la izquierda. Lo hizo, y un cuarto de hora después oyó tiros a la izquierda. Otra vez en tierra, conteniendo la respiración, pensó:

—Son las avanzadas de las Galeras.

Le habían disparado por la derecha los soldados de Martínez Campos. Por la izquierda, los del Cantón. Pero, dentro de su sobresalto, don Eladio, con el pie luxado y todo, se sentía seguro y dichoso.

Tardó en llegar más de una hora. Como la noche era tan obscura, advirtió la proximidad del agua—encajada entre dos colinas—por el rumor de las espumas agitándose sobre la playa pedregosa. Descendió. Escuchó,

conteniendo la respiración. Se oía rumor de remos a
compás. Más abajo, fuera ya de la bahía, se veían ventanas iluminadas. Anduvo en la dirección de los remos
—debía de ser la lancha—. Llegó a verla, cerca de la
orilla. Una voz sonó de pronto:

—¡Alto! ¿Quién vive?

Instintivamente, don Eladio quiso correr hacia la em-
barcación. Sonó un disparo. El médico volvió a arro-
jarse a tierra.

—Gente de paz. Soy yo, Eladio Binefar.

Desembarcaron dos. Don Eladio creía todavía que se
trataba de la lancha que había contratado. Pero era un
bote de la fragata *Tetuán*, que estaba fondeada a la entrada de la bahía. Cuando vio las carabinas de regla-
mento y las chaquetas marineras consideró desbaratado todo su plan. Los marinos comprobaron que no llevaba armas, lo embarcaron y le preguntaron, muy sor-
prendidos, qué le llevaba por aquellos lugares. Don Eladio estaba irritadísimo:

—¿No he dicho que soy médico?

Como no quiso decir más, lo llevaron a bordo. Antes
de entrar preguntaron por Colau. El capitán estaba en
tierra, en la casita cuyas ventanas se veían iluminadas
desde lejos. Don Eladio había mirado a su alrededor,
por la bahía, y no había visto lancha alguna. Suspiraba
por las mismas miserias que le aquejaban dentro de las
murallas y además por su tobillo luxado y sus mil ochocientos reales. Colau no lo quiso ver. Dio orden de que
le prepararan una cama y lo vigilaran discretamente.
Al día siguiente, por la mañana, lo llevarían en un bote
al puerto.

Don Eladio se acostó. Como el cañoneo sonaba más
lejos y sabía que las baterías no se enfilaban sobre la
bahía, durmió bastante bien. Al día siguiente, ya entrada la mañana, lo hizo pasar Colau a su cuarto. Sin
darle tiempo para saludar, el capitán le dijo:

—Voy a proponerle a usted para una recompensa.

Le dijo, con un acento en el que se advertía una ironía muy soterrada, muy escondida, que, según le ha-

bían dicho «los muchachos», había salido de Cartagena para prestar sus servicios de médico. Debió arros-
trar grandes peligros. Era un héroe.

—Y esos heridos o enfermos, ¿dónde están?

Don Eladio no sabía lo que decía:

—Quizá algún malasombra que ha dado un aviso falso. Me habían dicho que había heridos graves aquí.

Colau afirmaba, muy convencido al parecer:

—Ya, ya. El instrumental lo debe llevar usted en el
bolsillo, ¿eh, patrón?

El médico hizo un gesto ambiguo. Colau terminó:

—Abajo están los muchachos con el bote dispuesto
para ir al muelle. Vaya usted, que le llevarán. Y ya sabe
—le ofreció la mano—que voy a proponerle para una
recompensa.

No tuvo más remedio don Eladio que darle las gracias. Bajó, y cuando salía tropezó con una mujer que
entraba. Creyó conocerla, e hizo ademán de saludarla;
pero advirtió en ella alguna sorpresa. Vio que ocultaba
más el rostro y siguió adelante, aturdido. «Es un secreto de Colau», se decía. Tenía miedo de que saliera todavía el capitán, y para evitar el escándalo—salvaguar-
dar la honra de aquella mujer—mandara quizá que a
don Eladio lo tiraran a la bahía con una piedra al cuello. Precipitó el paso y entró en el bote. Vio a Colau
en la ventana. Al lado de la casa había otras, de madera, deshabitadas al parecer. Colau esperó que don
Eladio volviera a mirarlo, y como no lo hacía le llamó
la atención:

—¡Eh, amigo!

Lo saludaba con la mano, pero el saludo era un pretexto para que don Eladio volviera a mirarlo y viera en
su rostro la amenaza. En el gesto del médico vio también Colau que el pobre guardaría aquella confidencia
hasta más allá de la muerte.

Media hora después bordeaba Punta de Aguas y entraba en el puerto. El mar estaba tranquilo. Tronaban
los fuertes y restallaba de vez en cuando una granada
en las crestas o sobre los tejados.

Ya en tierra, volvió a pensar qué camino sería el
más seguro para ir a su casa. Como estaba más cerca de la de su padre, se encaminó hacia allí. A la entrada de la plaza del Ayuntamiento vio al pescador alicantino. Se dirigió hacia él; pero el pescador se hizo
el sueco, y cuando don Eladio iba a ponerle una mano
en el hombro, se escabulló y le dejó estas palabras entre las manos:

—Cuidado. Nos vigilan. Mi compañero está preso.

Era mentira; pero don Eladio se deslizó como una
sombra calle Mayor abajo, cojeando ligeramente, con
una sensación mayor de angustia. Daba por bien perdidos los mil ochocientos reales si aquello no llegaba
a tomar estado oficial con la Junta.

Llegó a casa de su padre. Las criadas le dijeron que
no lo quería recibir y que estaba indignado con él.

—¿Por qué?

—Toda la noche han estado llamando aquí los voluntarios y preguntando por usted. Querían tirar la puerta
abajo.

Don Eladio marchó hacia su casa. Las calles estaban
totalmente desiertas. Otras sombras fugitivas pasaban
a veces pegadas a la pared, como él. A través de los
muros, de las cancelas cerradas o entornadas, se oía
llanto de mujeres.

20

Las granadas seguían estallando alrededor de la casa
de Mr. Witt, casi abandonada por Milagritos, que se
pasaba el día entre el Hospital de la Caridad y el Militar. Mr. Witt llevaba veinte días sin salir de casa.
Milagritos evitaba trabar conversación con él, sin elu-
dir, sin embargo, las frases rituales, los saludos, los
monosílabos. Mr. Witt no se atrevía a preguntarle
adónde iba ni qué hacía. Estaba coaccionado por la
actitud de digna reserva de ella después de aquella declaración de culpabilidad de Mr. Witt, que le había
dejado con una sensación moral de cansancio. No aca-

baba de comprender por qué había revelado aquello a
Milagritos, aunque se sentía aliviado de un gran peso
interior. «El secreto y la culpa me pesaban—se decía—,
pero eran en cierto modo un lastre útil. Ahora estoy
a merced de las pasiones más encontradas, en desconcierto, abandonado de mí mismo.»

Milagritos entraba y salía en casa sin dar ninguna
explicación a su marido, que tampoco se atrevía a pe-
dírselas. Pero la situación de Mr. Witt era insoste-
nible. Entre las cuatro paredes de su cuarto crecían
los odios. Al fantasma de Carvajal se unió la viva presencia de Colau, cuyo barco desaparecía a veces hacia
la Algameca, precisamente los días que Mr. Witt no
veía a Milagritos en el *Buenaventura*. A sus oídos había llegado la versión de las orgías a bordo del *Tetuán*.
Subían mujeres alegres, que bebían y bailaban a bordo,
bañadas por la luz espectral del carburo. Mr. Witt sabía que mucho antes de cerrar la noche Milagritos
regresaba a su casa; pero aquella atmósfera que comenzaba a envolver a Colau le alcanzaba a ella también, por lo menos dentro de los presentimientos de
Mr. Witt.

Colau y Antonete eran los dos jefes que se salva-
ban. El primero, en el mar. El segundo, en tierra, en
la Muralla. El pueblo había desplazado a casi todos los
demás. A la hora del martirio el pueblo avanzaba al
primer término, recogía las banderas maltrechas y presentaba el pecho a las balas. Mr. Witt veía aquello
desde el silencio de su casa, desde la alta atalaya de
sus balcones. El hambre agravaba la situación, llevando sus fuertes tintas a las calles, donde había agoni-
zantes abandonados, que morían, por fin, entre lamentos e imprecaciones, sin que se les pudiera auxiliar.
Mr. Witt pudo comprobarlo aquella tarde, en que
salió dispuesto a seguir los pasos de Milagritos, porque la angustia sin horizontes de su casa le extenuaba.

Mr. Witt encontró en la esquina de su calle un
cadáver. No quiso volver la cabeza, pero advirtió que
sus pies rebasaban el ángulo de la esquina y asoma-

ban por el otro lado. Debía ser reciente, porque no despedía hedor. Mr. Witt sintió una indignación compleja, que se alzaba sobre un mosaico de menudas contrariedades. Acusaba a Carvajal y a Colau de aquel crimen, de otros cien como aquél. Era una muestra más de la furia de aquellos organismos rudimentarios, mixtos de bosquimano y de hombre, con los que no cabía relación ni diálogos. Mr. Witt se encontró con una procesión de enfermos y heridos del Hospital de la Caridad, que eran trasladados por su pie al Militar, porque en el anterior había caído una granada y podían caer muchas más. Los enfermos, aterrados, sin poder sostenerse apenas, se apoyaban unos en otros y lanzaban miradas de espanto alrededor. Casi todos eran viejos y la tensión del asedio les había destrozado los nervios. Cuando pasaba zumbando una granada, se iniciaba un movimiento instintivo de defensa. Una parte de aquella triste procesión se apiñaba más y esperaba, inmóvil. Otra se desperdigaba en hilachas, que quedaban largo rato pegadas a la pared. Cuando se oía la explosión, centenares de voces aterradas gañían a coro. Sus lamentos (ojos secos, casi cerrados por el tracoma, incapaces ya del llanto; manos temblorosas, de cera; pechos contraídos protegiendo los corazones, cuya latido era ya un espasmo en muchos casos) daban a la defensa cantonal un acento de debilidad, de ruina, de catástrofe, indescriptible. Mr. Witt lo percibía bien. ¡Aquel desconcierto! ¡Aquel estúpido caos!

—¿Adónde llevan a esas gentes?

Creía más humano dejarlas morir en su yacija. «El que haya dado esta orden—se decía—es un salvaje, con un sentido humorístico fúnebre.» Pero el humor de lo macabro no le gustaba a Mr. Witt. En aquel caso, sin embargo, le producía al mismo tiempo repugnancia física y la alegría de ver las miserias de sus enemigos, de aquellos enemigos a quienes había estado ayudando y quizá ayudara, a pesar de todo, en el porvenir. Pero esto último era ya demasiado dudoso. Los rebeldes no necesitaban ya su ayuda para hundirse des-

pacio, para destruirse en un lento martirio. Mr. Witt,
que procuraba no cruzar su mirada con la de los asi-
lados, no tuvo más remedio que escuchar a uno que se
dirigía a él. Una ojeada rápida le presentó delante el
rostro menos humano, más lamentable. «Es un rostro
de buey—se dijo—con ojos de perro.» Aquel hombre
le pedía una limosna. Mr. Witt llegó a una conclusión:

—La mejor limosna que te pueden dar, desdichado
—pensó en silencio—es un balazo.

Siguió adelante. Dejó atrás a la comitiva y se dirigió
hacia Quitapellejos. Quería ir a la Algameca; pero ya
hemos visto que no era fácil salir de la muralla y pasar al resguardo, del fuerte de la Atalaya. Al final de
la calle, contra el filo de un alero, hizo explosión una
granada. La canal de cinc se desprendió y quedó colgada, oscilando. Volaron cascos de teja y trozos de
madera. Mr. Witt retrocedió y entró por una calleja
transversal. Era inútil tratar de ir a la Algameca. ¿A
qué? ¿A comprobar lo que hacía allí Milagritos? ¿A ver
si estaba a bordo, con Colau? ¿Iba a ir a comprobarlo
Mr. Witt en persona? Pero si no iba a la Algameca,
tampoco se veía en el caso de regresar a casa. No había que volver. Tenía su misión allí, en la calle, andando sin rumbo, bajo las granadas. Quizá había algo
fatal que le empujaba a la calle, al encuentro de la
granada que pondría el punto final de su vida. Supo-
niendo a Milagritos dispuesta a la venganza (¿cómo se
le ocurriría a él confesar lo de Ibi?), a Mr. Witt no
le aterraba la idea de lo fatal guiándole a la muerte.
De una ventana entreabierta en la calle desierta salió
una mirada de curiosidad casi hiriente. Mr. Witt se
dio cuenta. «Debo tener—pensó—un aspecto tan ajeno,
tan indiferente al peligro, tan 'fuera de situación', que
las gentes me miran como si cayera de otro planeta.»
En aquel momento se abrió la puerta de una taberna
y salió un hombre de edad mediada, no muy seguro
de pies. Era Ricardo Yuste, un murciano primo hermano de la cocinera de Mr. Witt. Reconoció al in-

glés, se tocó el viejo gorro marinero y se acercó. Llevaba una camiseta de listas y un chaquetón reforzado
con correa y hule. Mr. Witt contempló su traje y le
preguntó, sonriente:

—¿Qué es eso?

—Ya ve *usté*. Estoy de palero en la fragata.

—¿En qué fragata?

—En la *Tetuán*. Pero hoy libraba y digo, pues, lo que
es la vida, Mr. Witt. Digo: voy a echarme unos vasos a *cá Currito*.

Mr. Witt lo miraba casi con voracidad. La sorpresa
no le dejaba acabar de coordinar planes e ideas.

—¿Con Colau?

—Eso *é*. Con Colau.

Mr. Witt esperaba algo más; pero Ricardo era tími-
do y corto de palabra, incluso cuando estaba borracho.
De floja complexión, estrecho de pecho y la cabeza es-
cueta, color castaño, indiferente y reseca, Yuste no tenía personalidad ninguna. Cuando el inglés le preguntó:
«¿Qué tal?», necesitó Yuste ver en sus labios un rasgo
de ironía para comprender que Mr. Witt le dictaba la
respuesta. Entonces Yuste se animó:

—*Na*. Mucha fachada; pero, en el fondo, Colau es un
blanco.

Mr. Witt fue tanteando y acabó por comprender que
Yuste estaba muy resentido con el caudillo. Mr. Witt
miró a su alrededor, bajó la voz al ver otra ventana
abierta y susurró algo, inclinándose sobre el hombro de
Yuste. Se separaron sin más, en dirección contraria, y
Mr. Witt bajó hacia el Náutico. Luego volvió a subir
en la misma dirección que antes. Dos granadas estalla-
ron lejos, a su derecha. Tuvo la impresión de que habían
dado en la torre de la iglesia de la Caridad. De las montañas de La Unión llegaba el tronar incesante de los cañones. «Son piezas Krupp», se decía Mr. Witt, distin-
guiéndolas según, el estruendo de los disparos. En lugar
de torcer por la misma calle de antes, fue a pasar bajo
la canalera oscilante de cinc y avanzó un trecho por el
recodo que la calle formaba, hasta perderse de vista.

Allí mismo llegó poco después Yuste. Mr. Witt lo esperaba. Se perdieron en la encrucijada.

Una hora después volvió a aparecer. Sin alterar su paso mesurado y tranquilo, sin pestañear al oír las explosiones, dando un rodeo en la esquina, donde una vieja con dos niños semidesnudos—la piel sobre los huesos—salmodiaba, y cambiando de ruta al ver más abajo un cuerpo inmóvil en la acera, Mr. Witt volvió a salir, por fin, a la calle Mayor. Comenzaba a lloviznar y se levantó el cuello del paletó. Encontró la misma procesión de enfermos y heridos, que marchaba ahora en dirección contraria. Bajo la lluvia tiritaban entre los harapos. Un enfermero iba delante. Mr. Witt, que estaba mucho más locuaz y se dejaba influir menos que antes por el asco, preguntó al enfermero, y éste le dijo que regresaban al Hospital de la Caridad porque en el Militar no había plazas.

—¿Por qué no se han enterado antes de sacar a estos viejos de las camas?

El enfermero no sabía nada. Un viejo con los ojos hundidos, encendidos de fiebre, y la piel sumida entre los maxilares sin dientes, explicó:

—Todas las bombas caen en mi cama, señor.

Mr. Witt los dejó atrás y aceleró la marcha hacia su casa. La lluvia cedía, aunque el cielo continuaba cubierto. Mr. Witt entró en su casa. En el vestíbulo encontró a Milagritos, que sin duda acababa de llegar también. Estaba hablando con la vieja criada y se interrumpieron al aparecer Mr. Witt, que, sin detenerse, saludó entre dientes y se metió en el despacho. Al cerrar la puerta oyó hablar de nuevo a su mujer con la criada. Echó el pestillo con voluptuosidad, procurando que se oyera desde fuera. Se quedó solo. ¡Qué bien se estaba ahora, lejos de todo! Pero no sólo por estar aislado, sino por sentirse de acuerdo con sus pasiones, con movimientos del ánimo en los que no tenía parte la conciencia. Recordó a Milagritos. Se vestía de obscuro, con una gran modestia, sin duda para no desentonar con la miseria desgarrada de la calle. ¡Qué hermosa estaba! La

piel más blanca, más traslúcida, entre los vestidos obs-
curos, bajo la mantilla negra, en la que todo era viejo
y marchito—mantilla cargada de evocaciones familiares—y en la que destacaban más su lozanía la garganta
y el lóbulo rosado de la oreja. No la había mirado al
entrar, pero reconoció el traje y recordó otros días en
que, yendo vestida lo mismo, se complacía Mr. Witt
en medir su cuerpo con los ojos, adivinar las turgencias
y pensar que era suyo. Estaba hermosa, pero su hermosura no era de las que detienen la mirada ajena en las
superficies diciendo: he aquí lo perfecto. Era toda ella
insinuación, cálida vaguedad. Cuando pasó por el vestíbulo tuvo miedo un instante. «Si me habla—pensó
Mr. Witt—me derrumbaré, caeré desde mi propia altura
y me haré pedazos. Seré ya lo que ella quiera.» Pasó con
miedo. Milagritos era el animal, el pájaro, el ángel que
mostraba mundos más allá del paraíso cristiano y per-
fecciones más lejanas y más altas que la de Dios, ¡Y todo
tan simplemente! ¡Tan torpemente!

Oyó la puerta de la casa y se alarmó. Ha debido salir
otra vez—se·dijo—. Quizá vaya al *Buenaventura*. Quizá
al mismo *Tetuán*. Abrió la puerta y la llamó, sin estar
seguro de ser oído. Pero Milagritos le contestó desde su
cuarto, y Mr. Witt, con acento indiferente, se disculpó:

—Nada. Creí que habías vuelto a salir.

Cerró de nuevo la puerta y se dijo que aquella mujer
iba por la calle, veía los muertos en las aceras, oía los
lamentos de los hambrientos y los heridos y volvía, sin
embargo, a casa con la misma lozanía moral. El aliento
de la miseria no la marchitaba. Había en sus venas algún flúido que la preservaba de la desesperación lo mismo que de la loca alegría. Y, sin embargo—concluía
siempre—, es barro, materia bruta, apenas organizada
en instintos.

No pensaba ya en ella con rencor. Caía la tarde y hacia la noche todo iba haciéndose más suave, más fácil.
Se extrañaba Mr. Witt de la ausencia del rencor. De

aquel sentimiento hosco y agresivo que le invadió todo el día.

Miró el puerto, que se sabía de memoria. Distinguió en seguida, aun antes de verla, la fragata de Colau. Buscó los gemelos y estuvo tratando de descubrir al héroe a bordo, pero no estaba. Quizá se hallara en la cámara soñando, esperando de nuevo a Milagritos. Los sueños, los recuerdos, los anhelos debía sentirlos Colau como cosa concreta, debía sentirlos físicamente. Quizá le rezumaban en el tórax, en las fuertes piernas, los deseos de Milagritos. Antes de abandonar la inspección de la cubierta Mr. Witt pensó:

—Colau duerme a bordo.

Se repitió esa convicción varias veces. Tenía en aquel momento una gran importancia para Mr. Witt.

Cuando bajó el foco de los gemelos hasta el muelle, los retiró sorprendido. Allí estaba la procesión de los dolientes. ¿Los habían echado del hospital y se acogían al azar del puerto, a ver si algún barco se compadecía de ellos, los recogía a bordo, se llevaba todo aquel cargamento de úlceras y sangre viciada, de nervios sueltos y cerebros delirantes a otra parte, a un mar de miseria, a una playa de horror? Una granada se desgajó en haces rojos sobre la muralla. Los cristales del balcón de Mr. Witt temblaron. Mr. Witt cerró las maderas, corrió las cortinas, encendió la luz y se asomó al pasillo. Preguntó cuándo podría cenar. Le contestó la muchacha, y no le extrañó que Milagritos, que tuvo que oírle, se callara. Mr. Witt, a medida que avanzaba la noche se iba sintiendo optimista. Tenía hambre, además; hacía días que no había percibido tan clara, tan saludable, tan segura, la voz de su cuerpo. En cuanto a Carvajal, a la venda manchada de sangre, al mismo Colau, ¿quién pensaba en aquello?

Llamó a Milagritos con el aire de un héroe que, sin embargo, se da cuenta de la temeridad que comete. Milagritos pasó al despacho, se sentó en el canapé y esperó con una serenidad total. Mr. Witt la miraba sin hablar. Como no le decía nada, Milagritos preguntó:

—¿Querías algo?

Mr. Witt esbozó una sonrisa.

—Sí. Verte.

Milagritos no le acompañó en aquella sonrisa. Lo miró un poco más hondamente, pero sin veneno y sin amargura. Después de haber presenciado los horrores de la calle, estaba más hermosa. Pero seguía lejos de él, tan lejos como Mr. Witt la suponía.

## 21

Mr. Witt, que se había propuesto no volver a salir de casa mientras durara el asedio, se recluyó una vez más en su cuarto. El bombardeo se intensificó de tal modo que tampoco Milagritos se atrevió a salir. Los buques ayudaban a las baterías de los castillos disparando desde el puerto por encima de la ciudad. Toda Cartagena vibraba, sacudida por las explosiones. Tal era el estruendo que había que alzar la voz dentro de casa para hacerse oír. Milagritos iba y venía sin sosiego. Mr. Witt trataba de aquilatar, en aquella inquietud, qué género de interés era el suyo por salir a la calle, qué planes quedaban destruidos, qué citas heroicas bajo las granadas quedaban sin efecto. Mr. Witt conservaba aquel extraño optimismo de la noche anterior. Apenas asomaba a los ojos o a los labios, pero impregnaba todo su ser. Los músculos estaban más tensos, menos abandonados; los movimientos de las manos eran más precisos. Milagritos se había dado cuenta y lo miraba con extrañeza en los momentos en que no se sentía vigilada por él.

La mañana era espléndida. El sol daba de plano en los cristales de la casa y descubría los rincones del cuarto de trabajo de Mr. Witt hasta destacar los más pequeños detalles de las aguadas holandesas. Mr. Witt, cara al día, se sentía penetrado de la serenidad soberbia de la naturaleza, ajena a las tragedias de los hombres. «Lo mismo ilumina este sol los ojos vidriados de los que se pudren en la calle, que los senos frutales de Milagritos»,

aquellos senos que desconociendo la maternidad seguían
siendo virginales. Pero a Mr. Witt le preocupaban los
disparos de los barcos, le inquietaban aquellas baterías,
cuyos disparos pasaban gruñendo sobre la casa. «No
todos los que las manejan son artilleros—se decía—, y
bastaría que el cañón descendiera sobre la cureña
dos centímetros para que nos alcanzara un proyectil.»
Mr. Witt conocía bien aquellos proyectiles. «Si estallara
uno aquí, en mi despacho, mis vísceras se repartirían
entre Santa Lucía, Escombreras y Quitapellejos.» Quiso
advertir el riesgo a Milagritos; pero como el hecho de
que ella lo supiera no mejoraba la situación, se calló.
Hacia mediodía sus temores se confirmaron, aunque la
catástrofe no se produjo en su casa, sino en el fuerte
Froilán Carvajal. Uno de los proyectiles de la *Numancia* cayó entre dos matacanes del castillo, en medio de
una batería. La explosión fue visible desde la ciudad. Durante todo el día se dieron referencias terribles, pero hasta el siguiente no se supo la verdad. Murieron 18 hombres—el teniente Vidal, 14 artilleros y tres voluntarios—
y 10 más resultaron con heridas graves. Aquel suceso
causó a Milagritos una impresión desoladora. Era como
si viniera a confirmar el desacuerdo interior entre los
cantonales. La *Numancia*, disparando sobre el castillo
que llevaba el nombre de su primo, le dio, mejor que
cualquier referencia de Colau, de Bonmatí, la impresión
de que todo se estaba perdiendo.

A media tarde Milagritos vio a Mr. Witt instalarse
al lado de los cristales parsimoniosamente, con los gemelos en la mano y la caja de tabaco en una silla próxima. Quedó sentado, acomodado como para presenciar un
largo espectáculo. Milagritos no dio importancia a aquello, pensando en la forzada inacción de tantos días. En el
puerto no sucedía nada. Después de la tragedia del fuerte Carvajal, las baterías de a bordo habían callado. Por
la calzada del muelle no se veía a nadie. En el paseo de
la Muralla, desierto durante la mañana, aparecieron grupos de voluntarios armados, que se dirigían al Ayuntamiento dando voces contra «los traidores». Mr. Witt

Diciembre
263

sonrió: «Cuando las cosas van mal, todo el mundo piensa que está rodeado de gente desleal.» Todo—añadía—, antes que reconocer la propia incapacidad. Los grupos se fundieron en uno solo, compuesto por un centenar de hombres, y siguieron, Muralla adelante, pidiendo la cabeza de Contreras. Mr. Witt comentaba con desdén:

—En cuanto pierden la cabeza propia piden la de los demás.

Pero aquella amenaza contra las traiciones tenía fuerza, dramatismo. Hubo un instante en que impresionó a Mr. Witt. Su reflexión sobre la cabeza propia y la ajena fue una reacción de defensa. No quería, en ningún caso, dejarse impresionar. Cuando lo del fuerte Carvajal, Mr. Witt vio llorar a Milagritos. Primero aquel llanto le produjo una impresión sensual. Después, cierta melancolía suave, que a él mismo le agradaba como un fino licor. Al fin, nada más que una satisfacción interior, que al principio no quería confesarse, pero que tuvo que aceptar con todas sus consecuencias. Estas llegaban bastante lejos. «Parece—se dijo—que he sido yo al autor consciente de ese error de la *Numancia* y que me regodeo con mi obra.»

Al obscurecer, Mr. Witt seguía junto a los cristales del balcón. Milagritos vio que el despacho estaba en sombras y pensó que debía estar muy frío. Aquellas casas, construídas pensando en defenderse del calor, tenían en invierno unos muros glaciales. En el cuarto «de la labor» había un fuerte brasero. Milagritos envió a la muchacha a advertírselo; pero Mr. Witt apenas hizo caso. El reflejo del faro llenaba la habitación de sombra azules de vez en cuando. Mr. Witt seguía atento a lo que sucedía en el exterior, con una obstinación inexplicable. La ráfaga del faro arrancaba destellos de sus lentes y su rostro era más reseco y gris, como de piedra pómez. Hacia las nueve comenzó a iluminarse el costado derecho del puerto con una claridad amarillenta. La sirena de la fragata *Tetuán* sonó tres o cuatro veces largamente, arrastrando un lamento muy expresivo. Aque-

lla claridad se hizo mayor. Iluminó las casas de la aduana, los almacenes del muelle. La sirena sonaba más fuerte. Mr. Witt miraba con los gemelos, anhelante. Acudió Milagritos gritando:

—¡Hay fuego en la fragata de Colau!

Mr. Witt no contestó. Buscaba en la cubierta a Colau, pero el capitán no aparecía. Sin embargo, Milagritos no había dicho «fuego en la *Tetuán*», sino «en la fragata de Colau», lo que no dejaba de ser un síntoma.
Mr. Witt miraba el barco en silencio. Seguía oyéndose el cañoneo de los fuertes, la explosión de las granadas de los sitiadores. Mr. Witt, atento al espectáculo
del *Tetuán*, pensaba que hasta entonces no era más que
un pequeño incendio. Sobre el rojo de las llamas, del
resplandor de la obra muerta, se recortaba limpiamente
la urdimbre de jarcias, escaleras y mástiles. En la proa
se produjo una explosión, y el incendio aumentó en voracidad y fuerza. Ya aparecía iluminado todo el puerto.
Las llamas subían por las cuerdas engrasadas, prendían
en la brea de las bandas. Y comenzó a oírse el crepitar
de millares de cartuchos de fusil que había en las bodegas. El fuego creció todavía y el puerto entero era como
ascua de oro que enviaba reflejos a toda la ciudad, a las
nubes. La impresión debió ser enorme en los fuertes e
incluso en el campo enemigo, ya que poco a poco se
suspendió el cañoneo. Mr. Witt no perdía detalle. Dos
o tres veces oyó las exclamaciones de Milagritos, sus
voces de «se acabó», «sólo esto nos faltaba». Mr. Witt
buscaba a Colau. «Si es un valiente—se decía—será el
último que salga del barco.» El humo le impedía ver
algunas zonas de la cubierta. Pero entre el humo surgió
la figura membruda de un hombre trepando por un mastelero. El fuego lo iluminaba de espaldas. Mr. Witt lo
siguió con sus nervios alterados, con cierto sobresalto.
¿Sería Colau? Aquel hombre trepó hasta la cofa y se detuvo en ella. Mr. Witt lo veía gesticular agarrado a las
jarcias. «No trata de dirigir la maniobra, sino de huir de
las llamas.» Era evidente, porque quiso seguir subiendo
y desistió, en vista de que sólo en la cofa podía resguar-

darse en cierto modo del fuego. Mr. Witt sentía iluminado su propio rostro con el resplandor del incendio.
El espectáculo tenía una auténtica grandiosidad, que
aumentaba por momentos. Mr. Witt oía los lamentos de
Milagritos casa adelante, sus pasos nerviosos. Mr. Witt
se creyó obligado a salir al pasillo y a lamentarse
también; pero volvió en seguida a su atalaya. El hombre de la cofa seguía gesticulando. «Está en medio de
un horno»—se dijo Mr. Witt—. Efectivamente, sobre el
brasero del buque, rodeado de llamas, que a veces en-
viaban sus lenguas más altas por encima de la cofa,
aquel hombre lanzaba sus gritos de espanto y se ahogaban en las explosiones y en el crepitar, sin interrupción,
de la cartuchería. El fuerte San Julián, cuyos basamen-
tos caían sobre el puerto, era el más próximo al *Tetuán*,
y en sus murallas gesticulaban y daban voces los artilleros. El agua del puerto, iluminada por el fuego, reci-
biendo una lluvia de partículas encendidas con cada explosión y despidiendo humo rojizo al apagarlas, parecía
arder también. Mr. Witt veía al marino de la cofa gesticular desesperadamente.

—Debe estar asándose.

Aquella idea no producía a Mr. Witt una gran emoción, aunque es posible que de encontrarse en el buque
hubiera tratado de salvarlo. Aquel marino se asaba, en
efecto. Trató de subir más arriba, y en cuanto se abrazó
al mástil las llamas lo envolvieron y se le vio retorcerse
como un sarmiento. Luego ardió—le ardía el pecho, el
vientre—, sin dejar de agarrarse al palo. Allí quedó carbonizado, con los huesos semicalcinados, encogido en la
cofa, alrededor del mástil, como una excrecencia de la
madera.

Y no evacuaban el barco. Pasó una hora sin que en
el puerto se diera orden de abandonar el *Tetuán*. Las
trompetas callaban. Mr. Witt esperaba una explosión
espantosa. Según referencias, había en las bodegas 150.000
kilos de dinamita, que habían sacado dos días antes del
polvorín de la Algameca. Mr. Witt atendió, por fin, a
Milagritos, dejándole los gemelos:

—Horrible, horrible. Colau carbonizado en el mastelero, tratando de huir.

Milagritos miró, con la respiración contenida.

—¿Aquello es Colau?—preguntaba, con los ojos desor-
bitados.

Mr. Witt afirmaba, afectando una dolida indiferencia. Milagritos tiró los gemelos al suelo y salió gritando:

—¡No es verdad, no es verdad!

Mr. Witt pensó: «¿Loca? ¿Es posible que la gente
se vuelva loca de amor? Yo tengo celos de su cordura,
pero mañana los tendría mucho más de su desvarío.»
Recogió los gemelos y se puso a mirar de nuevo. El incendio crecía todavía. ¿Y Milagritos? Salió en su busca.
Estaba en su cuarto, de bruces en la cama, llorando.
Volvió al despacho, sin decirle nada. Todo ardía en su
gabinete de trabajo. Las molduras de las acuarelas, las
altas cornucopias, el cristal del cuadro de su tío Aldous
fulgían en el oro indeciso. Volvió a ocupar su puesto de
observación. Las trompetas tocaban en el muelle y, precipitadamente, envueltos en humo, iban saliendo sus tripulantes. Mr. Witt contó más de 300. A medida que
salían, Mr. Witt sentíase más sorprendido. Era increíble que todos aquellos hombres hubieran podido resistir el incendio. «Sin duda—pensó—las llamas comenzaron
en la cubierta y no habían llegado a las cámaras, ni a
las bodegas.» La evacuación se hizo en orden, a pesar
de todo. Seguía el silencio en los cañones de tierra, en
las baterías del asedio. «Se han callado aterrados por
la catástrofe.» Y las llamas crecían todavía, se retor-
cían en torno al velamen, prendían en las lonas, despidiendo largas columnas de humo. A bordo se oyó una
fuerte explosión. Un cañonazo. Los cañones disparaban
solos. Estaban cargados y el fuego prendía en las recá-
maras. Mr. Witt resumió rápidamente sus intuiciones.
El calor haría que dispararan todas las piezas. Pero antes de disparar dilataría las cureñas y la puntería baja-
ría de tal modo que las granadas podían barrer el muelle
y destruir las casas de la muralla. Salió y lo advirtió a
las mujeres para que se pusieran a salvo. Pero sólo se

fueron las muchachas. Milagritos continuó llorando, tumbada en el lecho. Mr. Witt, que se hubiera ido a los sótanos, no se atrevió a dejar sola en la casa a su mujer, y volvió, muy inquieto, a su balcón. El gentío que bajo la tregua del bombardeo y el reclamo del fuego había acudido al muelle, se dio cuenta del riesgo y huyó en desbandada. Algunas casas del paseo del muelle fueron desalojadas por los vecinos, que huyeron al otro extremo de la ciudad, a protegerse bajo las bóvedas de la muralla de tierra. Los cañones del *Tetuán* fueron disparando aisladamente o en grupos de dos o tres. Estaban todos cargados, lo que hizo sonreír a Mr. Witt, considerando a Colau como un marino inexperto, que gustando de jugar con lo terrible, tenía todas las baterías siempre en disposición de hacer fuego. Uno de los últimos disparos hizo temblar la casa. El proyectil dio en la parte de la muralla con la que se unían los cimientos. Se cumplía el vaticinio de Mr. Witt. Gracias a que la puntería era demasiado baja no se desmoronó la casa. Algunos cristales se abrieron en largas estrías. La sensación de riesgo siguió teniéndola Mr. Witt mientras duró el incendio. En cualquier momento podía llegar otro proyectil, un poco más alto. Mr. Witt tenía por primera vez en su vida la evidencia de la proximidad de la muerte. Pero, además, la *Tetuán*, disparando sobre la casa de Milagritos, ofrecía la impresión terrorífica de lo inorgánico, que se anima y cobra conciencia humana.

Mr. Witt tenía miedo, pero no dejaba su atalaya, en la que se sentía preso. Nuevos cañonazos por la banda de estribor abrieron huella en los malecones de piedra. El muelle estaba desierto. Habían abandonado al *Tetuán* a su suerte y el barco seguía crepitando. Su vientre vomitaba balas de fusil, que quedaban engastadas en las propias paredes, y los cañones callaron, después de soltar la última andanada. El incendio se atenuó poco a poco; el *Tetuán* moría, pero había que esperar todavía la última convulsión. Pasaron algunos minutos de silencio total. El barco iba desapareciendo no en las aguas, sino en las sombras que lo envolvían de nuevo. Las baterías seguían callando, sobrecogidas por el espectáculo. Parecía que todo había terminado cuando un largo bramido que sacudió la ciudad como un terremoto, hizo añicos los cristales del despacho de Mr. Witt. Del puerto se levantó una mole líquida y por encima de ella una corona de ascuas y humo denso, que cayó sobre el puerto y una parte de la ciudad, chisporroteando. Era la agonía del monstruo. El último aletazo de la *Tetuán*, que quedó casi sumergida. Mr. Witt, profundamente turbado, quedó, sin embargo, con la impresión de que aquellas aguas del puerto ahogaban también todos sus fantasmas.

Sobresalía el mastelero con la cofa al nivel del agua. El cuerpo carbonizado continuaba abrazado al mástil; pero no era Colau. El capitán salió el último al evacuar el barco, y salió indemne. La víctima agarrada al mastelero era un condestable cliente de «La Turquesa». Murió también un corneta que se arrojó al agua y se ahogó. Los demás tripulantes se salvaron todos.

Al día siguiente fue detenido por sospechas bastante fundadas Ricardo Yuste, el palero pariente de la criada de Mr. Witt. El incendio había sido provocado, y los indicios le acusaban. Mr. Witt, en la mañana gris y friolenta del día siguiente—precisamente el último día del año 1873—supo que Colau vivía, y no pudo disimular la sorpresa. Milagritos se había lanzado muy temprano a la calle. Mr. Witt bajó a comprobar los destrozos producidos por el cañonazo la noche anterior. «Un poco más arriba—pensó—, y las primeras víctimas somos nosotros.» ¿Pero no lo sería Witt, a pesar de todo? Volvió a subir a su casa. Veía la *Tetuán* casi sumergida, la muralla llena de mellas y grietas, pero su despacho tan ordenado, tan limpio, tan lleno de delicadas sugestiones. ¿Dónde estaría Colau?—se decía—. ¿Cómo es posible que se haya salvado Colau?

Hacia el Ayuntamiento se dirigía un grupo de voluntarios conduciendo a alguien. Mr. Witt comprobó que se trataba de Yuste, el traidor, el hombre enfermizo, pálido, con rasgos de cretinismo. Mr. Witt hubiera gritado, hubiera salido de casa dando voces; envidiaba al segundo de a bordo de la *Numancia*, que podía virar, salir a alta mar con el barco y perderse en el horizonte.

A las once llegó Milagritos. Entró en el despacho y dejó sobre la mesa un volante con un sello. Se sentó en el canapé, se quitó los mitones de lana y se encaró con Mr. Witt, que trataba de replegarse componiendo una expresión más indefinible que nunca.

—¿Sabes lo que sucede?

Mr. Witt no contestaba.

—El autor de ese cataclismo es Ricardo, el primo de la chica. Lo ha matado un casco de granada cuando lo llevaban al Ayuntamiento.

Mr. Witt respiró hondo. Había muerto. Milagritos, con un aire grave y sombrío, sin mirar a su marido, añadió:

—Ha muerto, pero antes de morir ha hablado.

Mr. Witt la miró ferozmente. Se acordaba de Carvajal, se acordaba de Colau.

—Bien, ¿y qué?—preguntó con violencia.

—Ha dado tu nombre. Quizá no sabía lo que decía. Bonmatí me lo ha dicho y me ha facilitado esto.

Mostraba el volante, que era un salvoconducto para salir de Cartagena, en el que se garantizaba la neutralidad de Mr. Witt. Con aquello se podían cruzar también las líneas enemigas. Mr. Witt lo tomó en la mano y lo leyó:

—¿Quieres quedarte sola en Cartagena?

Milagritos, sin hacer caso del aire entre culpable y amenazador de su marido continuó:

—Dentro de una hora hay otra tregua para que salga de Cartagena el mujerío y los niños. Durará dos horas. Ese tiempo es suficiente para llegar a La Unión y seguir hasta coger el tren de Madrid.

Mr. Witt, de bruces ya en el lodo, quería agitarse bien en él.

—No me voy. ¡Que hagan lo que quieran; pero no me voy!

Milagritos afirmó:

—Te vas. Nos vamos los dos.

Y sin esperar la respuesta, salió; preparó un baúl, y encargando a su marido que no aludiera para nada a la muerte de Yuste—que se enterara la muchacha por sí sola después—, esperó que llegara la tartana que había contratado ella misma. En el instante de comenzar la tregua, en medio de un silencio que hacía meses ignoraban los vecinos de la ciudad, llegó el vehículo. Salieron hacia las murallas. Milagritos no había hecho el menor comentario. En su expresión no se advertía sino una tranquilidad a veces afectada. Mr. Witt se dejaba llevar. Su mujer se dio cuenta de que bajo el paletó Mr. Witt llevaba el revólver amartillado. Procurando que el conductor no la viera, extendió la mano y ordenó:

—Dame eso.

Mr. Witt vaciló un instante, pero por fin le dio el revólver. Ella lo ocultó en el manguito. Cuando salieron de la ciudad lo arrojó al camino. Mr. Witt no acababa de comprender que todo cambiara de aquel modo, tan repentinamente. Quedaba atrás la pesadilla de Carvajal, de Colau. Iban a otra parte, lejos, donde el mundo fuera nuevo. Y lo salvaba ella, Milagritos.

—Nadie más que Bonmatí ha oído tu nombre—le dijo ella, con una mezcla de odio y de compasión en los ojos—. Nadie más lo oirá. Me ha jurado llevarse el secreto a la tumba.

Pero Mr. Witt no quería hablar de aquello. Seguía haciéndose el sordo. «Se desprecia demasiado—pensó ella—, y teme hablar.» Tampoco ella volvió a hablarle. Pero veía en el fondo de Mr. Witt una pasión sorda, tenaz, por ella, y una debilidad infinita. Milagritos iba a Madrid dispuesta a curarse su esterilidad. Por la tarde, en el tren, le repitió aquellas palabras que un día le había dicho:

—A la vuelta me calas hondo, ¿eh?

Mr. Witt le dijo que no volverían nunca, que se irían a Londres; pero Milagritos saltó:

—Yo vuelvo a Cartagena; tú verás. Antes de llegar nosotros a Madrid se habrá acabado el Cantón.

Mr. Witt fue abandonándose a la confianza con su mujer, que lo trataba como una madre. Al obscurecer, Milagritos calló, cerró los ojos y apoyó la cabeza en el respaldo. Cualquiera pudo creer que dormía; pero Mr. Witt observó que lloraba. Era hermosa su garganta, con una lágrima resbalando bajo su oreja. ¿Por quién lloraba? ¿Por Carvajal? ¿Por Colau? ¿Por el Cantón? ¿Por sí misma? «De todos modos—se dijo Mr. Witt, con su seco y vergonzante egoísmo—estoy entrando en la vejez y es lo único que me liga a la vida.»

Madrid, 2-25 noviembre 1935

# Indice